Palabras en contexto

**Thematischer
Oberstufenwortschatz
Spanisch**

von

Blanca Linzoain Acedo
Josefa Jimeno Patrón
María Victoria Rojas Riether

Ernst Klett Sprachen
Stuttgart

Palabras en contexto

Thematischer Oberstufenwortschatz Spanisch

von
Blanca Linzoain Acedo, Lérida
Josefa Jimeno Patrón, Madrid
María Victoria Rojas Riether, München

Beratende Mitarbeit:
Cord Santelmann, Tübingen

Bildquellen

Corbis, Düsseldorf: 36 (Danny Lehman); 170 (Nik Wheeler); 178 (Julio Donoso / Corbis Sygma); 194 (David Turnley); Corbis UK Limited, London: 28; dpa, Frankfurt: 206; Europäische Zentralbank, Frankfurt: 186; Forges, Pozuelo de Alarcón (Madrid): 84; 122; 212; Getty Images, München: 16; Goethe-Institut Zentrale, München: 188; Instituto Cervantes, München:188; Picture-Alliance, Frankfurt: 98 (picture-alliance / dpa / dpaweb); 138 (dpa); Plan Nacional Sobre Drogas, Madrid:148; Turespana München, München: 32; ullstein bild, Berlin: 114 (Reuters)

Nicht in allen Fällen war es uns möglich, die Rechteinhaber ausfindig zu machen. Berechtigte Ansprüche werden selbstverständlich im Rahmen der üblichen Vereinbarungen abgegolten.

Das Werk und seine Teile sind urheberrechtlich geschützt. Jede Nutzung in anderen als den gesetzlich zugelassenen Fällen bedarf der vorherigen schriftlichen Einwilligung des Verlages. Hinweis zu § 52 a UrhG: Weder das Werk noch seine Teile dürfen ohne eine solche Einwilligung eingescannt und in ein Netzwerk eingestellt werden. Dies gilt auch für Intranets von Schulen und sonstigen Bildungseinrichtungen.

1. Auflage   1 5 4 3 | 2012 2011 2010

Alle Drucke dieser Auflage sind untereinander unverändert und können im Unterricht nebeneinander verwendet werden. Die letzte Zahl bezeichnet das Jahr dieses Druckes.
© Ernst Klett Sprachen GmbH, Stuttgart 2004. Alle Rechte vorbehalten.
www.klett.de

Redaktion: Simone Dreher

Umschlaggestaltung: Elmar Feuerbach
Zeichnungen: Martin Hoffmann (104), Stuttgart; Beate Klauder (6), Ludwigsburg; Günter Bosch (10), Stuttgart
Druck: AZ Druck und Datentechnik GmbH, Kempten/Allgäu
Printed in Germany

ISBN 978-3-12-513351-8

Índice

Prefacio 4

1 Geografía 6
Situación geográfica de España 6
Situación geográfica de América Latina 10
La población de España y Latinoamérica 12
Bogotá, una metrópoli latinoamericana 16
El transporte de Bogotá 18
Madrid, una metrópoli española 20
Transporte en Madrid 22
Transporte en España 24

2 Historia 28
La romanización 28
Dominio visigodo 30
Invasión árabe 30
Siglo X y siguientes 30
1492 32
Conquistadores 34
Cultura precolombina 36
Siglo XVI 38
Guerra de Sucesión 40
Siglo XIX 40
La Guerra Civil 44
La era franquista 44
La Constitución de 1978 46

3 Política 50
Formas de Gobierno en Hispanoamérica 50
España, una monarquía parlamentaria 50
El papel de la Corona 52
El poder legislativo 52
Los partidos políticos 54
El poder ejecutivo 54
El poder judicial 54
La división territorial española 56
Los nacionalismos y su versión radical: ETA 58
El ejército y las Fuerzas y Cuerpos de Seguridad del Estado 60
La República de Chile 60

4 Economía 66
El papel del Estado 66
La economía española 66
El circuito económico 68
Los sectores económicos 72

5 Ecología 94
Medio ambiente 94
La cadena alimentaria 94
Peligro de extinción 94
Contaminación de mares y océanos 96
Contaminación atmosférica 98
La energía 100
Talas masivas 102
Desarrollo sostenible 102

6 Sociedad 106
La educación 106
La infancia 114
La mujer 118
La familia 124
El tiempo libre 128
La religión 132
Las minorías 136
El tercer mundo 142
Salud 144
Medios de comunicación 150

7 Vida Cultural 158
Lengua y literatura 158
El teatro 166
Música y baile 168
Cine 172
Bellas Artes 176

8 El mundo hispanohablante 182
Lenguas de España e Hispanoamérica 182
España internacional 184
Latinoamérica internacional 190
Las relaciones de los Estados Unidos y Latinoamérica 194

9 Nuevas tecnologías 200
Las telecomunicaciones 200
La conquista del espacio 202
La aeronáutica 206
La biotecnología 208
La informática 212
Internet 218
Robótica e inteligencia artificial 220

Soluciones 224

Register 227

España en la globalización 86
El mundo del trabajo 80
La economía latinoamericana en la globalización 88

Prefacio

Una persona que esté aprendiendo un idioma se dará cuenta muy pronto de que una de las tareas más difíciles e indispensables es aprender vocabulario. Aunque se aprenda correctamente la gramática y se hagan frases perfectas, no puede haber una comunicación óptima si se desconocen las palabras apropiadas para cada tema.

Existen muchos métodos y libros que circulan por el mercado prometiendo ser el mejor y más eficaz método para aprender vocabulario de manera fácil y con gran éxito. En su mayoría, son listas de palabras agrupadas de diferentes maneras. Lamentablemente, nuestro cerebro no está en condiciones de memorizar listas de palabras aisladas y utilizarlas en el preciso momento y en el sentido adecuado.

No hay situación más embarazosa con un grupo de amigos o en la escuela que querer decir algo en otro idioma de lo que se tiene conocimientos muy profundos, pero por la falta de la terminología adecuada, suena como si apenas se supiera de lo que se está hablando.

Por esto y mucho más es recomendable aprender palabras en contexto, es decir, en un texto y no en frases sueltas. Este libro se ha hecho con la idea de ayudar a aprender las palabras en su contexto para una mejor memorización, pero también para facilitar el uso adecuado de ellas.

Palabras en contexto consta de nueve capítulos básicos con varios subcapítulos cada uno. Los temas son tratados de manera general, ya que el enfoque está en primer lugar en el vocabulario y sólo en segundo lugar en los hechos de civilización y cultura. A través de todo el libro, se ha tenido en cuenta tanto a España como a los diferentes países de Latinoamérica. El vocabulario exclusivo de Latinoamérica, por ejemplo **un carro**, está marcado con (LA) y seguido de la palabra española (esp) **un coche**.

Los textos se encuentran a la izquierda con su vocabulario respectivo a la derecha. En el texto se marcan en verde las palabras para aprender y en la página de la derecha aparecen éstas otra vez con su significado en alemán y con ayudas para un aprendizaje más productivo. Algunas de estas ayudas son, por ejemplo, referencias al inglés, a sinónimos, antónimos o falsos amigos (ver los símbolos de abajo). Si una palabra forma parte del vocabulario para aprender pero es muy semejante a la palabra en alemán y puede ser entonces derivada, ésta se marca con un asterisco, como *****temperaturas**, por ejemplo. En este caso no aparece en la lista de vocabulario explicado.

4

Si una palabra aparece más de una vez en diferentes capítulos, entonces su traducción se encontrará en el capítulo del tema al cual pertenece dicha palabra y ésta no es necesariamente la primera vez que aparece en todo el libro. En el índice de vocabulario se encuentra la información de las apariciones correspondientes.

Al final de cada capítulo hay dos páginas destinadas al repaso del vocabulario de cada uno de ellos. Estas dos páginas, además de contener ejercicios variados, ayudan a fijar lo ya aprendido. Las soluciones a estos ejercicios se encuentran después de los nueve capítulos, para poder ser controladas de manera independiente.

¿Cómo utilizar este manual?

Primero que todo es necesario escoger el tema que se quiere leer, ya sea por ser el tema que se va a tratar, que se está tratando o que se ha tratado en clase o simplemente por interés propio. Es decir, que se puede usar de introducción, de repaso o para perfeccionar el vocabulario sobre un tema. No hay que trabajar los capítulos en orden cronológico.

Se puede leer el texto de la izquierda, tapando el vocabulario de la derecha. Al leerlo el alumno va a descubrir que algunas de las palabras marcadas ya eran conocidas; de no ser así, se debe tratar de adivinar su significado por el contexto, por otras lenguas o por el mismo español. Si no funciona ninguno de estos métodos, habrá que mirar en la lista de la derecha.

También se puede usar el libro a manera de repaso: leyendo primero el vocabulario de la página de la derecha y marcando las palabras que no se conocen. Después, pensar, discutir o escribir de lo que podría tratar el texto. Finalmente, leerlo y comparar la versión del libro con la propia.

Ahora, les deseamos mucho éxito y que se diviertan aprendiendo vocabulario con *Palabras en contexto*.

Símbolos utilizados

→	referencia a palabras de la misma familia	→ ⊗	¡cuidado, trampa! ¡falsos amigos!
→ △	¡poner cuidado!	(LA)	vocabulario latinoamericano
→ =	sinónimo	(esp)	vocabulario español
→ ≠	antónimo	≈	modelo de conjugación
→ E	referencia al inglés		

5

Geografía

Situación *geográfica de España

España está situada en la Península Ibérica al sudoeste del continente europeo. Con una superficie de 505 957 *kilómetros cuadrados, mayor que la de Alemania (357 020 km²), ocupa cuatro quintos del área total de esta Península, el otro quinto lo ocupa Portugal. Tiene tres fronteras terrestres (Francia, Andorra y Portugal) y tres marítimas (el mar Cantábrico, el mar Mediterráneo y el *océano Atlántico). El estrecho de Gibraltar la separa de África donde se encuentran dos ciudades españolas, Ceuta y Melilla.

Tanto por su extenso litoral como por sus archipiélagos, España tiene más de 2000 playas. Sus excelentes balnearios, su clima, en particular el tiempo soleado, los monumentos, los sitios de interés, la *gastronomía y el *folclore atraen a masas de visitantes todo el año, lo que representa una gran fuente de ingresos para la economía del país.

Geografía

la Península Ibérica	Iberische Halbinsel
el sudoeste	Südwesten
un continente	Kontinent
la superficie	Oberfläche
el área (f)	Fläche, Gebiet
una frontera terrestre	Landgrenze
una frontera marítima	Seegrenze
el mar Cantábrico	Golf von Biscaya → = *el golfo de Vizcaya*
el mar Mediterráneo	Mittelmeer
un estrecho	Meerenge
extenso, -a	weit, ausgedehnt, umfassend
	→ *E extensive*
el litoral	Küstengebiet
un archipiélago	Archipel, Inselgruppe
una playa	Strand
un balneario	Bad, Heilbad, Kurort
soleado, -a	sonnig
un monumento	Denkmal, Sehenswürdigkeit
	→ *E monument*
una fuente de ingresos	Einkommensquelle

Geografía

Su litoral muestra dos **aspectos físicos** bastante caractetísticos: las **costas** del sur y del este son **llanas y arenosas;** las del norte y del noroeste son sumamente **rocosas** con **fiordos y acantilados.** Los archipiélagos de la España **insular** están formados por las famosas **islas** Baleares y las islas Canarias, estas últimas a más o menos 100 kilómetros de **distancia** de la costa africana.

El **relieve** de la España **peninsular** presenta muchos **accidentes** geográficos con **cordilleras, montañas, depresiones y mesetas.** El pico más alto es el Mulhacén, en Granada, con 3478 metros de **altura,** pero no es el más **elevado** de toda España ya que en Tenerife el pico del Teide **se alza** hasta 3719 metros.

Los **ríos** que **desembocan en** el sur son largos pero no muy **caudalosos** por **conducir** solamente **agua de lluvia,** la cual es bastante **escasa** en la mayor parte del país; unos de los principales son el Duero y el Tajo que desembocan en el Atlántico y el Ebro en el Mediterráneo. Los que desembocan en el **norte** son ríos **montañosos** y cortos porque nacen bastante cerca de su propia **desembocadura.**

Existe una diversidad de **climas** enorme. En general, se puede decir que las montañas del cantábrico dividen el país en dos **zonas climáticas:** al norte de estas montañas, la «España **lluviosa**» o también llamada «España verde» y al sur de la **cadena cantábrica** la «España **seca**».

En España hay zonas climáticas muy diferentes:

- El clima **mediterráneo,** en la parte **costera** de dicho mar, se caracteriza por inviernos **templados y húmedos,** como también por veranos **secos y calurosos.**
- El clima mediterráneo *continental, en el sur, **constituye** dos tercios del total del país, tiene inviernos fríos, veranos con pocas **precipitaciones y sol fuerte.**
- El clima de alta montaña, en las zonas elevadas, se caracteriza por inviernos **fríos** y largos, veranos cortos, **nieve y lluvias abundantes.**
- En el archipiélago canario hay un clima *subtropical, con muy poca **nubosidad** y *temperaturas entre 20 **grados centígrados** en invierno y 30 en verano.

8

Geografía

el aspecto físico	Erscheinungsbild
la costa	Küste
llano, -a	flach, eben → = *plano, -a*
arenoso, -a	sandig → *la arena; Sand*
sumamente	äußerst, höchst
rocoso, -a	felsig → *una roca; Gestein, Felsen*
un acantilado	Steilküste
insular	Insel-
una isla	Insel
la distancia	Entfernung → E *distance*
el relieve	Relief
peninsular	Halbinsel-
un accidente geográfico	Erhebung, Unebenheit
una cordillera	Gebirgskette
una montaña	Berg, Gebirge
una depresión	Senke
una meseta	Hochebene, Plateau → = *un altiplano*
un pico	Gipfel
la altura	Höhe → *alto, -a*
elevado, -a	hoch
alzarse (z-c)	sich erheben
un río	Fluss
desembocar en (c-qu)	(ein)münden in
caudaloso, -a	(Fluss) wasserreich
conducir (-zco)	transportieren, befördern
el agua de lluvia	Regenwasser
escaso, -a	knapp, spärlich, gering → *la escasez*
el norte	Norden → ≠ *el sur*
montañoso, -a	gebirgig, Gebirgs- → *una montaña*
nacer (de un río) (-zco)	(Fluss) entspringen
una desembocadura	(Ein)Mündung; Auslauf
el clima (*m*)	Klima
una zona climática	Klimazone
lluvioso, -a	regnerisch → *llover, la lluvia*
una cadena	Kette, *hier:* Gebirgskette
seco, -a	trocken ≠ *húmedo, -a*
mediterráneo, -a	mediterran, Mittelmeer-
costero, -a	Küste- → *la costa*
templado, -a	mild, gemäßigt
húmedo, -a	feucht → *la humedad*
caluroso, -a	heiß → *el calor*
constituir (-y-)	bilden → = *formar*
la precipitación	Niederschlag
fuerte	kräftig, stark
frío, -a	kalt
la nieve	Schnee
la lluvia	Regen
abundante	reichlich, reichhaltig
la nubosidad	Bewölkung → *una nube; Wolke*
un grado centígrado	Grad Celsius

Geografía

Situación geográfica de América Latina

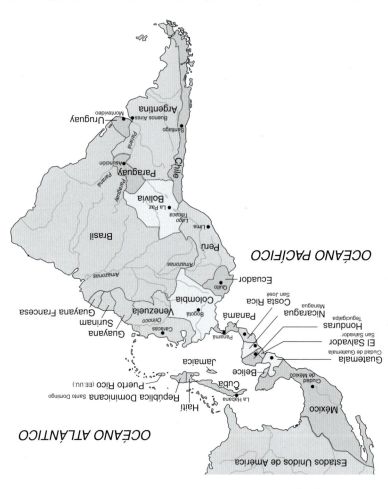

América Latina, situada entre los océanos Atlántico y *Pacífico, está formada por 18 países que, **a su vez**, se dividen en cuatro **conjuntos** geográficos: México, **América Central**, **América del Sur** y el litoral latinoamericano. Está unida a América del Norte por el **istmo** de América Central. Su **longitud** es de 12 000 km desde la frontera con los Estados Unidos hasta el **cabo de Hornos**. Panamá es la zona más **angosta** de América Latina con 46 km y la más **ancha** está formada por Ecuador, el Perú y Brasil con 4830 km.

Geografía

América Latina	Lateinamerika → *Latinoamérica*
América Central	Mittelamerika → *Centroamérica*
América del Sur	Südamerika → *Sudamérica*
un istmo	Landenge
un cabo	Kap
el cabo de Hornos	Kap Hoorn
angosto, -a	eng, schmal → *estrecho, -a*
ancho, -a	breit → *la anchura*
a su vez	seinerseits, ihrerseits
un conjunto	Einheit, Komplex
la longitud	Länge △ *lang; largo, -a*

Geografía

Las **Montañas Rocosas**, que vienen desde los Estados Unidos, entran en México con el nombre de Sierra Madre Occidental y Oriental. Ahí se encuentra el famoso pico de Orizaba de 5700 metros de altura y el tan conocido **volcán** Popocatépetl. Esta **sierra**, que continúa en el sur de México, Guatemala y Honduras con el nombre de Transversal, forma parte de un **sistema montañoso** que cruza **submarinamente** el mar Caribe, entrando en Sudamérica con el nombre de Cordillera de los Andes, la cual presenta gran **diversidad** de superficie. Existen volcanes, **nevados**, numerosos **altiplanos** y hasta una región **desértica**: el **desierto** de Atacama donde hay zonas en las que hasta hoy no ha llovido nunca.

Las costas de América del Sur son, **al contrario de** las costas de las Antillas o de Centroamérica, bastante **rectas**. Por esta razón los **puertos** son o bien **artificiales**, o bien **bahías** donde, para llegar a la costa, se tiene que transportar a los *pasajeros o la **mercancía** por medio de **lanchas, debido a** que los barcos no pueden atracar.

La **hidrografía** de Latinoamérica presenta **redes fluviales** de gran importancia; una de ellas es la del río Amazonas que es el río más caudaloso del mundo con una longitud de 6518 km; la mayor parte de ellos **navegable** (4300 km), y que cruza la **selva lluviosa** más extensa del mundo.

En Latinoamérica hay zonas climáticas muy diferentes. Por un lado está la región ***tropical** que presenta dos **estaciones**: la seca en verano y la húmeda en invierno. En estas regiones la altura es la que **determina** realmente el clima. Tanto los contrastes de las estaciones como las horas de luz y la **oscuridad** varían según la proximidad a la **línea ecuatorial**. En cambio, el clima del sur es como el de Europa, pero con las estaciones **al revés**, en julio es invierno y en diciembre es verano.

La **población** de España y Latinoamérica

América Latina presenta una población de una gran diversidad, debido a que su historia unió tres ***continentes** en los últimos 500 años. Hoy se encuentra una **mezcla** de **razas** compuesta por ***indios**, ***negros**, **mestizos**—mezcla de los **conquistadores** españoles con la población **indígena**—, **mulatos** —mezcla de blancos y los negros africanos traídos a América como ***esclavos**—; así como blancos (europeos) y **orientales**.

La población española no es tan **diversa** como la latinoamericana, lo cual tampoco significa que sea ***homogénea**. El sur se caracteriza históricamente por su gran **influencia** ***árabe**, mientras que en el norte, sobre todo en Galicia, la influencia fue **celta**. En la actualidad, en los

12

1 Geografía

las Montañas Rocosas	Rocky Mountains
un volcán	Vulkan
una sierra	Gebirgszug
un sistema montañoso	Gebirgssystem
submarino, -a	unterseeisch
la diversidad	Vielfalt → *E diversity*
un nevado	Schneefläche, schneebedeckter Berggipfel → *la nieve*
un altiplano	Hochebene → = *una meseta*
desértico, -a	Wüsten-
un desierto	Wüste → *E desert*
al contrario de	im Gegensatz zu → *E contrary*
recto, -a	steil; gerade
un puerto artificial	Hafen künstlich
una bahía	(Meeres)Bucht
la mercancía	Ware
una lancha	Beiboot, Barkasse
debido a	aufgrund von, wegen → = *por*
atracar (c-qu)	anlegen, festmachen
la hidrografía	Gewässerkunde
una red fluvial	Flussnetz
navegable	schiffbar → *la navegación*
la selva lluviosa	Regenwald
una estación	Jahreszeit
determinar	festlegen, bestimmen
la oscuridad	Dunkelheit → *oscuro, a*
la línea ecuatorial	Äquatorlinie → *el ecuador; Äquator*
al revés	umgekehrt → = *al contrario*
la población	Bevölkerung → *E population*
una mezcla	(Ver)Mischung
una raza	Rasse
un, a mestizo, -a	Mestize/in, Mischling
un, a conquistador, a	Eroberer/in
un, a indígena	Eingeborene/r, Ureinwohner/in
un, a mulato, -a	Mulatte/in
un, a oriental	Orientale/in, Asiate/in
diverso, -a	verschieden(artig), unterschiedlich → *la diversidad*
la influencia	Einfluss → *E influence*
celta	keltisch

13

Geografía

centros industriales y las grandes **plantaciones** se ven cada vez más inmigrantes **magrebíes**, latinoamericanos y del África subsahariana.

El mundo **hispanohablante** cuenta con 400 millones de personas, el 90 por ciento de ellos latinoamericanos y el resto españoles, unos pocos filipinos y neoguineanos. El **crecimiento demográfico** es mucho mayor en América Latina que en España. La **tasa de nacimiento** en Latinoamérica **dobla** la de España, una de las más bajas de Europa. El **promedio** de **natalidad** es de 2,8 hijos en Latinoamérica y de 1,2 en España.

La **distribución** de la población era y es muy desigual, tanto en España como en Latinoamérica; pero las razones del **éxodo rural** constante son un poco diferentes. Veamos: España, con 78 habitantes por km², cuenta con uno de los más bajos **índices de densidad** de la Unión Europea. El 70 por ciento de los españoles vive en **núcleos urbanos**. En la Comunidad de Madrid **se halla** la mayor **concentración de población** de toda España con 600 habitantes por km². Cifras similares registran ciudades *industrializadas de las *provincias vascas y de las regiones costeras como Cataluña, las Baleares y la Comunidad Valenciana.

El **interior** del país está enormemente **despoblado** con 30 habitantes por km². Las razones de esta **desigualdad** demográfica son **económicas** ya que la actividad agrícola hasta hace unos años **disminuía** constantemente y los habitantes de estas regiones se sentían atraídos por las grandes ciudades que ofrecían **puestos de trabajo** y posibilidades de **ascenso** económico y social. En la actualidad, este éxodo rural se ha empezado a detener.

En el caso de Latinoamérica estos extremos son aún mayores y varían entre regiones **sobrepobladas** con 5500 habitantes por km², como es el caso de la Ciudad de México, y regiones **subpobladas** con hasta cuatro habitantes por km² en el este de Honduras y Nicaragua. En muchos países de Latinoamérica los **campesinos** se han visto obligados a **abandonar** sus tierras para **trasladarse** a las grandes ciudades en busca de mejores **condiciones de vida**, de posibilidades de **educación**, de *infraestructuras. A veces también lo tienen que hacer por sufrir la fuerte represión de los terratenientes o las **guerras civiles**.

La cifra de **inmigración** a Latinoamérica es bastante **baja** hoy en día, mientras que ésta **aumenta** a grandes velocidades en España. En los años 60, los españoles **emigraban** a otros países de Europa buscando trabajo; hoy es España la que recibe inmigrantes que **provienen** en su mayoría de África y de Latinoamérica.

Geografía

un centro industrial	Industriezentrum
una plantación	Pflanzung, Plantage
un, a magrebí (Pl. -íes)	Nordafrikaner/in (aus Tunesien, Algerien, Marokko)
hispanohablante	Spanisch sprechend
el crecimiento demográfico, -a	Wachstum ← *crecer (-zco)* Bevölkerungs-, demographisch
la tasa de nacimiento	Geburtenrate ← *nacer (-zco)*; *geboren werden*
doblar	doppelt so hoch sein
el promedio	Durchschnitt
la natalidad	Geburtenzahl, -rate ≠ *la mortalidad*
la distribución	Verteilung ← E *distribution*
el éxodo rural	Landflucht
el índice de densidad	Bevölkerungsdichte
un núcleo urbano	Ballungsraum
hallarse	geben; sich befinden
la concentración de población	Bevölkerungskonzentration, Bevölkerungsdichte
el interior	Innere(s) ≠ *el exterior*
despoblado, -a	menschenleer, unbewohnt
la desigualdad económica, -a	Ungleichheit wirtschaftlich
disminuir (-y-)	nachlassen, zurückgehen
un puesto de trabajo	Arbeitsplatz
el ascenso	Aufstieg
sobrepoblado, -a	überbevölkert
subpoblado, -a	unterbevölkert, wenig bevölkert
un, a campesino, -a	Bauer, Bäuerin ← *el campo*
abandonar	etw aufgeben; verlassen ← E *to abandon* sich begeben
trasladarse	
las condiciones de vida	Lebensbedingungen
la educación	Erziehung, Ausbildung ← E *education*
la represión	Unterdrückung ← *reprimir*
un, a terrateniente	Großgrundbesitzer/in ← = *un, a latifundista*
una guerra civil	Bürgerkrieg
la cifra de inmigración	Einwanderungszahl
bajo, -a	niedrig ≠ *alto, -a*
aumentar	zunehmen, steigen, wachsen ← ≠ *bajar, disminuir*
emigrar	auswandern ≠ *inmigrar*
provenir de (≈ venir)	stammen aus, kommen von

Bogotá, una *metrópoli latinoamericana

Bogotá, la capital de Colombia, está situada en un altiplano llamado familiarmente «La Sabana» a una altura de 2600 m **sobre el nivel del mar**. Tiene una **extensión** de 5000 km² donde viven más de 8 millones de habitantes. A causa del éxodo rural, Bogotá se ha convertido en un centro de **aglomeración urbana**.

Esta **capital** es muy semejante a muchas de las capitales latino-americanas. Es una ciudad **colmada** de contrastes: de **rascacielos** y casas **coloniales**, desde **barrios** de lujo llenos de **seguridades**, **muros protectores** y **alambres de púas** donde vive la **población pudiente**, hasta **tugurios** donde encuentra refugio *ilegal la **población paupérrima**.

Bogotá, capital de Colombia

En «La Candelaria», el centro colonial de Bogotá, se encuentra el **corazón** de la ciudad. La Plaza Bolívar **está rodeada por edificios** de mucha importancia como son: la *catedral, que es una **construcción** de comienzos del **siglo** XIX; la **pintoresca alcaldía** y el moderno edificio del Capitolio Nacional.

En la **Carrera** Séptima está el centro internacional de bancos y **compañías de seguros** con rascacielos de hasta 39 **pisos** como es el de Avianca, una de las **líneas de aviación** colombiana más importantes.

En el norte, la «Zona Rosa» llena de *cafés, *restaurantes, *discotecas con maravillosa música colombiana (salsa, merengue, vallenato, cumbia) y, claro, con precios comparables a los europeos. En las **vías arterias** del norte hay unos **centros comerciales** donde se puede satisfacer cualquier deseo que se pueda tener, pues ofrecen artículos tanto nacionales como internacionales, europeos y norteamericanos.

Geografía

una sabana	Savanne, Grassteppe
el nivel del mar	Meereshöhe, -spiegel
sobre el nivel del mar	über dem Meeresspiegel
la extensión	Fläche, Ausdehnung
una aglomeración urbana	Ballungsgebiet
la capital	Hauptstadt
colmado, -a	voll, randvoll ➔ = lleno, -a
un rascacielos	Wolkenkratzer
colonial	im Kolonialstil ➔ una colonia; Kolonie
un barrio	(Stadt)Viertel
las seguridades	Sicherheitsvorkehrungen ➔ E security
un muro protector	Schutzmauer
un alambre de púas	Stacheldraht
pudiente	wohlhabend
un tugurio	Slumviertel
el refugio	Zuflucht ➔ E refuge
paupérrimo, -a	sehr arm ➔ pobre
el corazón	Herz
estar rodeado, -a por	umgeben sein von
un edificio	Gebäude
una construcción	Bau, Gebäude ➔ construir (-y-); (er)bauen
un siglo	Jahrhundert
pintoresco, -a	malerisch, pittoresk ➔ pintar
la alcaldía	Bürgermeisteramt
una carrera	Straße (in Col.: v. Nord nach Süd verlaufend) ➔ (LA) una avenida
una compañía de seguros	Versicherungsgesellschaft ➔ = una aseguradora
un piso	Stockwerk
una línea de aviación	(LA) Fluglinie ➔ (esp) una línea aérea
una vía arteria	(Haupt)Verkehrsader
un centro comercial	Einkaufszentrum
satisfacer (konj wie hacer)	zufrieden stellen ➔ satisfecho, -a

17

Geografía

En el sur, por el contrario, se encuentran los tugurios, *zonas de alto peligro y *criminalidad, de donde vienen muchos de los gamines. Se supone que el número de gamines en Bogotá llega a más de 15 000, pero el número exacto es imposible de saber, ya que se trata de niños y jóvenes que duermen en las calles de esta gran ciudad por haber huido o haber sido echados de casa y viven de las limosnas y del robo.

Culturalmente, Bogotá tiene *universidades de alto nivel, dos de ellas datan de los siglos XVI y XVII, *museos de fama internacional como es el Museo del Oro que ofrece la exposición de la colección más grande de oro precolombino. También se creó, en 1720, la famosa Casa de la *Poesía, un lugar para apoyar a los poetas colombianos.

El transporte de Bogotá

En esta gran metrópoli se desplaza todos los días gente de sur a norte, de norte a sur o hacia el centro de la ciudad y esto hace que las horas pico sean horas de parálisis de tráfico a pesar de los 20 000 *autobuses que circulan por la ciudad.

Bogotá ofrece diferentes posibilidades de transporte público:

- las busetas, pequeños autobuses, que son modernas, cómodas y que, por no tener paraderos, tienen que parar en cualquier parte poniéndoles la mano;
- los *buses, que no tienen un recorrido, ni un horario determinado, simplemente marcan su destino en un cartón puesto en la parte delantera. Los paraderos de autobuses no existen, están donde esté el peatón, pero se están tratando de implementar en las calles de mayor congestión;
- el *taxi también es una posibilidad de la que se puede hacer uso, porque es bastante barato.

Para calmar este *caos de tráfico tan tremendo, se han ideado diferentes soluciones: La primera es que de las 5 a.m. a las 8 p.m. algunas de las calles más importantes las transforman en calles de dirección única, para tratar que el tráfico del centro salga más fluidamente. También se ha impuesto un método parecido al de la Ciudad de México, que lleva el nombre de «Pico y Placa», que significa que los conductores de vehículo privado solo pueden hacer uso de ellos dependiendo del último número que tenga la placa de su carro. Todos los días sale en el periódico qué números son los que pueden circular, por ejemplo, el lunes del 3 al 6, el martes 7, 8, 9 y así sucesivamente.

18

Geografía

el peligro	Gefahr → *peligroso, -a*
un gamín	(LA) Straßenkind
	→ *(esp) un, a niño, -a de la calle*
suponer (konj wie poner)	annehmen, vermuten → *E to suppose*
tratarse de algo	sich um etw. handeln
huir (-y-)	fliehen
echar	hinauswerfen
una limosna	Almosen
un robo	Diebstahl → *robar*
la fama	Ruhm, *hier:* Bedeutung
	→ *famoso, -a; E fame*
una exposición	Ausstellung → *exponer (konj wie poner)*
una colección	Sammlung → *coleccionar*
precolombino, -a	präkolumbisch *(aus der Zeit vor der Entdeckung durch Kolumbus)*
un poeta, una poetisa	Dichter/in → *E poet*
el transporte	Transport, Verkehr(swesen)
desplazarse (z-c)	sich (fort)bewegen
hacia	in Richtung → ⚠ *hacía (Imperfecto von hacer)*
la hora pico	(LA) Hauptverkehrszeit
	→ = *(esp) la hora punta*
la parálisis	Lähmung
el tráfico	Verkehr → *E traffic*
circular	fahren
público, -a	öffentlich
un paradero	(LA) Haltestelle → = *(esp) una parada*
parar	(an)halten, stoppen
un recorrido	Fahrstrecke, Tour
el horario	*hier:* Fahrplan → *la hora*
el destino	Endhaltestelle, Bestimmungsort; Ziel
un cartón	Pappe; *hier:* Schild → ⊗ *Karton; una caja*
un, a peatón, a	Fußgänger
implementar	(LA) einführen
la congestión	(Verkehrs)Stau → = *el atasco*
barato, -a	billig → ≠ *caro, -a*
tremendo, -a	gewaltig → *E tremendous*
idear	planen, sich ausdenken
	→ = *proyectar, planificar*
a.m. / p.m.	(LA) vormittags / nachmittags
una calle de dirección única	Einbahnstraße
fluidamente	flüssig
imponerse (konj wie poner)	sich durchsetzen → *E to impose*
el pico	(LA) Hauptverkehrszeit
una placa	(Auto)Kennzeichen
un, a conductor, a	(Auto)Fahrer/in
un vehículo	Fahrzeug → *(LA) un carro*
un carro	(LA) Auto → = *(esp) un coche*
sucesivamente	und so weiter

Geografía

Otro método muy exitoso para evitar la congestión ha sido el TransMilenio: un sistema de transporte **masivo** con una **capacidad** de 180 *****pasajeros**, 46 sentados y 114 de pie. Este nuevo **medio de transporte** se **inauguró** a comienzos del 2001 y consiste en unos buses de color rojo que circulan sobre sus propios **carriles** a través de la ciudad, con **rutas** y paraderos. Dado el éxito que ha tenido este último **medio de locomoción** en Bogotá, se está **implantando** en otras ciudades colombianas.

A pesar de la congestión tan horrorosa, los domingos se cierran las calles arterias al tráfico y salen familias enteras a practicar diferentes tipos de deporte: montar en bicicleta, en **monopatín**, **patinar en línea** o, simplemente, caminar y tomar algo de lo que ofrecen los **vendedores ambulantes**. Por la noche la ciudad queda fantasmagóricamente sola y sólo se oye el **palpitar** de la metrópoli en la «Zona Rosa».

Madrid, una metrópoli española

Madrid con más de 5 millones de habitantes es capital de España desde mediados del siglo XVI. **Está ubicada** en el centro de la Comunidad Autónoma de Madrid que a su vez está situada en el centro de la Península Ibérica.

De la Puerta del Sol salen todas las **carreteras nacionales**. Aunque el «kilómetro 0», como se le conoce a este punto, no sea realmente el centro del país, es más conocido y más visitado que el verdadero *****centro geográfico**, en el Cerro de los Ángeles. En 1768 se construyó, en esta misma plaza, el entonces edificio de Correos, hoy sede del gobierno de la Comunidad Autónoma de Madrid. En el centro de la **fachada** de este edificio se encuentra el famoso **reloj**, desde el cual se escuchan, el 31 de diciembre de cada año, las doce **campanadas** para comer las doce uvas de la suerte. Aquí también **destaca** el «Monumento al **Oso** y el **Madroño**», *****símbolo** y **escudo** de la Ciudad. Son ocho las **calles principales** que salen de este sitio; seis son las carreteras nacionales que empiezan ahí en forma de **estrella** – a Burgos, Barcelona, Valencia, Andalucía, Extremadura y la Coruña.

No muy lejos de ahí, bajando por la Calle Mayor y pasando por la Plaza Mayor, que un día fue el centro **comercial** y *****cultural** de Madrid, se llega a la Plaza de la Villa. Ésta es una de las plazas más hermosas de la Ciudad, donde se encuentra el **Ayuntamiento** de Madrid con **salones**, como el de Goya, **dignos de** visitar.

Geografía

masivo, -a	Massen-
la capacidad	Fassungsvermögen → *E capacity*
un medio de transporte	Verkehrsmittel
inaugurar	eröffnen → *la inauguración*
un carril	Fahrspur
una ruta	Weg, Route
un medio de locomoción	Fortbewegungsmittel
implantar	einführen; aufbauen
un monopatín	Skateboard
patinar en línea	Inlineskaten
un, a vendedor, a ambulante	Straßenverkäufer/in
palpitar (corazón)	(Herz) schlagen, pochen
estar ubicado, -a en un lugar	sich an einer Stelle befinden → = *estar situado*
una carretera nacional	*etwa:* Bundesstraße
una fachada	Fassade, Vorderfront
un reloj	Uhr
una campanada	Glockenschlag → *una campana; Glocke*
destacar (c-qu)	sich abheben, hervorstechen
un oso	Bär
el madroño	Maulbeerbaum
un escudo	Wappen
una calle principal	Hauptstraße
una estrella	Stern
comercial	Wirtschafts-, wirtschaftlich
el Ayuntamiento	Rathaus; Stadtverwaltung
un salón	Salon, Saal, Ausstellung
digno de	würdig, wert

Geografía

En la Plaza de España, donde se puede ver el monumento a Don Quijote, está el Edificio España, el primer rascacielos de Madrid. Allí empieza la Gran Vía, **transitada** tanto por madrileños como por turistas. Es una **avenida** llena de ***teatros**, **cines** y **comercio**. El pequeño «Manhattan» de Madrid con ***bancos**, **oficinas** y rascacielos se encuentra en el Paseo de la Castellana, una de las vías principales de la capital.

Madrid es una ciudad que no duerme nunca por **brindar** todo tipo de ofertas para toda clase de público. Culturalmente, **cuenta con** universidades, teatros, numerosos museos de **renombre** internacional, como es el Museo del Prado, una de las **pinacotecas** más importantes **a nivel mundial**. La **vida nocturna** es muy viva, de ahí que Madrid sea conocida como la «Capital Europea de la Noche». Se puede comenzar la noche en cualquiera de las zonas que ofrece la ciudad tomando **tapas** o **cañas** en una **cervecería**, o cenando en un restaurante.

El público se caracteriza por ser de tipo **nómada**, ya que no se queda mucho tiempo en un ***local** sino que va de uno en otro, alegrando y llenando también de vida las calles **madrileñas**. Para **rematar**, se va a una **cafetería** o **panadería** a desayunar antes de regresar a casa. Para **frenar** el ***consumo de alcohol** y por consiguiente también el ***vandalismo**, el gobierno publicó en 2002 una ley **prohibiendo** tomar alcohol en **vía pública** para todos los **ciudadanos** madrileños, excepto en días festivos o terrazas de verano.

Los domingos la gente sale a **pasear por** la Plaza Mayor para visitar el **Mercadillo de Sellos** o **El Rastro**, que está en el sur de la Ciudad; ahí se pueden encontrar objetos usados a muy buen precio. Para relajarse y descansar de la **ruidosa** capital, está también el ***Parque** del Retiro, el **pulmón** de Madrid, que se encuentra **en pleno centro** con monumentos, **fuentes**, ***palacios** y un ***observatorio** que data de 1790.

Transporte en Madrid

Para desplazarse en las ciudades españolas y principalmente en Madrid, hay diferentes posibilidades. A pesar de que Madrid tiene seis carreteras nacionales para llegar a la ciudad y dos **circunvalaciones**, dos **exteriores** y una **interior**, el uso del coche propio puede significar grandes complicaciones, sobre todo a las **horas punta**, cuando miles de personas tratan de llegar a su lugar de trabajo y se forman grandes **atascos** haciendo la **circulación** imposible. Además, las posibilidades de **aparcamiento** no **cubren** todas las necesidades una vez que se ha logrado llegar al destino deseado. Así que se recomienda tomar o

Geografía

transitar	entlanggehen
una avenida	Allee, Boulevard
el cine	Kino
el comercio	Handel, Gewerbe → *comercial*
una oficina	Büro → **E** *office*
brindar	(an)bieten → = *ofrecer (-zco)*
contar con (-ue-)	bieten; geben
el renombre	Ruf, Renommee
una pinacoteca	Pinakothek, Gemäldesammlung
a nivel mundial	weltweit
la vida nocturna	Nachtleben
las tapas	Häppchen (kleine Gerichte, die in spanischen Bars zu Bier und Wein gereicht werden)
una caña	ein Glas (gezapftes) Bier (0,5 l)
una cervecería	Brauerei; Gastwirtschaft → *la cerveza; Bier*
nómada, o	nomadisch, nicht sesshaft
madrileño, -a	Madrider, aus Madrid
rematar	beenden, abschließen
una cafetería	Café
una panadería	Bäckerei → *el pan*
frenar	bremsen, *hier:* eindämmen → *el freno; Bremse*
prohibir	verbieten
en vía pública	öffentlich, in der Öffentlichkeit → = *publicamente*
un, a ciudadano, -a	Städter/in, Bürger/in → *la ciudad*
pasear por	spazieren gehen in/auf → *el paseo*
el Mercadillo de Sellos	(Floh)Markt für Briefmarken
El Rastro	Rastro (Trödelmarkt in Madrid)
ruidoso, -a	laut, geräuschvoll → *el ruido*
el pulmón	Lunge
pleno, -a	voll → = *lleno, -a*
en pleno centro	inmitten des Zentrums
una fuente	Brunnen; Quelle
una circunvalación	Umgehungsstraße, Ringstraße
exterior	äußere/r/s
interior	innere/r/s
la hora punta	Hauptverkehrszeit → = *(LA) la hora pico*
el atasco	Stau → = *(LA) la congestión de tráfico*
la circulación	Verkehr
un aparcamiento	Parken; Parkplatz → *aparcar (c-qu)*
cubrir	abdecken

Geografía

bien uno de los autobuses de las numerosas *líneas que circulan por las ciudades, o bien utilizar el metro, que es una de las formas más económicas y rápidas de transporte urbano.

Hay diferentes tipos de abonos de transporte, válidos para metro, autobuses y cercanías. Estos se pueden adquirir en las taquillas de metro y cercanías, en las estaciones de autobuses, en estancos, en quioscos o en lugares autorizados. Se compran billetes sencillos o abonos mensuales o anuales según se desee.

La red de metro y cercanías de Madrid ha mejorado muchísimo en los últimos años aumentando el número de estaciones, líneas y haciéndolos también más cómodos para personas con discapacidad. Una de las mejoras ha sido la prolongación de la línea de metro número 8. Saliendo del centro de Madrid se llega ahora en doce minutos al aeropuerto de Barajas, situado a unos diez kilómetros del punto de partida, donde aterrizan las diferentes compañías aéreas; incluyendo IBERIA, la línea española.

Transporte en España

La red de carreteras llega a todas las ciudades y pueblos de España por apartados que estén. Hay diferentes clases de carreteras: las que permiten mayores velocidades se llaman autopistas, la mayoría de peaje, o autovías. Las carreteras nacionales permiten una menor velocidad. También existen las carreteras secundarias que son más estrechas y la velocidad permitida es mucho menor. Finalmente, para evitar atascos alrededor de las ciudades, hay unas carreteras de circunvalación que unen el extrarradio con los pueblos limítrofes.

Para viajar de una ciudad a otra, también se puede tomar el autobús, incluso a veces es más aconsejable que tomar el tren, ya que es más barato y los autobuses circulan con mayor regularidad y frecuencia entre las distintas ciudades y pueblos.

La red de ferrocarriles de España se conoce con el nombre de RENFE (Red Nacional de Ferrocarriles Españoles). Tiene diferentes tipos de trenes, por una parte los más veloces: el AVE (Alta Velocidad Española) y el TALGO; por otra parte, los trenes de cercanías y *regionales mucho más lentos, dado que paran en casi todas las estaciones.

Geografía

el metro	U-Bahn
el transporte urbano	öffentlicher Personennahverkehr
un abono	Zeitkarte, Dauerkarte
válido, -a	gültig
las cercanías	Vorstadt-, Stadtrandgebiet
una taquilla	Schalter
un estanco	Tabak(waren)laden
un quiosco	Kiosk
un billete sencillo	einfacher Fahrschein
mensual	monatlich → *el mes*
anual	jährlich → *el año*
la red de metro	U-Bahn-Netz
la discapacidad	Behinderung → ⚠ *un, a minusválido, -a; Behinderte/r*
una mejora	Verbesserung → *mejor, mejorar*
una prolongación	Verlängerung → ⚠ *lang; largo, -a*
un aeropuerto	Flughafen
el punto de partida	Ausgangspunkt → *partir*
aterrizar (z-c)	landen → ≠ *despegar (g-gu)*
la red de carreteras	Straßennetz
una autopista	Autobahn
el peaje	Autobahn-, Mautgebühr
una autovía	Schnellstraße
una carretera secundaria	Landstraße
evitar	vermeiden
alrededor de	ringsherum, um … herum
una carretera de circunvalación	Ring(straße), Umgehungsstraße
aconsejable	ratsam, empfehlenswert → *un consejo; Rat(schlag)*
un tren	Zug → **E** *train*
la red de ferrocarriles	(Eisen)Bahnnetz
la RENFE	spanische Eisenbahngesellschaft
el AVE	spanischer Hochgeschwindigkeitszug, *etwa:* ICE
el TALGO	spanischer Intercity-Zug
un tren de cercanías	Nahverkehrszug → *cerca; nah*

Geografía – Ejercicios

a) Forma adjetivos con los siguientes sustantivos y escribe su traducción en alemán.

1. una montaña **montañoso, -a**   gebirgig
2. el sol   soleado   sonnig
3. la costa   costero   Küsten-
4. el ruido   _____   _____
5. la arena   arenoso   sandig
6. un desierto   desert   wüste-
7. una roca   rocoso   felsig
8. la lluvia   lluviosa   regnerisch
9. el calor   caluroso   heiß
10. el mes   _____   _____

b) Ordena las siguientes palabras según su tema.

> monumento – fiordo – alcaldía – acantilado – tráfico – carril – caudaloso – ayuntamiento – nacer – cine – atasco – aterrizar – bahía – peaje – pinacoteca

agua	transporte	lugares para visitar

Geografía – Ejercicios

c) Completa las frases con las siguientes palabras.

> accidentes geográficos – fronteras terrestres –
> río – fronteras marítmas – selva lluviosa – pico –
> nubosidad – autopistas – población

1. Las tierras limítrofes son _____ y las aguas limítrofes se llaman _____.
2. Las cordilleras y depresiones son _____.
3. La parte más alta de una montaña es el _____.
4. Cuando hay muchas nubes en el cielo se habla de una _____ _____.
5. Las carreteras por donde los coches pueden ir más rápido son las _____.
6. Amazonas es el nombre de la _____ más extensa del mundo y del _____ más caudaloso.
7. La cantidad de gente que vive en una ciudad, un pueblo o un país se llama la _____.

d) De cada lista busca dos palabras que tengan algo en común y explícalo.

1. cafetería – cine – cervecería – pulmón
2. tugurio – balneario – cadena – barrio
3. lancha – rascacielos – estación – edificio
4. refugio – archipiélago – peatón – isla
5. exterior – colmado – interior – abono
6. reloj – anual – campanada – cercanías
7. oficina – vehículo – taquilla – carro
8. abono – tapa – limosna – gamín
9. alambre de púas – vía pública – muro protector – cabo

Historia

La romanización

Las dos fechas que **limitan** la presencia de Roma en la Península Ibérica son el año 218 **a. de C.** y el 414 **d. de C.** La primera señala la **destrucción** de Sagunto por Aníbal en la segunda **Guerra Púnica** y la **consiguiente** presencia del **ejército** romano en España. A partir de este momento comienza un periodo de **luchas** de dicho ejército para **dominar** toda la Península, vistas su situación *****estratégica** y su riqueza. En el 414 entró Ataúlfo en Barcelona **al frente de** los **visigodos**, lo que significó el fin de la **dominación romana**.

El acueducto romano de Segovia

En las luchas **sangrientas** de la **conquista** romana **sobresale** la heroica **resistencia** de Numancia durante 14 años; antes de **rendirse**, sus habitantes **incendiaron** la ciudad y se dieron muerte **arrojándose** a las **llamas** (133 a. de C.). Los últimos episodios de la conquista los dirigió personalmente el **emperador** Augusto, con quien empieza el periodo de romanización: la **incorporación** de la Península a la cultura romana. Pronto, las lenguas **celtíberas** fueron *****absorbidas** por el latín, cuyo uso suponía **prestigio** y **pertenencia** al mundo de la influencia y de la cultura. Esto junto con la **permanencia** de muchos soldados en tierras hispanas, y sus **matrimonios** con mujeres indígenas; la **implantación** de la **administración** romana y, sobre todo, el **intercambio comercial** gracias a las numerosas **calzadas romanas** son algunas de las razones de la rápida romanización de la Península Ibérica.

Historia 2

la romanización	Romanisierung
limitar	be-, eingrenzen → *el límite; Grenze*
a. de C. (antes de Cristo)	vor Christus
d. de C. (después de Cristo)	nach Christus
la destrucción	Zerstörung → *destruir (-y-)*
la Guerra Púnica	Punischer Krieg
consiguiente	daraus folgend, sich (daraus) ergebend → *seguir (-i-; gu-g)*
un ejército	Heer, Armee
una lucha	Kampf → *luchar*
dominar	herrschen
al frente de	an der Spitze
un, a visigodo, -a	Westgoten
la dominación	Herrschaft
romano, -a	römisch
sangriento, -a	blutig; grausam → *la sangre; Blut*

una conquista	Eroberung → *E conquest*
sobresalir (-g-)	herausragen
la resistencia	Widerstand
rendirse (-i-)	sich ergeben, kapitulieren
incendiar	anzünden
arrojarse	sich werfen, sich stürzen
una llama	Flamme
un emperador, una emperatriz	Kaiser/in
una incorporación	Eingliederung
celtíbero, -a	keltiberisch
el prestigio	Ansehen, Prestige
la pertenencia	Zugehörigkeit → *pertenecer (-zco)*
la permanencia	Aufenthalt, Verbleiben → *permanecer (-zco)*
un matrimonio	Ehe
una implantación	Einführung
la administración	Verwaltung → *E administration*
un intercambio comercial	Handelsverkehr
una calzada romana	Römerstraße

29

Historia

Dominio visigodo

En el **siglo** V distintos pueblos ***bárbaros amenazan** las fronteras del ***Imperio Romano**; de ellos pasan a España suevos, vándalos y alanos, pero son los visigodos, pueblo ***germánico**, los que logran **imponerse a** la sociedad hispano-romana que encuentran en la Península.

El rey Leovigildo es el verdadero **fundador** del **reino** visigodo de España, quien **establece** una **corte esplendorosa** en Toledo. Bajo su **reinado** y el de sus **sucesores**, se busca la igualdad de **derechos civiles** y de religión (católica) y se llega a crear **conciencia** de pueblo único: el pueblo español, que sigue hablando el latín vulgar. En las últimas **décadas** del siglo VII el reino se encuentra en proceso de **fragmentación** y **desequilibrio**. Las intrigas en tiempos del último rey visigodo Don Rodrigo (710–712) facilitan finalmente la ***invasión** ***árabe**.

Invasión árabe

En el año 711 **invaden** los árabes la Península Ibérica y la dominan siete años más tarde. **Ilusionados** por los primeros **éxitos**, **pretenden** entrar en Francia, pero allí encuentran resistencia y son **derrotados** en Poitiers, en una de las **batallas** más sangrientas de la historia: mueren unos 375 000 hombres. Así comenzó la ***Reconquista**, en los **Pirineos**. La primera gran **derrota** de los árabes fue la batalla de Covadonga (Asturias), donde las dificultades del **terreno**, bien conocido por los asturianos, el **valor** del primer rey cristiano, Don Pelayo, y la ayuda de una fuerte **tempestad** dan la primera **victoria** a la Reconquista (722).

Los **enfrentamientos** entre los árabes y los reinos cristianos que se forman en Navarra, León-Castilla, Aragón-Cataluña no **cesan** hasta 1492 con la **caída** de la última corte árabe, Granada.

Siglo X y siguientes

Más de la mitad del siglo X lo llena el **régimen** del árabe Abderramán III: consigue **elevar** al mayor **esplendor** y **poder** el reino árabe de España, llamado al-Ándalus. **Se proclama** ***Califa**, jefe **supremo** religioso de los **musulmanes** de su reino; **rompe el lazo** religioso con el ***Califato** de Bagdad e **instaura** el Califato Independiente de Córdoba (929). Logra hacer de ésta una ciudad tan **populosa** y magnífica como la misma Bagdad. Su población llegó a medio millón de habitantes; construyó ***palacios** de **leyenda** oriental, una biblioteca de 400 000 libros, escuelas (eran pocos los que no sabían leer y escribir en el Sur español) … Por todo esto se le conoce a este periodo como el **siglo de oro** de la cultura árabe en España.

Historia

el dominio	Herrschaft
un siglo	Jahrhundert
amenazar (z-c)	bedrohen → *una amenaza*
imponerse a (≈ poner)	sich durchsetzen (gegen)
un, a fundador, a	Gründer/in → *fundar; gründen*
un reino	Königreich → *un rey, una reina*
establecer (-zco)	gründen, aufbauen
la corte	(Königs)Hof → △ *un patio; (Innen)Hof*
esplendoroso, -a	prächtig, prachtvoll
el reinado	(Vor)Herrschaft
un, a sucesor, a	Nachfolger/in
el derecho civil	Bürgerrecht
la conciencia	Bewusstsein → *E conscience*
una década	Jahrzehnt
la fragmentación	Zerstückelung
el desequilibrio	Ungleichgewicht → ≠ *el equilibrio*
invadir	einfallen, einmarschieren → *una invasión*
ilusionar	täuschen, irreführen
un éxito	Erfolg
pretender hacer algo	beabsichtigen
derrotar	schlagen, besiegen → *una derrota*
una batalla	Schlacht, Kampf
los Pirineos	Pyrenäen
una derrota	Niederlage → *derrotar*
un terreno	Gebiet, Terrain
el valor	Mut
la tempestad	Unwetter, Sturm
una victoria	Sieg → *E victory*
un enfrentamiento	Zusammenstoß, Konfrontation
cesar	aufhören → = *parar*
la caída	Fall → *caer; fallen*
un régimen (Pl. los regímenes)	Regierung(ssystem)
elevar	erhöhen → = *subir*
el esplendor	Glanz, Pracht
el poder	Macht
proclamarse	sich zu etw. erklären
supremo, -a	höchste/r/s
un, a musulmán, -ana	Muslim/e
romper el lazo	Bindung (ab)brechen
instaurar	errichten, (be)gründen
populoso, -a	dicht bevölkert → △ *popular; beliebt*
una leyenda	Legende
un siglo de oro	goldenes Jahrhundert

Historia

Tras Abderramán III las **discordias** internas **provocaron** la **disgregación** del Califato en pequeños **reinos de Taifas**, a modo de **feudalismo**. Hubo hasta 27 reinos de Taifas, de los cuales el de Sevilla se convirtió en el más poderoso, **testigo** de ello es la Giralda. **Fruto** de los casi ocho siglos de la presencia de musulmanes en España, son las casi 4000 palabras árabes que han quedado incorporadas al español; así como el arte **mudéjar** y **mozárabe**.

1492

Escudo de la dinastía nazarí en la Alhambra.

Ya en la **Baja Edad Media**, los tres reinos **cristianos**, Castilla, Navarra y Aragón-Cataluña están cada vez más **fortalecidos**. El año 1476 señala en España el fin de la Edad Media: Isabel de Castilla, se casa con Fernando de Aragón-Cataluña; es el matrimonio de los Reyes Católicos y el comienzo de la **Edad Moderna**. En sus proyectos entra la **unidad nacional**, lo que logran con la **unión** de sus reinos, con la *anexión del reino de Navarra, y con la conquista de Granada, el último reino árabe en la Península. Después de once años de **cerco** al reino granadino, se consigue el **destierro** de su último rey, Boabdil. El 2 de enero de 1492 se **dio por** acabada la Reconquista.

En 1478 los Reyes Católicos fundaron la *Inquisición. Se trataba de un **tribunal eclesiástico** creado para castigar los **delitos** contra la **fe**. Con la Inquisición la situación de los **judíos** en la Península **empeora**. Finalmente, los Reyes Católicos **dictan** el **decreto** de su **expulsión** en 1492.

Pero el **acontecimiento** más importante de este reinado, y que llega a tener dimensiones universales, es el **descubrimiento** de América. Tras la **toma** de Granada, los Reyes Católicos **ultiman** las **negociaciones** con Colón. Éste puede ser **nombrado gobernador** de todas las tierras que se descubran, mientras que los Reyes tienen la **responsabilidad** oficial y económica. Con las tres **carabelas** La Niña, La Pinta y La Santa María sale la *expedición del puerto de Palos (Huelva) el 3 de agosto de 1492, y en la **madrugada** del 12 de octubre **desembarcan** en las Antillas, en la isla Guanahaní, a la que Colón llamó San Salvador.

Historia

tras	nach
una discordia	Zwietracht
provocar (c-qu)	hervorrufen, provozieren
la disgregación	Zerlegung, Spaltung
un reino de Taifa	Taifa (Teilreich im islamischen Spanien)
el feudalismo	Lehnswesen
ser testigo de algo	von etw. zeugen → *un, a testigo, -a; Zeuge/in*
el fruto	Ergebnis, Produkt
mudéjar	Mudejar- *(unter christl. Herrschaft lebende Mauren)*
mozárabe	mozarabisch *(unter maurischer Herrschaft lebende Spanier)*
un escudo	Wappen
la dinastía	Dynastie
nazarí	der Nasriden
la Baja Edad Media	frühes Mittelalter
cristiano, -a	christlich
fortalecer (-zco)	kräftigen, stärken → *fuerte*
la Edad Moderna	Moderne
la unidad nacional	nationale Einheit
la unión	Verbindung, Zusammenfügung → *unir*
un cerco	Belagerung → *cercar (c-qu)*
el destierro	Verbannung
dar por (+adj)	betrachten als
un tribunal	Gericht(shof)
eclesiástico, -a	kirchlich, Kirchen-
un delito	Straftat, Delikt
la fe	Glaube
un, a judío, -a	Jude/Jüdin
empeorar	(sich) verschlechtern → *peor*
dictar (un decreto)	(Gesetz) erlassen, verabschieden
un decreto	Verordnung, Verfügung
una expulsión	Vertreibung
un acontecimiento	Ereignis, Geschehen
un descubrimiento	Entdeckung → *descubrir*
la toma	Einnahme
ultimar	abschließen, zum Abschluss bringen → *último, -a; letzte/r/s*
una negociación	Verhandlung → *E negotiation*
nombrar	ernennen
un, a gobernador, a	Gouverneur/in
la responsabilidad	Verantwortung → *E responsibility*
una carabela	Karavelle
la madrugada	(Morgen)Dämmerung, Tagesanbruch
desembarcar (c-qu)	landen → *un desembarco*

Historia

Conquistadores

Las expediciones de la conquista eran organizadas por **particulares**, que **reclutaban** su propia gente, y pagaban viajes y **empresa**. Dejaban las tierras dominadas bajo la **soberanía** de los reyes españoles, que **recompensaban** a los conquistadores con **honores**, tierras y parte del **botín**.

Hernán Cortés en México
Este extremeño, de padres ricos, había empezado a estudiar en Salamanca, pero, en el ambiente de viajes y aventuras, **se embarcó** hacia el **Nuevo Mundo** en 1504.

En 1519 marchó sobre México, partiendo de Cuba al frente de una **flotilla** de 11 **naves**, con unos 600 hombres, unas pocas **armas de fuego** y 16 caballos. Después de los primeros enfrentamientos **bélicos** con los **indígenas**, éstos le **hicieron entrega** de veinte mujeres jóvenes, entre ellas Malinche, una princesa maya, que le **sirvió** de **intérprete** y más tarde fue su **pareja**. Después de conquistar Tlaxcala, que constituía un Estado independiente, llegaron a Tenochtitlán, la capital del *****imperio** azteca. Su emperador, Moctezuma, salió al encuentro y **se declaró súbdito** del rey español confundiendo los españoles con dioses.

Pero la conquista no fue fácil. Tras las **revueltas** y **sublevaciones** de los indígenas en la «Noche Triste», vuelve Cortés contra la capital que con la ayuda de sus **confederados** indios **tomó por asalto**, **hizo prisionero** y **quemó** vivo a Cuauhtémoc, sucesor de Moctezuma. Con la conquista de la capital quedó **sometido** todo el imperio y Cortés fue nombrado gobernador.

Pizarro conquista el Perú
Francisco Pizarro, de **infancia** pobre, embarcó para el Nuevo Mundo a las órdenes de otro extremeño, Núñez de Balboa, a quien acompañó en el descubrimiento del *****océano Pacífico** (1515). En esta expedición recibieron de los **guías** las primeras **noticias** del Perú, que describían aquel país como «El Dorado» o tierra del oro.

En 1531 Pizarro partió con sus cuatro hermanos, tres naves y unos 200 hombres de Panamá. Sin esperar los **refuerzos** que Diego de Almagro iba a traer desde ese país, se adentró en el Perú. **Aprovechó** la **guerra civil** entre los **príncipes** Huáscar y Atahualpa para **hacerse dueño** del país. También parece que le **favoreció** la **erupción** del *****volcán** Cotopaxi, que los indígenas interpretaron como la **cólera** de los dioses por **oponerse a** la dominación española.

Atahualpa fue hecho prisionero por Pizarro y, para conseguir su **libertad**, el *****inca** le ofreció llenar de oro la habitación en la que

Historia

un conquistador	Eroberer
un, a particular	Privatperson
reclutar	rekrutieren
una empresa	Vorhaben, Unternehmung
la soberanía	Hoheit(sgewalt), Souveränität
recompensar	(be)lohnen
el honor	Ehre
un botín	(Kriegs)Beute
embarcarse (c-qu)	sich einschiffen; reisen → ≠ *desembarcar (c-qu)*
el Nuevo Mundo	Neue Welt
una flotilla	kleine Flotte → *una flota*
una nave	Schiff → *navegar (g-gu)*
un arma de fuego	Schusswaffe → ⚠ *el arma (f)*
bélico, -a	kriegerisch, Kriegs-
un, a indígena	Eingeborene/r, Ureinwohner/in
hacer entrega de	übergeben, ausliefern → = *entregar (g-gu)*
servir (-i-)	dienen
un, a intérprete	Dolmetscher/in
una pareja	Gefährte/in
declararse	sich erklären
un, a súbdito, -a	Untertan/in
una revuelta	Revolte, Krawall
una sublevación	Aufstand
un, a confederado, -a	Verbündete/r
tomar por asalto	in einem Handstreich einnehmen
hacer prisionero, -a	gefangen nehmen
quemar	verbrennen
someter (≈ meter)	unterwerfen
la infancia	Kindheit
un, a guía	Führer/in
una noticia	Nachricht
un refuerzo	Verstärkung
aprovechar	sich zunutze machen
una guerra civil	Bürgerkrieg
un príncipe	Prinz → *una princesa*
hacerse dueño de	sich einer Sache bemächtigen
favorecer (-zco)	begünstigen, helfen → *un favor; Gefallen*
una erupción	Ausbruch
la cólera	Jähzorn, Wut → ⚠ *el cólera; Cholera*
oponerse a (≈ poner)	sich widersetzen → *la oposición*
la libertad	Freiheit → **E** *liberty*

Historia

estaba. Sus **mensajeros entregaron** a Pizarro grandes cantidades de oro y plata, pero Atahualpa no sólo no **recobró** la libertad, sino que, acusado de **traición** por haber ordenado la muerte de su hermano Huáscar, fue **condenado** a muerte y **ejecutado** por orden de Pizarro.

En general, durante la **colonización**, los españoles **trataron** de **imponer** en los diversos **territorios** conquistados las ***estructuras** económicas, las ***instituciones**, las formas de vida y las **creencias** propias de los reinos españoles. Lo que sin duda alguna llevó a la **destrucción** de la cultura **autóctona** y a la **explotación** de los indígenas. Muchos de ellos murieron a causa de enfermedades llevadas por los conquistadores, trabajando en la «mita», un sistema de **trabajo forzado**, o en la «encomienda», un sistema de carácter ***feudal**, en el cual los indígenas eran **siervos** de los conquistadores y a cambio recibían su protección. También es cierto que hubo voces de **autocrítica**, especialmente la de Fray Bartolomé de las Casas, quien descubrió y **denunció abusos** contra los indígenas.

Cultura precolombina

Cuando los conquistadores llegaron a América, encontraron pueblos y **tribus** que habían conseguido un alto nivel cultural. Los ***mayas**, que habían **edificado** grandes ciudades y magníficos ***templos** comparables a las ***pirámides egipcias** en la Península de Yucatán, se habían **establecido** en ella hacia el siglo V de nuestra ***era**, **procedentes de** Centroamérica. Su **Gobierno** era ***teocrático** o **sacerdotal**; adoraban a un dios supremo y a otras **divinidades inferiores**, ofreciéndoles **sacrificios humanos**. Tenían grandes conocimientos en ***astrología**, de ahí que desarrollaran un ***calendario** y pudieran **predecir eclipses solares** y **lunares**.

El Caracol: un observatorio de los mayas

Historia

un, a mensajero, -a	Bote/in
entregar (g-gu)	abliefern, übergeben
recobrar	wiederbekommen, zurückbekommen
la traición	Verrat
condenar	verurteilen → *una condena*
ejecutar	hinrichten → *E to execute*
la colonización	Kolonisierung
tratar de hacer algo	versuchen etw. zu tun
imponer (≈ poner)	aufzwingen
un territorio	Gebiet → *E territory*
la creencia	Glaube
la destrucción	Zerstörung → *E destruction*
autóctono, -a	alteingesessen, einheimisch
la explotación	Ausbeutung
el trabajo forzado	Zwangsarbeit
un, a siervo, -a	Sklave/in, Diener/in
la autocrítica	Selbstkritik
denunciar	öffentlich verurteilen
un abuso	Missbrauch → *abusar*
precolombino, -a	präkolumbisch (Zeit vor der Entdeckung Amerikas durch Kolumbus)
una tribu	Stamm
edificar (c-qu)	(er)bauen → *un edificio; Gebäude*
egipcio, -a	ägyptisch
establecerse (-zco)	sich niederlassen
proceder de	kommen aus
un Gobierno	Regierung → ⚠ *un gobierno; Führung, Leitung*
sacerdotal	priesterlich
adorar	anbeten → *E to adore*
una divinidad inferior	niedere Gottheit
un sacrificio humano	Menschenopfer
predecir (≈ decir)	vorhersagen
un eclipse solar	Sonnenfinsternis → *el sol*
un eclipse lunar	Mondfinsternis → *la luna*
un caracol	Schnecke, Schneckenhaus

Historia

Los *aztecas procedentes del Norte se habían establecido en Anáhuac en el siglo XIII, en cuyas lagunas fundaron un siglo más tarde la ciudad de Tenochtitlán. Sus jefes guerreros sembraron el terror y la devastación. Se apropiaron de la cultura anterior, la tolteca, imponiéndole un carácter guerrero y un *culto sanguinario. Su cultura se caracterizaba por una educación obligatoria, leyes con castigos muy severos y profundos conocimientos en *astronomía. Su arte se entrecruza con el maya y ambos se influyen. Los restos arquitectónicos que nos quedan nos muestran obra de cantería con columnas bajas y robustas. La construcción principal es el templo. En Yucatán el monumento más célebre es el castillo-templo de Chichén Itzá.

Los reyes del antiguo imperio del Perú se llamaban incas y eran verdaderos maestros en construir muros de piedra, réplicas de animales y plantas o baños incas. Las *ruinas más antiguas son las del *observatorio de Tiahuanaco, junto al lago Titicaca, a más de 4000 m de altura.

Otros pueblos son chibchas, guaraníes, caribes, changos, araucanos …

Siglo XVI

Carlos I de España y V de Alemania pretende formar el Sacro Imperio Romano Germánico al coincidir en su persona el reino de España, como nieto de los Reyes Católicos, y el Imperio Alemán, como nieto del emperador Maximiliano. Idea que fracasa por la *oposición francesa, turca y de los príncipes alemanes y que lleva a una política de constantes guerras. Con Carlos I comienza el reinado de la dinastía de los Habsburgo en España que durará hasta el siglo XVIII.

La Armada Invencible
Felipe II (1527–1598) pretendió vengarse de la actitud favorable de la reina Isabel de Inglaterra hacia el levantamiento de los Países Bajos, contra el régimen español y, aprovechando el poder marítimo que le había dado la conquista de Portugal, decidió enviar una gran *flota contra Inglaterra. Razones no le faltaban pues, además, se sabía que la reina se había convertido en ardiente defensora del *anglicanismo y que protegía a los *piratas que atacaban las naves españolas que venían del Nuevo Mundo, incluso que compartía con el famoso pirata Francis Drake el botín de estos atracos.

De esta forma en 1588 Felipe II decidió destruir este nido de piratas y reunió en Lisboa hasta 130 navíos, cerca de 2500 *cañones y 30 000 hombres, a los que se sumarían otros 30 000 de Flandes. Pero la enorme expedición fue un fracaso. Las tempestades y las naves inglesas bajo la dirección de Drake derrotaron a la Invencible cuyos restos llegaron a la Península por distintos caminos. Se dice que Felipe

Historia

fundar	gründen
un jefe guerrero	Kriegsherr
sembrar el terror	Angst verbreiten
la devastación	Verwüstung
apropiarse de	sich etw. bemächtigen
sanguinario, -a	blutrünstig, grausam → *la sangre; Blut*
la educación obligatoria	Schulpflicht
un castigo	Strafe, Bestrafung → *castigar (g-gu)*
severo, -a	streng
profundo, -a	tiefgehend, profund
entrecruzar (z-c)	(sich) kreuzen → *una cruz; Kreuz*
la cantería	Steinhauerei
una columna	Säule
la construcción	Gebäude
principal	Haupt-
un monumento	Denkmal
un castillo-templo	Tempel–Burg
un, a maestro, -a	Meister/in
una réplica	Replik, Nachbildung
el Sacro Imperio Romano Germánico	Heiliges Römisches Reich deutscher Nation
fracasar	scheitern
una dinastía	Dynastie
la Armada Invencible	unbesiegbare spanische Flotte
vengarse	sich rächen → *la venganza; Rache*
una actitud	Haltung
un levantamiento	Aufstand
el poder marítimo	Seemacht
ardiente	glühend
un, a defensor, a	Verteidiger/in → *defender (-ie-)*
atacar (c-qu)	angreifen
compartir	teilen → *una parte; Teil*
un atraco	(Raub)Überfall
un nido	Nest
un navío	Schiff → *= una nave*
Flandes	Flandern
fracasar	scheitern → *el fracaso*
la dirección	Führung

Historia

II comentó al tener noticia del **desastre**: «Yo envié mis naves a luchar con los hombres, no contra los elementos».

Guerra de Sucesión

Durante el siglo XVII reinaron Felipe III (hasta 1621), Felipe IV (hasta 1665) y Carlos II (hasta 1700). Fue éste un siglo de *****decadencia** gradual: los **extensos** dominios de Felipe II en «los que no **se ponía el sol**» fueron disminuyendo, **en beneficio** sobre todo del **Rey Sol**, Luis XIV de Francia.

En efecto, se acababa la vida de Carlos II sin sucesión de ninguna de sus dos esposas. Así pues, la corte de España se convirtió en centro de *****intrigas** y **pretendientes**. Carlos II, **moribundo**, el primero de noviembre de 1700 **dejó** en su *****testamento** como heredero de todos sus Estados a Felipe Borbón, **Duque** de Anjou y nieto de Luis XIV: la Casa de Austria, después de luchar durante dos siglos contra Francia, **acabó por** entregar la **corona** a un príncipe francés.

Por su parte el emperador alemán Leopoldo se preparaba a defender con las **armas** los derechos de la Casa de Austria, **en favor de** su hijo el **archiduque** Carlos, con el **apoyo** de Inglaterra, Holanda y Portugal, temerosos de la influencia francesa. Así comenzó la «Guerra de Sucesión» que dejó España dividida en 2 partes: la tendencia de la antigua Castilla hacia Felipe y la parte de Aragón-Cataluña hacia Carlos.

La *****marina** inglesa después de **recorrer** las costas españolas para apoyar a los pueblos en favor de Carlos, **se apoderó** por sorpresa de Gibraltar. La guerra duró hasta 1713 y en la **Paz** de Utrecht Felipe V es proclamado rey. Con él comienza el reinado de la casa de Borbón en España.

Siglo XIX

Guerra de la Independencia
Carlos IV (1788–1808) fue un rey **mediocre**. Bajo la **presión** de Napoleón **renunció** a su derecho **al trono** y junto a su hijo, el futuro Fernando VII, fue hecho prisionero por Napoleón en Bayona. **Ocupada** la Península por ejércitos de Francia, Napoleón ordenó que saliera de España toda la Familia **Real**. Esta orden produjo el memorable levantamiento del «2 de mayo» (1808) al que siguió una **tremenda** lucha entre el pueblo de Madrid y los *****soldados** franceses. Había comenzado la Guerra de la Independencia (1808–1814) en la cual los españoles lograron finalmente **liberarse** del **invasor** extranjero.

Historia

un desastre	Katastrophe → *E disaster*
la Guerra de Sucesión	Erbfolgekrieg
extenso, -a	weit, ausgedehnt
el sol se pone	die Sonne geht unter → *la puesta del sol; Sonnenuntergang*
un beneficio de	zugunsten von → *un beneficio; Nutzen*
el Rey Sol	Sonnenkönig
en efecto	tatsächlich
un, a pretendiente	Thronanwärter
moribundo, -a	im Sterben liegend
dejar	hinterlassen
un, a duque, sa	Herzog/in
acabar por hacer algo	schließlich etw. machen
una corona	Krone
un arma	Waffe → △ *el arma (f)*
en favor de	zugunsten von
un, a archiduque, sa	Erzherzog/in
el apoyo	Hilfe, Unterstützung → = *la ayuda*
recorrer	be-, durchreisen
apoderarse de	sich bemächtigen
la paz	Friede → ≠ *la guerra*
la independencia	Unabhängigkeit → *E independence*
mediocre	mittelmäßig
la presión	Druck
renunciar al trono	abdanken
ocupar	besetzen → *la ocupación; Besetzung*
real	königlich, Königs-
tremendo, -a	schrecklich; riesig
liberarse	sich befreien → *la liberación*
un, a invasor, a	Eindringling; Eroberer/in

Historia

Constitución de Cádiz
Con la familia real en Bayona y con las **tropas** napoleónicas en Madrid, había un **vacío de poder** que el pueblo llenó espontáneamente con la creación de un nuevo tipo de *****autoridad**, las **Juntas**, coordinadas por 13 Juntas Supremas; en septiembre de 1808 se creó la Junta Central, **instalada** en Cádiz. Aparecieron entre sus **diputados** dos tendencias: una «*****liberal**», que deseaba convertir la **monarquía absoluta** en **monarquía constitucional**; y la «**realista**», que rechazaba toda **innovación** política. **Triunfó** la idea liberal que **modeló** la nueva Constitución, publicada el 19 de marzo de 1812.

Esta Constitución se caracterizó por ser de origen popular, por ser la más extensa, con sus 384 *****artículos**; y por ser muy **rígida**. Algunos de los principios liberales eran la **supresión** de *****privilegios** de **nobleza**, la **abolición** de la Inquisición y de la **tortura**, así como la **eliminación** de las pruebas de **limpieza de sangre** y el **reconocimiento** de la **libertad de prensa**. Esta Constitución es el símbolo del *****liberalismo** español.

Guerras Carlistas
Al regresar del exilio francés Fernando VII es proclamado rey de España. Durante su reinado se distinguen tres periodos: la *****restauración absolutista** que significó la abolición de la Constitución; el «trienio liberal» con tres años de régimen liberal; y la vuelta al absolutismo en la «década ominosa». La oposición entre *****absolutismo** y liberalismo caracteriza las Guerras Carlistas a lo largo del siglo XIX, entre los dos **aspirantes al trono**: Carlos, hermano de Fernando VII, e Isabel, hija del rey. Los Carlistas defienden la religión católica y el absolutismo y se enfrentan a los Isabelinos o liberales, siendo éstos últimos los que llevarán a Isabel II a reinar hasta 1868.

Independencia de la América española
A partir de la *****Revolución Francesa**, 1789, las circunstancias europeas, y, sobre todo, las españolas hicieron difícil **mantener** el control de las **posesiones** en América. El general San Martín confirma la independencia de Argentina con la victoria en Maipú (1818) y derrota a las tropas españolas en Chacabuco, **asegurando** la independencia de Chile. En 1821 entra en Lima: el Perú se declara independiente en 1824 y Bolivia en 1825. Simón Bolívar derrota a las tropas españolas en Boyacá y es **elegido** *****presidente** de Colombia. Sucre, **lugarteniente** de Bolívar, **incorpora** Ecuador a la Gran Colombia. En 1830 se crea la *****República** de Ecuador. En 1823 los territorios de América Central **constituyen** las *****Provincias** Unidas de Centroamérica y México se convierte en **república federal**. Y, por último, en diciembre de 1898 se **firma** la Paz de París en la que España **renuncia a** Cuba y **cede** a Estados Unidos sus últimas *****colonias**, Filipinas y Puerto Rico.

Historia

la Constitución	Verfassung → *E constitution*
las tropas	Truppen
el vacío de poder	Machtvakuum → *el vacío; Leere, Vakuum*
una junta	Ausschuss, Junta
instalar	unterbringen
un, a diputado, -a	Abgeordnete/r
la monarquía absoluta	absolutistische Monarchie
la monarquía constitucional	konstitutionelle Monarchie
realista	royalistisch, königstreu
una innovación	(Er)Neuerung
triunfar	triumphieren, siegen
modelar	formen
rígido, -a	starr; streng
la supresión	Aufhebung
la nobleza	Adel → *noble*
la abolición	Abschaffung
la tortura	Folter → *E torture*
la eliminación	Beseitigung
la limpieza de sangre	Reinheit der Abstammung
el reconocimiento	Anerkennung → *reconocer (-zco)*
la libertad de prensa	Pressefreiheit
un, a aspirante al trono	Thronanwärter/in
mantener (≈ tener)	aufrechterhalten → *E to maintain*
una posesión	Kolonien; Besitz
asegurar	sichern → *seguro, -a*
elegir (-i-; g-j)	wählen
un, a lugarteniente	Statthalter; Stellvertreter
incorporar	eingliedern, aufnehmen
constituir (-y-)	bilden
una república federal	Bundesrepublik
firmar	unterzeichnen, unterschreiben
renunciar a	verzichten auf
ceder	abtreten, überlassen

Historia

La Guerra Civil

De julio de 1936 a abril de 1939 España vivió uno de los fenómenos más tristes y trágicos de su historia. Todavía hoy se sufren sus *consecuencias sobre todo, los familiares de las 268 500 víctimas; 25 000 de los cuales corresponden a fuerzas extranjeras aliadas de uno y otro bando: las Brigadas Internacionales de parte del Gobierno *republicano; los Gobiernos de Alemania, Italia y Portugal de parte del ejército sublevado.

A principios de siglo, España tenía graves problemas sociales, económicos y políticos, lo que condujo a que la *monarquía parlamentaria perdiera el apoyo del pueblo y de los partidos políticos. Así que en abril de 1931 se convocan elecciones municipales: ganan las *candidaturas republicanas en casi todas las capitales de provincia; dos días después Alfonso XIII se marcha de España camino de un *exilio voluntario. Ese mismo día se proclama la Segunda República.

Pese a todos los esfuerzos, ni los partidos de izquierda ni de derecha logran solucionar los problemas; la tensión política y social se hace insostenible. El asesinato del diputado Calvo Sotelo es la chispa que provoca el alzamiento militar en julio de 1936.

Entre los generales sublevados se encuentra el general Franco, que viene de Marruecos con su antiguo ejército. Con estas tropas pasa el estrecho de Gibraltar con la ayuda de una escuadrilla de aviones enviados por Mussolini. Su objetivo: tomar Madrid. En efecto, los republicanos seguían contando con Madrid, con los grandes focos industriales de Cataluña y del País Vasco, con la cuenca minera de Asturias y con las comarcas agrícolas de Valencia y Murcia. Pero los *nacionalistas se extendían ya por casi toda la Península.

Los hechos bélicos más decisivos fueron: la campaña de Madrid; la batalla de Guadalajara (apoyo de Mussolini y Hitler); la guerra del Norte (bombardeo de Guernica por la aviación alemana) y el frente del Este (en enero de 1939 caen Barcelona y Tarragona). Ante estos últimos sucesos Madrid cae en manos de los nacionalistas el 28 de marzo. El 1 de abril de 1939 el cuartel general de Franco comunica a todo el país el fin de la guerra.

La era *franquista

El sistema político del franquismo fue una *dictadura con concentración de poderes y supresión de libertades políticas y sindicales. A estos principios políticos se opusieron, sobre todo en la última etapa, movimientos liberalizadores.

Historia 2

un, a familiar	Familienangehörige/r, Verwandte/r
una víctima	Opfer → *E victim*
una fuerza	Streitkraft
aliado, -a	alliiert
sublevado, -a	rebellisch, aufwieglerisch
conducir a (-zco/-j-)	führen zu
un partido	Partei
una elección	Wahl → *elegir (-i-; g-j)*
municipal	Stadt-
voluntario, -a	freiwillig → *E voluntary*
proclamar	ausrufen
pese a	trotz
la tensión	Spannung
insostenible	unerträglich → = *insoportable*
un asesinato	Mord → *un, a asesino, -a, Mörder/in*
una chispa	Funke; *hier:* Auslöser
un alzamiento	Aufstand, Erhebung → = *un levantamiento*
pasar	überqueren
un estrecho	Meerenge
una escuadrilla	Geschwader
un objetivo	Ziel → = *un fin*
un foco industrial	Industriezentrum
una cuenca minera	Bergbaurevier, -gebiet
una comarca	Gegend, Gebiet
agrícola	Agrar-, landwirtschaftlich
una campaña	Feldzug
un bombardeo	Bombardierung → *una bomba*
la aviación	Luftwaffe
el frente	Front → △ *la frente; Stirn*
el cuartel general	Hauptquartier
el franquismo	Franco-Ära
sindical	gewerkschaftlich → *un sindicato; Gewerkschaft*
liberalizador	Befreiungs- → *liberar; befreien*

Historia

En los años 60 se impulsó la *industrialización y equipamiento de la mayor parte del país. A ello contribuyeron la entrada de *capital extranjero, los ahorros enviados por los *emigrantes y los beneficios procedentes del turismo. En política internacional la dictadura franquista comenzó con un periodo de aislamiento, dada su confusa *neutralidad en la Segunda Guerra Mundial, pero poco a poco se fue abriendo el cerco y, en 1952, España entró en la Unesco y en 1955 en la ONU.

Desde 1947 el Estado español se definió como monarquía hereditaria. En las relaciones de Franco con Juan de Borbón (hijo de Alfonso XIII) se acuerda que la educación del Príncipe Juan Carlos se realizara en España. En 1969 fue aceptado por las Cortes como sucesor, a título de rey, Don Juan Carlos de Borbón. Entre tanto la oposición al régimen se organizaba en distintos frentes, sobre todo estudiantiles y obreros.

Tras la muerte de Franco (1975), el Rey, verdadero motor del cambio político, optó por *reformar el sistema anterior y, partiendo de las instituciones y de las leyes franquistas, alcanzar un régimen de *democracia plena. Confió a Adolfo Suárez, Presidente del Gobierno, la reforma política: legalización de partidos políticos y de sindicatos, decretos de *amnistía, supresión de tribunales especiales, reconocimiento de las instituciones propias del País Vasco y Cataluña ... todo lo cual condujo a la Constitución de 1978.

La Constitución de 1978

Una *comisión de *parlamentarios se encargó de la elaboración de la nueva Constitución. El texto constitucional, una vez votado y aprobado por las Cortes, fue sometido a *Referéndum del pueblo el 6 de diciembre de 1978 (fiesta laboral desde entonces en todo el Estado).

El artículo 1 marca las ideas básicas: España se constituye en un Estado social y democrático de derecho, propone como valores superiores la libertad, la justicia, la igualdad y el *pluralismo político. Además proclama que la soberanía nacional reside en el pueblo del que emanan los poderes del Estado y que la forma política del Estado español es la monarquía parlamentaria.

La constitución reconoce y garantiza el derecho a la *autonomía de las nacionalidades. Se organizan las Cortes en dos cámaras: Congreso de los Diputados y *Senado. El Rey sanciona en el plazo de 15 días las leyes aprobadas por las Cortes Generales y las promulga y ordena su inmediata publicación. El Estado se organiza territorialmente en municipios, en provincias y en Comunidades Autónomas. Todas estas entidades gozan de autonomía para la gestión de sus respectivos intereses.

Historia

impulsar	(vor)antreiben → *un impulso; Anstoß, Impuls*
el equipamiento	Ausstattung, Ausrüstung
los ahorros	Ersparnisse → *ahorrar; sparen*
el aislamiento	Isolierung
la Segunda Guerra Mundial	Zweiter Weltkrieg
una monarquía hereditaria	Erbmonarchie
entre tanto	währenddessen
estudiantil	studentisch → *un, a estudiante*
obrero, -a	Arbeits-
alcanzar (z-c)	erreichen
el Presidente del Gobierno	(spanischer) Ministerpräsident
la legalización	Legalisierung
un sindicato	Gewerkschaft
un tribunal	Gericht
una elaboración	Ausarbeitung
votar	wählen → = *elegir (-i-; g-j)*
aprobar (-ue-)	genehmigen, annehmen
las Cortes	spanisches Parlament
una fiesta laboral	Feiertag
un Estado de derecho	Rechtsstaat
la justicia	Gerechtigkeit → *justo, -a*
la igualdad	Gleichheit → ≠ *la desigualdad*
proclamar	verkünden
residir en	liegen bei
emanar	hervorgehen
garantizar (z-c)	garantieren → *una garantía*
la nacionalidad	Nationalität
una cámara	Kammer
el Congreso de los Diputados	Abgeordnetenhaus
sancionar	sanktionieren, billigen, gutheißen
promulgar (g-gu)	(Gesetz) erlassen
un municipio	Gemeinde(bezirk)
una Comunidad Autónoma	autonome Region *(span. Region mit eigenen polit. Institutionen)*
una entidad	Körperschaft
gozar de (z-c)	genießen
la gestión	Verwaltung

Historia – Ejercicios

a) Escribe la forma femenina de los siguientes títulos nobiliarios y tradúcelas al alemán.

1. el emperador _____   _____
2. el príncipe _____   _____
3. el conde _____   _____
4. el barón _____   _____
5. el rey _____   _____
5. el duque _____   _____

b) Completa la red de vocabulario.

> una sublevación – al-Ándalus – un reinado –
> los mayas – un reino de Taifa – el rey – un imperio –
> los indígenas – los Reyes Católicos – los aztecas –
> la explotación – un conquistador – un califato

Historia – Ejercicios

c) **Une con flechas los acontecimientos de la izquierda con las palabras de la derecha.**

1. Armada invencible   a) conquistadores
2. Romanización   b) dictador
3. Dominio Visigodo   c) calzadas romanas
4. Constitución de 1978   d) musulmanes
5. Era franquista   e) reinos cristianos
6. Descubrimiento de América   f) poder marítimo
7. Reconquista   g) bárbaros
8. Invasión Árabe   h) democracia

d) **¿Podrías ordenar los acontecimientos cronológicamente?**

1.___ 2.___ 3.___ 4.___ 5.___ 6.___ 7.___ 8.___

e) **Escribe los siguientes verbos en el tiempo y la persona correctos.**

> renunciar – rendirse – conquistar – invadir –
> expulsar – fundar – subir al trono – dirigir

1. En 1492 los Reyes Católicos _____ a los judíos de España.
2. El rey Carlos IV _____ a su derecho al trono bajo la presión de Napoleón.
3. En el año 711 los árabes _____ la Península Ibérica.
4. El rey Juan Carlos I _____ español en 1969.
5. Francisco Pizarro _____ el Perú.
6. Cristóbal Colón _____ la primera expedición en busca del Nuevo Mundo.
7. Los habitantes de Numancia incendiaron la ciudad y se arrojaron a las llamas antes de _____ ante el ejército romano.
8. Los aztecas _____ en el siglo XIV la ciudad de Tenochtitlán.

Política

Formas de Gobierno en Hispanoamérica

Desde que los pueblos de Hispanoamérica consiguieron su **independencia** y se convirtieron en ***naciones** o **Estados soberanos** han **atravesado** numerosas ***crisis** y cambios políticos. Los **movimientos constitucionalistas** y las ***revoluciones** no siempre han hecho ***triunfar** la voluntad **popular**. Las **clases medias**, **apoyadas** por los trabajadores y los campesinos, hicieron revoluciones cuyos líderes defendieron diferentes ***ideologías** (**populismo**, ***nacionalismo**, ***socialismo**...). Pero, desgraciadamente, en muchos casos la **población civil** ha sufrido la violencia de uno y otro **bando** o simplemente de ***grupos paramilitares** al servicio de los **terratenientes**.

Peor aún, durante muchos años Hispanoamérica ha sido el **campo de batalla** de una **política exterior** agresiva de las **potencias** de los dos ***bloques: comunista** y **capitalista**. Después de numerosos **golpes de Estado** y ***dictaduras** (dictadores o **Juntas militares**) que hacían de la **tortura**, el **secuestro** y el **asesinato** sus más fieles instrumentos de **poder**, parece que la ***democracia** se va abriendo camino en la mayoría de los países latinoamericanos.

Casi todos los Estados hispanohablantes tienen como forma de Gobierno diferentes tipos de ***república**. Así tenemos a Nicaragua, Ecuador, Costa Rica y la República Dominicana que se nombran repúblicas sin más, pero también encontramos **repúblicas presidencialistas** (Venezuela, Colombia, el Perú, Bolivia, Paraguay, Guatemala y El Salvador), ***repúblicas parlamentarias** como Chile y Uruguay, una **república popular** como la argentina, la **república federal** en México o la **socialista** en Cuba.

Y, por último, tenemos el caso de Puerto Rico, que tras la guerra entre España y los EE.UU. pasó a ser un **Estado libre asociado** a este último país, con ***autonomía** interna y dependencia en **ejército** y **asuntos** exteriores.

España, una *monarquía parlamentaria

La **Constitución** de 1978 **fija** la estructura del Estado español actual. Desde esa fecha, España es una monarquía parlamentaria cuya **soberanía** nacional **reside en** el pueblo español, que elige a sus **representantes** a través de su voto en **elecciones**.

Política

una forma de Gobierno	Regierungsform
la independencia	Unabhängigkeit → *E independence*
un Estado	Staat
soberano,-a	souverän
atravesar (-ie-)	(Krise) durchmachen
un movimiento	Bewegung → *mover (-ue-)*
constitucionalista	Verfassungs-
popular	des Volkes, Volks- → *el pueblo*
la clase media	Mittelklasse
apoyar	helfen, unterstützen → = *ayudar*
el populismo	Populismus *(Politik, die die Gunst der Massen zu gewinnen sucht)*
la población civil	Zivilbevölkerung
un bando	Gruppe, Partei, Front → ⚠ *una banda; kriminelle Bande*
un,a terrateniente	Großgrundbesitzer/in
un campo de batalla	Schlachtfeld
la política exterior	Außenpolitik
una potencia	Macht → *una gran potencia; Großmacht*
comunista	kommunistisch
capitalista	kapitalistisch
un golpe de Estado	Staatsstreich
una Junta militar	Militärjunta
la tortura	Folter
un secuestro	Entführung
un asesinato	Mord → *un, a asesino,-a; Mörder/in*
el poder	Macht
una república presidencialista	Präsidialrepublik
una república popular	Volksrepublik
una república federal	Bundesrepublik
una república socialista	sozialistische Republik
un Estado libre	Freistaat
asociar	verbinden
un ejército	Heer, Armee
un asunto	Angelegenheit
una constitución	Verfassung → *E constitution*
fijar	festlegen
la soberanía	Souveränität
residir en	liegen bei
un,a representante	Abgeordnete/r
una elección	Wahl → *elegir (-i-; g-j); wählen*

Política

La Constitución española **proclama** que España es un **Estado social y democrático de derecho**, al igual que garantiza la **separación de los** tres **poderes** (**legislativo**, **ejecutivo** y **judicial**), defiende derechos y libertades de los **ciudadanos** españoles, como el ***pluralismo** político o la **libertad de expresión**; así como fija la **división** ***territorial** del Estado español en **Comunidades Autónomas** (CC.AA.).

El **Tribunal Constitucional** es el encargado de interpretar y defender esta ***norma fundamental** del Estado.

Los españoles eligen a sus representantes cada 4 años en elecciones **legislativas**, *** autonómicas**, **municipales** y, al igual que el resto de los ciudadanos europeos, al *** Parlamento Europeo**. Tiene **derecho a voto** todo ciudadano español mayor de 18 años que se encuentre en el **censo electoral**; así como, en las elecciones municipales, todos los ciudadanos de la Unión Europea que residan en España y lo **soliciten**.

El papel de la Corona

El Rey es el **Jefe del Estado** y **ejerce** una función **arbitral** y **moderadora** en el funcionamiento de las *** instituciones** del Estado, además de ser la más alta representación en las relaciones internacionales. Según la Constitución, las *** competencias** que tiene el Rey son casi exclusivamente *** representativas**, ya que **transmite** formalmente propuestas del **Presidente del Gobierno**, del Presidente del **Congreso de los Diputados** o de los *** Ministros**. Además, es el **Comandante en Jefe** de todos los ejércitos, lo que a Juan Carlos I le ha servido para demostrar su **fidelidad** a la Constitución y a la democracia (intento de golpe de Estado en febrero de 1981).

El poder legislativo

El sistema parlamentario español está formado por dos cámaras: el Congreso de los Diputados y el *** Senado**.

El Congreso se compone de 350 **diputados**. Es la cámara con mayor peso político, pues en ella se **debaten** todas las leyes, se realiza la **investidura** del Presidente y, a través de una **moción de censura**, puede provocar su **dimisión**.

El Senado es una cámara de **representación territorial** con 256 *** senadores** (208 elegidos por **sufragio universal** y 48 por las **Asambleas** legislativas de las CC.AA.). Cuida de los intereses de las Comunidades Autónomas y tiene **derecho a veto** o **enmienda** sobre las leyes que examina, aprueba o **rechaza** el Congreso.

Política

proclamar	verkünden
un Estado social y democrático de derecho	sozialer und demokratischer Rechtsstaat
la separación de los poderes	Gewaltenteilung
el poder legislativo	Legislative
el poder ejecutivo	Exekutive
el poder judicial	Judikative
un, a ciudadano, -a	Bürger
la libertad de expresión	Redefreiheit
la división	Aufteilung → *dividir; teilen*
una Comunidad Autónoma	Autonome Region *(span. Region mit eigenen politischen Institutionen)*
el Tribunal Constitucional	Verfassungsgericht
fundamental	grundlegend
legislativo, -a	gesetzgebend
municipal	Stadt-, Gemeinde- → *un municipio; Gemeinde*
el derecho a voto	Wahlrecht
el censo electoral	Wählerliste
solicitar	beantragen → *una solicitud*
la Corona	Monarchie, Krone
el Jefe del Estado	Staatschef
ejercer (c-z)	ausüben
arbitral	schiedsrichterlich → *un, a árbitro, -a; Schiedsrichter/in*
moderador, a	schlichtend
transmitir	übermitteln
el Presidente del Gobierno	(span.) Regierungspräsident
el Congreso de los Diputados	Abgeordnetenhaus des span. Parlaments
el Comandante en Jefe	Oberbefehlshaber
la fidelidad	Treue → *fiel; treu*
un, a diputado, -a	Abgeordnete/r
debatir	debattieren, erörtern
una investidura	Einsetzung
una moción de censura	Misstrauensantrag
una dimisión	Rücktritt → *dimitir; zurücktreten*
la representación territorial	Territorialvertretung
el sufragio universal	allgemeine Wahl
una asamblea	Versammlung → *E assembly*
el derecho a veto	Vetorecht
una enmienda	Änderungsvorschlag
rechazar (z-c)	ablehnen → *el rechazo*

Política

Los partidos políticos

Las fuerzas políticas más importantes del país son:

- Partido Popular (PP), perteneciente a la democracia cristiana;
- Partido Socialista Obrero Español (PSOE), de tendencia *socialdemócrata;
- Izquierda Unida (IU), una federación de partidos de izquierda que agrupa a *comunistas, ecologistas y *pacifistas.

Además de éstos, hay varios partidos nacionalistas de diferentes CC.AA. que también tienen representación en las Cortes generales:

- Convergencia y Unión (CiU): Una *coalición de dos partidos catalanes de tendencia democristiana y que ha formado mayorías gubernamentales con Gobiernos tanto del PSOE como del PP.
- Partido Nacionalista Vasco (PNV): La principal fuerza política en el País Vasco, también de ideología democristiana y con *representación en las Cortes. Su mayor problema ha sido y es su relación con la banda terrorista ETA.
- Bloque Nacionalista Gallego (BNG), de izquierdas.

El poder ejecutivo

Éste reside en el Consejo de Ministros formado por el Gobierno, es decir, el Presidente, los Vicepresidentes en su caso, y los Ministros. La formación de Gobierno es tarea del Presidente del Gobierno, quien antes ha defendido su programa de Gobierno ante el Congreso y ha sido elegido en votación por los grupos parlamentarios. El Defensor del Pueblo y el Tribunal de Cuentas controlan al Gobierno en el ejercicio de sus funciones.

El poder judicial

Si un ciudadano cree que se han violado sus derechos, la Constitución le garantiza la defensa de los mismos a través de los tribunales. Para ello puede elegir un abogado o, en caso de que quiera o no tenga recursos económicos, un abogado de oficio, que durante el juicio defiende sus intereses ante el juez y el fiscal.

Dependiendo del tipo de delito que se cometa, hay tribunales diferentes como, por ejemplo, tribunales penales, civiles o la Audiencia Nacional para delitos de terrorismo, los cometidos contra ciudadanos españoles fuera del país o contra la Corona, entre otros. Para ayudar a los tribunales a garantizar e impartir justicia está la Policía que investiga, interroga a los presuntos criminales y ejecuta las órdenes del juez; quien puede dictar una orden de arresto, fijar una fianza o exigir prisión preventiva para evitar su fuga.

Política 3

un partido	Partei
una fuerza política	politische Kraft
la democracia cristiana	Christdemokratie
un, a ecologista	Umweltschützer/in → *la ecología*
nacionalista	nationalistisch
democristiano, -a	christdemokratisch
	→ = *democratacristiano, -a*
una mayoría	Mehrheit → ≠ *una minoría*
gubernamental	Regierungs- → *el Gobierno; Regierung*
una banda terrorista	Terrororganisation → *un, a terrorista*
el Consejo de Ministros	Ministerrat
el Presidente	Ministerpräsident
el Vicepresidente	stellvertretender Ministerpräsident
una formación de Gobierno	Regierungsbildung
un programa de Gobierno	Regierungsprogramm
un grupo parlamentario	Fraktion
el Defensor del Pueblo	Bürgerbeauftragter
el Tribunal de Cuentas	Rechnungshof
el ejercicio	Ausübung → *ejercer (c-z)*
violar	verletzen
la defensa	Verteidigung → *defender (-ie-)*
un tribunal	Gericht
un, a abogado, -a	Rechtsanwalt/-anwältin
un, a abogado, -a de oficio	Pflichtverteidiger
un, a juez, a	Richter/in
un fiscal	Staatsanwalt/-anwältin
cometer un delito	Verbrechen begehen
un tribunal penal	Strafgericht
un tribunal civil	Zivilgericht
la Audiencia Nacional	Obergericht für zentrale Fragen
impartir	gewähren; (Recht) sprechen
la justicia	Gerechtigkeit → *E justice*
investigar (g-gu)	untersuchen → *E investigate*
interrogar (g-gu)	befragen
presunto, -a	vermutlich, vermeintlich
	→ = *supuesto, -a*
ejecutar	ausführen
una orden (Pl. las órdenes)	Befehl → △ *el orden; Ordnung*
dictar una orden	Befehl erlassen
una orden de arresto	Haftbefehl
la fianza	Kaution
la prisión preventiva	Untersuchungshaft
la fuga	Flucht → *fugarse (g-gu); fliehen, flüchten*

Política

Las *instituciones de España

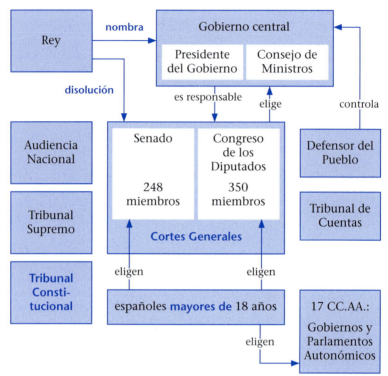

La división territorial española

Las Comunidades Autónomas

Con el proceso de **descentralización** política y administrativa que se inició con el desarrollo de los principios constitucionales del 78, el Estado español está dividido en 17 Comunidades Autónomas y dos Ciudades Autónomas: Ceuta y Melilla. Cada una de las CC.AA. dispone de un **Estatuto de Autonomía** que regula el funcionamiento de su propio Gobierno, de su parlamento y de las diferentes competencias que han **asumido** para su autogobierno. Entre éstas, hay algunas **compartidas** por la **administración** autonómica y ***central**, y otras exclusivas de cada una de las dos. Para ejercer estas competencias toda CC.AA. posee:

– **Parlamento autonómico** que posee el poder legislativo en las competencias asumidas por la Comunidad. Además, elige entre sus

Política

nombrar	ernennen → *un nombramiento*
una disolución	Auflösung
el Tribunal Supremo	Oberstes Gericht
el Tribunal Constitucional	Verfassungsgericht
las Cortes Generales	spanisches Parlament
mayor de	älter als → ≠ *menor de*

la descentralización	Dezentralisierung
el Estatuto de Autonomía	Autonomiestatut
asumir	übernehmen, auf sich nehmen
compartir	teilen → = *tener en común*
la administración	Verwaltung
el Parlamento autonómico	Regionalparlament

Política

miembros al Presidente de la Comunidad Autónoma y controla al Gobierno Autonómico.
- Gobierno Autonómico formado por el Presidente autonómico y los **Consejeros** al que le corresponde el poder ejecutivo.

La Administración local

Las CC.AA. se dividen en ***provincias** o islas, y **municipios**. Existen 50 provincias y numerosos municipios.

Las instituciones de Gobierno de las provincias son las **Diputaciones Provinciales**; de las Islas Canarias, los **Cabildos**; y de las Islas Baleares, los **Consejos Insulares**. No existen diputaciones provinciales en las CC.AA. **uniregionales**, como Madrid, Murcia y La Rioja, aunque sus competencias han sido asumidas por los Gobiernos autonómicos.

De la misma manera los municipios tienen sus **órganos de Gobierno** en los **Ayuntamientos**, elegidos por sufragio universal cada cuatro años, y están presididos por un **Alcalde** y **constituidos**, entre otros, por los **Concejales**.

Los *nacionalismos y su versión radical: ETA

España es una unidad de pueblos y culturas que no siempre han sido reconocidas en su estructura política como **se merecen**. Es más, la relación entre éstas y la administración central ha constituido siempre uno de los más serios problemas de la política española.

Los nacionalismos, y sobre todo los movimientos nacionalistas de Cataluña, el País Vasco y Galicia, tuvieron su **renacer** cultural en el siglo XIX. Desde entonces, este sentimiento nacionalista ha tenido diferentes **reconocimientos** en la política española, y ha **llevado** a las hoy llamadas Comunidades Autónomas. Pero no todas las **formaciones** políticas o sociales están de acuerdo con el **régimen** de autonomía que hasta ahora han conseguido; y una de ellas utiliza la **lucha armada** para conseguir sus objetivos: la ***organización independentista** vasca ETA (Euskadi ta Askatasuna – El País Vasco y Libertad) .

ETA nació en los años 60 para luchar por una nación vasca contra la dictadura franquista. Tras numerosos cambios y **escisiones** en su organización, hoy **persiste en** su lucha armada. Su proyecto de nación vasca **abarca** el actual País Vasco español, la Comunidad Foral de Navarra, así como el País Vasco francés. Para conseguir sus objetivos **perpetra atentados** que suelen tener como **objetivo** a miembros de las **Fuerzas Armadas**, concejales de partidos no nacionalistas del PP o PSOE, así como personajes del mundo de la cultura: profesores de universidad, **artistas**, **periodistas** y jueces.

Política

un Consejero	*etwa: Minister eines Bundeslandes*
la administración local	Lokalbehörde, örtliche Verwaltung
un municipio	Gemeinde
una diputabación provincial	Provinzialrat
el Cabildo	Provinzialrat auf den Kanaren
el Consejo Insular	Provinzialrat auf den Balearen
uniregional	mit einer Region
un órgano de Gobierno	Regierungsbehörde, -stelle
un ayuntamiento	Gemeinderat, Stadtrat; Rathaus
un, a alcalde, sa	Bürgermeister/in
constituir (-y-)	bilden
un, a concejal, a	Stadtrat/-rätin
merecerse (-zco)	verdienen
renacer (-zco)	aufleben
un reconocimiento	Anerkennung
llevar a	führen zu
una formación	Gruppierung, Verband
un régimen (Pl. los regímenes)	Regierungsform, Regierungssystem
una lucha	Kampf
armado, -a	bewaffnet → ⚠ *el arma (f); Waffe*
independentista	Unabhängigkeits-
una escisión	Teilung, Spaltung
persistir en	beharren auf
abarcar (c-qu)	umfassen
perpetrar	verüben, begehen
un atentado	Attentat
un objetivo	Ziel → = *una meta*
las Fuerzas Armadas	Streitkräfte
un, a artista	Künstler/in → *el arte; Kunst*
un, a periodista	Journalist/in

Política

El ejército y las Fuerzas y Cuerpos de Seguridad del Estado

Las Fuerzas y Cuerpos de Seguridad del Estado están formados por:

- los que dependen del Gobierno central: el Cuerpo nacional de Policía, de carácter civil y la Guardia Civil, militar;
- los que dependen de las Comunidades Autónomas como los Mossos d'Esquadra en Cataluña, la Ertzaina en el País Vasco y la Policía Foral de Navarra, entre otros;
- las policías locales.

Desde 2003 España posee un ejército de profesionales, con lo que los jóvenes ya no tienen que cumplir el servicio militar, o mili como se la llamaba informalmente, ni tampoco la prestación social sustitutoria. El ejército español está formado por el Ejército de tierra, la Armada y el Ejército del aire. Junto a su tarea en la defensa nacional, y debido a los compromisos internacionales adoptados en el marco de la Unión Europea y la Organización del Tratado del Atlántico Norte (OTAN), en las últimas décadas el ejército español ha ampliado su campo de acción y participa en misiones de paz y de ayuda humanitaria, como en su día en Nicaragua, Kósovo o Irak.

La República de Chile

La actual República de Chile está basada en la Constitución que aprobaron en plebiscito los chilenos en 1980, y que no se aplicó hasta 1989 tras una *reforma. En ese año se celebraron las primeras elecciones democráticas tras el golpe de Estado de 1973, en cuyos comicios presidenciales los votantes eligieron por mayoría al *candidato democristiano Aylwin, quien comenzó el proceso de transición a la *democracia, llevó a cabo numerosas reformas económicas y nombró una *comisión para investigar las violaciones de los derechos humanos cometidas durante el régimen dictatorial de Pinochet.

El presidencialismo chileno
El sistema político chileno que se describe en la Constitución del 80 es un sistema presidencialista. El Presidente de la república, elegido por votación popular cada seis años, posee el poder ejecutivo junto con un gabinete que él mismo nombra. Entre otras funciones tiene:

- presentar, promulgar y tener derecho a veto de una ley;
- nombrar a los gobernadores de las 13 provincias chilenas, así como a los magistrados y fiscales de la Corte de Apelación;
- llevar a cabo las negociaciones *internacionales y firmar acuerdos y tratados;
- disponer de las fuerzas de seguridad del Estado y del ejército.

Política

las Fuerzas y Cuerpos de Seguridad del Estado	staatliche Sicherheitskräfte und Polizei
el Cuerpo nacional de Policía	staatliche Polizei *(dem Innenministerium unterstellt)*
la Guardia Civil	Guardia Civil *(kasernierte Polizei)*
la policía local	örtliche Polizei
un ejército de profesionales	Berufsarmee
cumplir	ableisten
el servicio militar	Wehrdienst → = *la mili*
la prestación social sustitutoria	Zivildienst
el Ejército de tierra	Landstreitkräfte, Heer
la Armada	Seestreitkräfte, Kriegsmarine
el Ejército del aire	Luftstreitkräfte, -waffe
la defensa nacional	Landesverteidigung
un compromiso	Vereinbarung, Übereinkunft
la Organización del Tratado del Atlántico Norte (OTAN)	NATO
un campo de acción	Wirkungsfeld
una misión de paz	Friedensmission
la ayuda humanitaria	humanitäre Hilfe
un plebiscito	Volksbefragung, -abstimmung
aplicar (c-qu)	zur Anwendung kommen
los comicios	Wahlen
presidencial	Präsidentschafts- → *un, a presidente, -a*
por mayoría	mehrheitlich
la transición	Übergang
una violación de los derechos humanos	Menschenrechtsverletzung
dictatorial	Diktatur- → *un dictador*
un gabinete	Kabinett
presentar una ley	Gesetz einbringen
promulgar (g-gu) una ley	Gesetz erlassen
un, a gobernador, a	Gouverneur
un, a magistrado, -a	Richter
la Corte de Apelación	Berufungsgericht
llevar a cabo	durchführen
una negociación	Verhandlung → *E negotiation*
un acuerdo	Abkommen
un tratado	Vertrag → *E treaty*
disponer de (≈ poner)	verfügen über

Política

El **Congreso Nacional**, junto con el Presidente, posee el poder legislativo y está formado por dos cámaras: la Cámara de Diputados, con 120 miembros, y el Senado con 48. Todos los diputados y parte de los senadores son elegidos a través de elecciones (para la Cámara de Diputados cada 4 años y para la del Senado cada 8) por los ciudadanos chilenos mayores de 18 años que no hayan sido **acusados**, entre otros, de delitos de *****terrorismo**. No obstante, hay una serie de Senadores **vitalicios**, es decir, que tienen **asegurado** el **cargo** durante toda su vida, como, por ejemplo, todos los ex presidentes que hayan **desempeñado su cargo** durante al menos 6 años.

Las fuerzas políticas que se reparten el Senado y el Congreso están agrupadas en dos coaliciones: una Concertación de Partidos para la Democracia, formada por los **socialistas** de diferentes corrientes y los **democratacristianos**, y otra, la Alianza por Chile, de tendencia **conservadora**, formada por Unión Demócrata Independiente y **Renovación** Nacional, entre otros.

La Cámara de Diputados controla al Presidente y ambas cámaras conjuntamente pueden provocar su **cese**. El poder judicial está formado por la Corte Suprema y los Tribunales de Apelación.

El poder del ejército chileno en las últimas décadas
Tras el golpe de Estado del General Pinochet en 1973, que **derrocó** al Presidente democrático Salvador Allende, se **suspendió** toda actividad política y el Gobierno de la República fue asumido por el ejército. Así comenzó un régimen militar dictatorial que, apoyado por la CIA, compañías multinacionales, la **oligarquía** y las clases medias chilenas, ejerció una brutal **represión**. No obstante, y gracias a la **presión** popular, en 1989 Pinochet tuvo que **negociar** una reforma de la Constitución que, si bien abría la puerta para una transición democrática, también garantizaba, entre otras **medidas** a través de los senadores **designados**, la influencia del ejército y de él mismo en la política chilena.

Así fue cuando, **a raíz del** informe acerca de la represión dictatorial, el Presidente Aylwin anunció que se **juzgaría** a los responsables, y tanto la Corte Suprema como el ejército se negaron a **colaborar** y defendieron incluso su **conducta** durante la dictadura. Igualmente en estos años se han **parado** reformas para las que eran necesarias mayorías a través de los senadores designados. Hasta qué punto el General Pinochet **disfruta** todavía del apoyo de importantes **grupos de poder**, también fuera de su país, lo demuestra cómo pudo evitar su **extradición** de Inglaterra a España para ser juzgado en ese país por el delito de crímenes contra la humanidad, basado en la **tortura** y **desaparición** de ciudadanos españoles durante la dictadura.

Política

el Congreso Nacional	Nationalkongress
acusar	anklagen → *una acusación*
vitalicio, -a	auf Lebenszeit
asegurar	(ab)sichern → *seguro, -a*
un cargo	Amt, Posten
desempeñar un cargo	Amt ausüben
un, a socialista	Sozialist/in
un, a democratacristiano, -a	Christdemokrat/in
	→ = *un, a democristiano, a*
conservador	konservativ
una renovación	Erneuerung
un cese	Amtsentlassung
derrocar (c-qu)	stürzen
suspender	aussetzen → *E to suspend*
una oligarquía	Oligarchie *(die Herrschaft weniger)*
la represión	Unterdrückung
la presión	Druck
negociar	aushandeln → *la negociación; Verhandlung*
una medida	Maßnahme
designar	ernennen; wählen
a raíz de	als Folge von
juzgar (g-gu)	richten, verurteilen
colaborar	zusammenarbeiten → *la colaboración*
la conducta	Verhalten
parar	stoppen
disfrutar de	genießen
un grupo de poder	Interessensgruppe, Lobby
la extradición	Auslieferung
la tortura	Folter
la desaparición	Verschwinden

Política – Ejercicios

a) Responde a estas preguntas con los conceptos correspondientes.

1. ¿En qué se convirtieron las colonias tras su independencia?
2. ¿Qué forma de Gobierno tienen la mayoría de los países hispanoamericanos?
3. ¿Qué forma de Gobierno tiene España?
4. ¿Cómo se llaman los tres poderes del Estado?
5. ¿Cómo se llama el derecho a través del cual podemos expresar nuestra libre opinión?
6. ¿Cómo se llama la norma fundamental de un Estado?

b) ¿Cuál es el nombre de los seguidores de los siguientes «ismos»?

Social*ismo*	*un socialista, una socialista*
Comunismo	_un comunista_
Ecologismo	_un ecologista_
Pacifismo	_un pacifista_
Nacionalismo	_un nacionalismo_
Capitalismo	

Pero fíjate que no todas las tendencias son así:

Democracia social _socialdemócrata_

democ. cristiano un, a democratacristiano, -a

c) Rellena los huecos con las palabras correctas.

> Presidente del Gobierno – ~~eligen~~ – ~~Jefe del Estado~~ – ~~votantes~~ – ciudadanos – ~~nombra~~ – representantes – ~~candidatos~~ – parlamentarias – ~~partidos políticos~~ – ~~reina~~

La democracia es una palabra de origen griego que significa el gobierno del pueblo. Los _votantes_, a través de su derecho al voto, _eligen_ a los _ciudadanos_ en las elecciones generales, es decir, legislativas, que generalmente se celebran

Política – Ejercicios

cada 4 años. Pero hay muchas formas de democracia. En las monarquías ~~reina~~ ciudadanos como la inglesa, la sueca o la española, el Pres. del gob. está representado por la figura de la reina o el rey y los ~~parlamento~~ representantes eligen a los parlamentarios de entre los cuales ellos mismos eligirán al Primer Ministro o al jefe del estado y éste, a su vez, nombra a sus ministros. Sin embargo, en los regímenes presidencialistas el pueblo también elige al Jefe del Estado, el Presidente, de entre los polavertos que proponen los diferentes partidos políticos.

d) Completa el esquema de los diferentes poderes del Estado chileno.

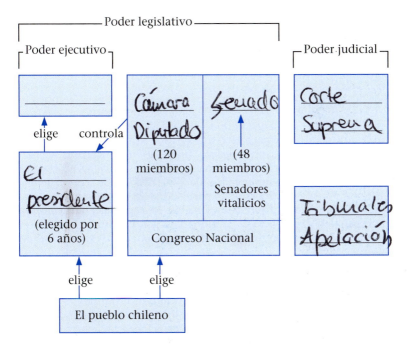

Economía

El papel del Estado

Según el grado de *intervención del Estado en la economía de un país, se diferencian tradicionalmente dos sistemas económicos:

- La economía de libre mercado de los países capitalistas, en la que el mercado funciona de acuerdo con las reglas de la libre empresa, es decir, la ley de la oferta y la demanda.
- La economía de planificación en la que los bienes de producción son propiedad del Estado y éste fija los objetivos.

Pero, es difícil que existan tipos puros –aún más tras la práctica desaparición del Bloque comunista–, sino sistemas intermedios en los que el Estado fija sólo las líneas generales de la política económica. Es el caso de la economía social de mercado en la que el Estado regula y controla la actividad económica desarrollada por el sector privado (a través, por ejemplo, de planes a medio o corto plazo para *privatizar o *liberalizar diferentes sectores o de garantizar la libre competencia evitando que una empresa monopolice el mercado o que varias empresas de un sector pacten precios). Además el Estado también protege a los trabajadores tomando medidas como jubilaciones anticipadas, ayudas para montar una empresa o asegurándoles una prestación por desempleo, el paro, en épocas de poco trabajo.

La economía española

En España, tras un largo periodo de aislacionismo internacional y una economía autárquica durante las dos primeras décadas de la dictadura franquista, los sucesivos Gobiernos democráticos se han esforzado por acercar la economía española a las primeras economías europeas. Con el cumplimiento de los criterios de convergencia europea, España pasó a formar parte de la 2ª potencia económica mundial: la Unión Europea (UE). Una vez conseguida la participación de España en el proyecto de la moneda única, el euro, el objetivo es hacer que los *productos españoles sean competitivos en el mercado internacional.

Aunque muchos *analistas económicos advierten que la economía española tiene que trabajar todavía mucho para conseguir estar entre las primeras de Europa; no cabe duda de que en las últimas décadas ha experimentado un gran desarrollo y ha logrado conseguir un alto crecimiento económico, aumentar la tasa de actividad y reducir el paro.

Economía

un papel	Rolle → *desempeñar un papel; eine Rolle spielen*
un sistema económico	Wirtschaftssystem
la economía de libre mercado	freie Marktwirtschaft
la libre empresa	freies Unternehmertum → *una empresa; Firma, Unternehmen*
una oferta	Angebot → *ofrecer (-zco)*
la demanda	Nachfrage
la economía de planificación	Planwirtschaft
los bienes de producción	Produktionsgüter
una propiedad	Besitz, Eigentum → *propio, -a; eigene/r/s*
fijar	festlegen, bestimmen
un objetivo	Ziel
un tipo	Modell
un bloque	Block
comunista	kommunistisch → *≠ capitalista*
un sistema intermedio	Mischsystem
la política económica	Wirtschaftspolitik
la economía social de mercado	soziale Marktwirtschaft
regular	regulieren, regeln
el sector privado	Privatsektor
a medio plazo, a corto plazo	mittel-, kurzfristig → *a largo plazo*
la competencia	Wettbewerb → ☺ *la concurrencia; Zulauf*
monopolizar (z-c)	monopolisieren → △ *un monopolio*
pactar precios	Preise absprechen
tomar medidas	Maßnahmen ergreifen
la jubilación	Ruhestand
anticipado, -a	vorgezogen
montar una empresa	Unternehmen gründen
la prestación por desempleo	Arbeitslosengeld
el paro	Arbeitslosengeld
el aislacionismo	Isolationismus → *aislado, -a; isoliert*
autárquico, -a	autark, (wirtschaftlich) unabhängig
sucesivo, -a	(aufeinander) folgend
esforzarse (-ue-)	sich anstrengen → *un esfuerzo*
el cumplimiento	Erfüllung → *cumplir*
los criterios de convergencia	Konvergenzkriterien
una potencia	Macht → *una gran potencia; Großmacht*
la participación	Beteiligung
la moneda única	einheitliche Währung
competitivo, -a	konkurrenzfähig → *la competencia*
advertir (-ie-)	hinweisen, aufmerksam machen
no cabe duda	es herrscht kein Zweifel → *una duda; Zweifel*
el crecimiento económico	Wirtschaftswachstum
la tasa de actividad	Beschäftigungsquote, -rate
el paro	Arbeitslosigkeit → *= el desempleo*

Economía

Las grandes líneas de la política económica las **dicta** el **Ministerio de Economía y Hacienda** con el *****ministro** y sus *****secretarios** económicos. Desde 1998 el *****Banco Central Europeo** (BCE) dirige la **política monetaria** y, junto con los *****Bancos Centrales** de los **países miembros** de la *****zona euro**, se ocupa de la **estabilidad de precios** y la **política de cambio**. Con su **sede** en Frankfurt, el BCE depende políticamente de los Gobiernos de la zona euro y de las instituciones de la Unión Europea.

El circuito económico

Una economía fuerte es aquella que **tiende al pleno empleo**, cuyos periodos de crecimiento son largos y la *****producción** de las empresas es **óptima**. En estas *****fases** el **producto interior bruto (PIB)** aumenta y la **balanza de pagos** está **equilibrada**.

Pero aunque los **datos** *****macroeconómicos** sean positivos, puede darse el caso de que diferentes *****sectores** se encuentren en **recesión**; es decir, que sus empresas no sean competitivas, el **margen de beneficios** sea bajo y finalmente **quiebren**. Para ayudar a estas empresas (tanto pequeñas y medianas empresas, las llamadas **PYMES**, como grandes **multinacionales**) el Estado *****subvenciona** el **saneamiento** de las mismas, por ejemplo, con ayudas para la *****modernización** o cursos de **postformación** de trabajadores.

Si aumentan los precios (por ejemplo, por **costes de producción** elevados o por el «efecto euro» en el caso de España) el **poder adquisitivo** de la población **disminuye**, crece la *****inflación** y probablemente bajen las **exportaciones**, con lo que la balanza de pagos **se desequilibra**. El turismo es, en este caso, una **fuente** de *****divisas** alternativa que ayuda a corregir estos desequilibrios, como ocurre en España, Centroamérica y el Caribe.

Para ayudar a la **recuperación**, algunos gobiernos **imponen tasas arancelarias** a productos extranjeros para así mejorar **artificialmente** la demanda interior de productos propios. Es el caso de las bananas latinoamericanas a las que la UE ha impuesto estas tasas para proteger el mercado del plátano español de Canarias.

Economía 4

dictar	diktieren
el Ministerio de Economía y Hacienda	Wirtschafts- und Finanzministerium
la política monetaria	Währungspolitik
un país miembro	Mitgliedsland
la estabilidad de precios	Preisstabilität
la política de cambio	Wechselpolitik
una sede	Sitz
tender a (-ie-)	neigen zu, tendieren zu
el pleno empleo	Vollbeschäftigung
óptimo, -a	optimal, ausgezeichnet
el producto interior bruto (PIB)	Bruttoinlandsprodukt (BIP)
la balanza de pagos	Zahlungsbilanz
equilibrado, -a	ausgeglichen → *un equilibrio*
los datos	Daten
una recesión	Rezession, Konjunkturrückgang
el margen de beneficios	Gewinnspanne
quebrar (-ie-)	Konkurs machen → *una quiebra*
las PYMES (pequeñas y medianas empresas)	kleine und mittlere Unternehmen
una multinacional	multinationaler Konzern
el saneamiento	Gesundung, Sanierung → *sano, -a*
la postformación	berufsbegleitende Weiterbildung
los costes de producción	Produktionskosten
el poder adquisitivo	Kaufkraft
disminuir (-y-)	abnehmen, sich verringern → ≠ *aumentar*
una exportación	Export, Ausfuhr → ≠ *importación*
desequilibrarse	aus dem Gleichgewicht geraten → *un desequilibrio*
una fuente	Quelle
la recuperación	Aufschwung, Erholung
imponer (≈ poner)	erheben
una tasa arancelaria	Zollgebühr
artificialmente	künstlich

Economía

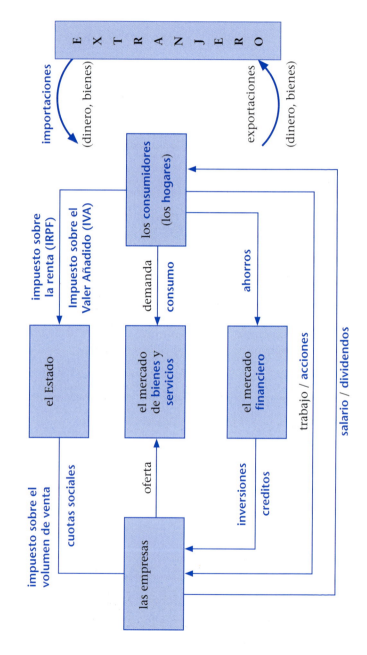

Economía 4

el circuito económico	Wirtschaftskreislauf
el volumen de ventas	Umsatz
un impuesto	Steuer
el impuesto sobre el volumen de ventas	Umsatzsteuer
las cuotas sociales	Sozialabgaben
la renta	Einkommen → = *los ingresos*
el impuesto sobre la renta	Einkommensteuer
el Impuesto sobre el Valor Añadido (IVA)	Mehrwertsteuer
los bienes	Güter
el servicio	Dienstleistung → **E** *service*
el consumo	Verbrauch
un, a consumidor, -a	Verbraucher → *consumir*
un hogar	*hier:* Haushalt
una inversión	Investition → *invertir (-ie-)*
un crédito	Kredit
los ahorros	Ersparnisse → *ahorrar*
financiero, -a	Finanz-
una acción	Aktie
un dividendo	Dividende
el salario	Lohn, Gehalt → = *el sueldo*
una importación	Import → ≠ *una exportación*

Economía

Los sectores económicos

Por sectores de actividad, los servicios, el **comercio** y la ***industria** son las actividades económicas básicas, tanto por su **aportación** al PIB, como por el número de **empleos** que generan.

El sector primario
En este sector se encuentran las empresas que se dedican a **explotar** los **recursos naturales**.

La **agricultura**: La agricultura es uno de los sectores con más éxito de la economía española, gracias, en gran parte, a las **ayudas comunitarias**. En los últimos años se ha llevado a cabo la modernización del campo con nuevos **métodos de explotación** y sistemas de **riego** más **eficaces**, que han aumentado su **competitividad** así como las exportaciones. La producción **agrícola** española **supone** el 14 % de la del **conjunto** de la UE. Además, se ha financiado la **formación** de los **agricultores**, con lo que se ha conseguido **frenar** el **éxodo rural**.

Los **cultivos** son muy diversos, destacando las frutas y las **hortalizas** – la mitad de la producción agrícola española –, el ***olivo** y el **viñedo**. Y en menor cantidad se producen **cereales**, **algodón**, ***maíz** y **girasol**.

La **ganadería** no es tan importante en el conjunto de la producción de la UE, pero sí es un sector **en alza**. Representa un 9,5 % del total de la producción europea siendo más importante la ganadería **porcina** y **ovina**, seguida de la **vacuna**.

La **industria agroalimentaria** de este sector (queso y jamón entre otros) ocupa los primeros lugares en cuanto a **ventas** e inversiones y tiene un gran futuro.

La pesca: España tiene una gran tradición en pesca. Su ***flota** es la más importante de la UE y es el tercer país del mundo (después de Japón y Rusia) en el sector. El **ramo** pesca en su conjunto (**industria conservera**, **construcción naval**, ***logística**, etc) supone el 1 % del producto interior bruto y es, por tanto, de gran importancia para la economía nacional. Los barcos españoles pescan en casi todos los mares.

Pero España, además de ser uno de los países **pesqueros** más importantes en la **comercialización** de este producto, es también uno de los mayores consumidores europeos. Los españoles consumen más de 24 kilos al año por habitante (la **media** europea es de 15 kg). Esta demanda hace que la producción nacional **se complemente** con la importación del exterior.

Economía

el comercio	Handel
una aportación	Beitrag
un empleo	Stelle, Job → *un, a empleado, -a; Angestellte/r*
el sector primario	primärer Sektor
explotar	*hier:* nutzen
los recursos naturales	natürliche Ressourcen
la agricultura	Landwirtschaft
una ayuda comunitaria	Beihilfe der EU
un método de explotación	Anbaumethode
el riego	Bewässerung
eficaz (Pl. –ces)	wirksam, leistungsfähig
la competitividad	Wettbewerbsfähigkeit → *competitivo, -a*
agrícola	Agrar-, landwirtschaftlich
suponer (≈ poner)	*hier:* ausmachen
un conjunto	Gesamtheit
la formación	(Aus)Bildung → *la formación profesional; Berufsausbildung*
un, a agricultor, -a	Landwirt/in
frenar	bremsen; zum Stillstand bringen
el éxodo rural	Landflucht
el cultivo	Anbau, Pflanzung
la hortaliza	Gemüse
el viñedo	Weinanbau
los cereales	Getreide → *E cereals*
el algodón	Baumwolle
un girasol	Sonnenblume
la ganadería	Viehzucht → *el ganado; Vieh*
en alza	im Aufschwung → ≠ *en declive*
porcino, -a	Schweine- → *un cerdo*
ovino, -a	Schaf- → *una oveja*
vacuno, -a	Rinder- → *una vaca*
la industria agroalimentaria	Industrie zur Verarbeitung landwirtschaftl. Produkte
una venta	Verkauf → *vender*
un ramo	(Industrie)Zweig → = *un sector*
la industria conservera	Konservenindustrie
la construcción naval	Schiffbau → *una nave; Schiff*
pesquero, -a	Fischerei- → *la pesca; Fischfang*
la comercialización	Vermarktung
la media	Durchschnitt → = *el promedio*
complementarse	ergänzt werden

Economía

Como en el resto de los sectores de la economía española, el reto está en aumentar la competitividad de los productos en un mercado cada vez más abierto a otros países. Pero especialmente en este sector, se ha de defender además la explotación responsable de los recursos y así evitar la extinción de algunas especies, para lo que se están desarrollando legislaciones adecuadas.

Los bosques: El corcho es el principal recurso. La producción de pulpa y madera es insuficiente para cubrir las necesidades del país.

La minería: Ésta se localiza sobre todo en el norte de España y se extrae, entre otros, carbón, lignito y *cinc; así como un poco de petróleo. Pero los altos costes de extracción y el lento agotamiento de los recursos hace que la minería se encuentre en declive.

El sector secundario: la industria
La industria española es relativamente pequeña en relación con el conjunto de la UE. En el sector energético, España produce *electricidad principalmente de centrales térmicas, seguida de centrales nucleares e instalaciones hidroeléctricas. La extracción de petróleo es irrelevante en el conjunto del consumo y las *energías alternativas –*solar, eólica, maremotriz y geotérmica– aportan un 6%. De entre estas últimas, la energía eólica es la más importante en España, que ya es el tercer productor de este tipo de energía en el mundo.

En algunos sectores tradicionales de la industria española, como la siderometalurgia, la construcción naval y la industria de la madera, ha sido necesaria una reconversión; otros, como el del *automóvil, tienen un peso importante en la economía española. Encontramos, además, industria *química y aeronáutica relativamente importante.

También son sectores rentables la industria manufacturera de producción *textil, de confección, de cuero y calzado; así como la industria alimentaria con un gran futuro.

Otro sector en *expansión es el de cultura y ocio que aporta un 5% del PIB. La industria editorial española es la 3ª de la UE. España exporta a América Latina el 54% de la producción editorial y a la UE el 33%.

Pero la apertura del mercado interior comunitario y de los mercados mundiales no sólo aporta beneficios a la industria española, también plantea retos y muestra ciertas deficiencias. Para que la economía española sea una economía abierta al exterior y tenga éxito, es necesario que exista un número significativo de empresas que sobrepasen un tamaño mediano y grande. Con la única excepción de la minería, la participación de las grandes empresas españolas en el empleo industrial es inferior a la de Alemania, Francia o el Reino

Economía 4

un reto	Herausforderung
la explotación	Abbau, Nutzung
la extinción	Aussterben
una especie	Gattung, Art → *E species*
la legislación	Gesetzgebung
un bosque	Wald
el corcho	Kork
la pulpa	Holzmasse
la madera	Holz
cubrir	abdecken → △ *la cobertura*
la minería	Bergbau → *un minero*
extraer (≈ traer)	abbauen, fördern
el carbón	Kohle
el lignito	Braunkohle
el petróleo	Erdöl → *E petrol*
la extracción	Förderung
el agotamiento	Erschöpfung
en declive	im Abschwung → ≠ *en alza*
el sector secundario	sekundärer Sektor
energético, -a	Energie-
una central térmica	Wärmekraftwerk
una central nuclear	Atom-, Kernkraftwerk → *un núcleo; Kern*
una instalación hidroeléctrica	Wasserkraftwerk
eólico, -a	Wind-
maremotriz	Gezeiten-
geotérmico, -a	Erdwärme-
la siderometalurgia	Eisenmetallurgie
la reconversión	Umstrukturierung
aeronáutico, -a	Luftfahrt- → *E aeronautic*
la industria manufacturera	verarbeitende Industrie
la confección	Konfektion
el cuero	Leder
el calzado	Schuhwerk, Schuhe
la industria alimentaria	Nahrungsmittelindustrie
el ocio	Freizeit → = *el tiempo libre*
la industria editorial	Verlagsgewerbe
una apertura	Öffnung → *abrir*
el mercado interior comunitario	europäischer Binnenmarkt
el beneficio	Nutzen, Vorteil
plantear un reto	Herausforderung stellen
la deficiencia	Mangel
significativo, -a	bedeutend → *significar (c-qu)*
sobrepasar	überschreiten
el tamaño	Größe
la participación	Beteiligung → *E participation*

Economía

Unido. Pero además de esto, en los últimos años, gran parte de las empresas que pertenecían al Estado o a los bancos españoles han sido compradas por capital extranjero. Esto hace, por una parte, que la economía española dependa de las decisiones de las multinacionales extranjeras, que se toman sin tener en cuenta la situación concreta de la economía española. Y por otra parte y como consecuencia de lo anterior, que no se invierta el capital necesario para ampliar la industria española y favorecer su competitividad a largo plazo.

El sector terciario

Este sector agrupa el conjunto de actividades que ofrecen servicios. Es, por tanto, muy heterogéneo y comprende, entre otros: transporte, comercio, finanzas, ocio y turismo, *telecomunicaciones o administración pública.

El sector financiero y la bolsa: En los últimos años este sector ha atravesado una etapa de *fusiones y OPAS (Ofertas Públicas de Adquisición). En la actualidad hay un gran número de cajas de ahorro (con capital público) y bancos. Los principales grupos financieros españoles son el Santander Central Hispano (SCH) y el Banco Bilbao Vizcaya Argentaria (BBVA), entre los bancos; y CajaMadrid y la Caixa, entre las cajas. Con la *liberalización del mercado europeo, este sector ha tenido que buscar nuevos mercados, sobre todo, en Latinoamérica.

En España hay 4 bolsas: Madrid, Barcelona, Bilbao y Valencia; donde se compran o venden acciones, obligaciones o fondos. El indicador de las cotizaciones son los índices bursátiles, entre los que está el IBEX, Índice General de Cotización de las Bolsas Españolas, y el IBEX-35 que agrupa los 35 valores más negociados.

El *turismo: El turismo es una de las principales fuentes de empleo e ingresos económicos a escala mundial y su importancia en la economía española es inmensa. A pesar de las numerosas crisis del sector, España ocupa una de las primeras posiciones mundiales en destino de viajes turísticos internacionales, tanto en número de visitantes como en ingresos, y en turismo vacacional es normalmente líder mundial. Un 92,9% de los turistas que llegan a España son europeos y especialmente del Reino Unido y Alemania, que juntos alcanzan un 50%.

En lo que se refiere al empleo, la mayoría de los puestos de trabajo se reparten entre personal hotelero y de restaurantes, así como agencias de viajes y, en un segundo plano, transporte de pasajeros, alquiler de automóviles y actividades culturales y deportivas.

Economía

pertenecer (-zco)	gehören
tener en cuenta	berücksichtigen
invertir (-ie-)	investieren
ampliar	vergrößern
favorecer (-zco)	unterstützen, begünstigen → *E to favour*
a largo plazo	langfristig
el sector terciario	Dienstleistungssektor
heterogéneo, -a	verschiedenartig, heterogen
	→ ≠ *homogéneo, -a*
el transporte	Verkehr
las finanzas	Finanzen
una administración	Verwaltung → *E administration*
la bolsa	Börse
atravesar (-ie-)	durchmachen
una adquisición	Kauf, Erwerb
una caja de ahorro	Sparkasse
una obligación	Obligation
un fondo	Fonds
un indicador	Anzeiger, Indikator
una cotización	Kurs, Notierung
un índice	Index
bursátil	Börsen-
un valor	Wertpapier → ⚠ *el valor; Mut*
negociar	handeln
a escala mundial	weltweit
turismo vacacional	Urlaubstourismus
un líder	Führer → *E leader*
alcanzar (z-c)	erreichen
un puesto de trabajo	Arbeitsplatz
el personal hotelero	Hotelpersonal
el transporte	Beförderung, Transport
un, a pasajero, -a	Reisende/r
el alquiler de automóviles	Autovermietung

Economía

El **papel clave** del turismo para la economía española se muestra claramente en el **equilibrio** de la **balanza comercial** española, cuyo déficit se ve **compensado** generalmente con los ingresos de este sector.

No obstante, y a pesar del buen estado del sector, los últimos años han mostrado que el actual modelo de sol y playa debe ser complementado con otras ofertas que atraigan a un turista de mayor **poder adquisitivo**. Cada vez hay más turistas cuyo destino es España, pero éstos cada vez gastan menos. Además, países como Croacia, Turquía y Bulgaria **compiten con** el mismo producto y con un precio un 30% menor. Para salvar esta situación, se está trabajando en varias direcciones: **diversificar** la oferta, crear una oferta cada vez más **sostenible** y **promocionar** mejor el país.

Para diversificar la oferta se intenta **dar a conocer** mejor la riqueza cultural de España y **fomentar** así el turismo **rural** y cultural. No hay que olvidar aquí el rico **patrimonio cultural** español con abundantes lugares declarados **Patrimonio Cultural de la Humanidad** por la Unesco y que turísticamente no se **aprovechan** lo suficiente.

Pero además de crear una oferta para **clientes** cada vez más **exigentes**, más que en ningún otro sector se plantea aquí la necesidad de **apoyar** un modelo sostenible y respetuoso con el **entorno**. Para conseguirlo, se han desarrollado diferentes modelos como fue la **ecotasa** en Baleares o el **diseño** de **planes urbanísticos** sostenibles que han obligado, incluso a **tirar** casas y edificios en determinados lugares. Todas éstas medidas intentan **preservar** y **recuperar** el **medio ambiente**, además de frenar el **turismo de masas** que lleva al **desastre ecológico** y a la **pérdida** de clientes.

Las Oficinas Españolas de Turismo en el Exterior son las **encargadas** de promocionar las ofertas turísticas españolas y, para apoyarlas, está en proyecto la **creación** del «**Portal** del Turismo» que alcance en la **red** a nuevos clientes con productos turísticos **a medida**.

Y por último, otro reto de este sector es su *****internacionalización**. Muchas **cadenas hoteleras** están buscando otros centros turísticos donde ofrecer sus servicios, sobre todo para salvar las pérdidas que sus empresas sufren en los meses de menor **ocupación**. Y, como era de esperar, las zonas preferidas se encuentran en Latinoamérica, sobre todo en Cuba y México.

Economía 4

un papel clave	Schlüsselrolle
un equilibrio	Gleichgewicht
una balanza comercial	Handelsbilanz
compensar	kompensieren, ausgleichen
el poder adquisitivo	Kaufkraft
competir (-i-) con	konkurrieren mit → *la competencia*
diversificar (c-qu)	vielseitig gestalten, diversifizieren
sostenible	nachhaltig
promocionar	für etw. werben
dar a conocer	bekannt machen
fomentar	fördern, ankurbeln
rural	ländlich → ≠ *urbano, -a; städtisch*
el patrimonio cultural	Kulturgut, -erbe
el Patrimonio Cultural de la Humanidad	Weltkulturerbe
aprovechar	ausnutzen, sich zunutze machen
un, a cliente	Kunde/in → *E client*
exigente	anspruchsvoll → *exigir (g-j); fordern, verlangen*
apoyar	unterstützen
el entorno	Umgebung
la ecotasa	Ökosteuer, Ökoabgabe
un diseño	Entwurf, Skizze
un plan urbanístico	Bebauungsplan
tirar	abreißen
preservar	schützen
recuperar	wiedergewinnen
el medio ambiente	Umwelt
el turismo de masas	Massentourismus
un desastre	Katastrophe → *E disaster*
ecológico, -a	ökologisch
una pérdida	Verlust → *perder (-ie-)*
encargar (g-gu)	beauftragen
una creación	Schaffung
un portal	Homepage, Portal
la red	Netz, Internet → = *Internet*
a medida	maßgeschneidert
una cadena	Kette
hotelero, -a	Hotel-
una ocupación	Belegung

Economía

El mundo del trabajo

Profesiones y oficios
El mercado de trabajo ya no es lo que era antes. No todas las **profesiones liberales** (**abogados**, *****médicos**, *****arquitectos**...) o los que han hecho una **carrera universitaria** tienen asegurado un puesto de trabajo. Es más, tampoco todos los que lo consiguen reciben una buena **remuneración**. En los últimos años, **economistas**, **filólogos** o **historiadores**, entre otros, han tenido que aceptar empleos en otros sectores. Algunos **se** han **presentado a oposiciones** y hoy en día son **funcionarios** del Estado, muchos de ellos en **niveles** de la administración mucho más bajos que los que por sus estudios les corresponderían.

En muchos casos podríamos decir que en lo que se refiere a salarios la situación ha dado un giro de 180º y las personas que han aprendido un oficio como los **carpinteros**, **electricistas**, **cerrajeros**, **albañiles** o *****mecánicos** tienen garantizado un buen **sueldo** y, por supuesto, mucho trabajo. Otra cosa es que decidan montar una empresa como también los **peluqueros**, **panaderos** o, en un mercado, **carniceros**, **pescaderos** o **charcuteros**; aquí ya aparecen riesgos que no siempre dependen del trabajo personal y, por tanto, no siempre está garantizado el éxito. Además, con la *****flexibilización** de los **horarios de apertura** quizá consigan hacer más **negocio**, pero a costa de sacrificar también el tiempo que pasan con su familia o, en general, su tiempo libre.

La **artesanía** sigue estando muy mal pagada, antes y ahora. Esto junto con las nuevas técnicas de producción hace que muchas profesiones como **ceramista** u **orfebre** prácticamente desaparezcan o sólo existan gracias a subvenciones **estatales**.

Pero, sobre todo, con los cambios en el mercado de trabajo se han creado nuevas profesiones como **programador**, *****administrador de sistemas**, **diseñador Web** o **animador cultural**.

Los sindicatos y las organizaciones empresariales
La Constitución española de 1978 reconoce el papel de los sindicatos de trabajadores y de las organizaciones empresariales en la **defensa** y **promoción** de los intereses económicos de **ambas** partes, **garantiza** el derecho a la **negociación colectiva** y pone en manos de los **agentes sociales** la **determinación** de las condiciones de trabajo. El **convenio colectivo** es el instrumento que trabajadores y empresarios tienen para llegar a **acuerdos** en los **aumentos de sueldo** o en la determinación de la **jornada laboral**, así como para adaptar su actividad a las nuevas tecnologías y a las condiciones económicas, sociales o **jurídicas** del momento. En estas negociaciones, el Gobierno **desempeña** a veces

Economía 4

un oficio	Beruf, Handwerk
las profesiones liberales	Freie Berufe
un, a abogado, -a	Rechtsanwalt/anwältin
una carrera	Karriere, Laufbahn
una carrera universitaria	Universitätstudium
la remuneración	Bezahlung, Lohn
un, a economista	Volkswirt/in, Wirtschaftswissenschaftler/in
un, a filólogo, -a	Philologe/in
un, a historiador, -a	Historiker/in
presentarse a oposiciones	*an Auswahlprüfungen für den öffentl. Dienst teilnehmen*
un, a funcionario, -a	Beamte/r
un nivel	Niveau
un, a carpintero, -a	Schreiner/in, Tischler/in
un, a electricista	Elektriker/in
un, a cerrajero, -a	Schlosser/in → *cerrar; schließen*
un, a albañil	Maurer/in
el sueldo	Gehalt, Lohn → = *el salario*
un, a peluquero, -a	Friseur/in
un, a panadero, -a	Bäcker/in → *el pan*
un, a carnicero, -a	Metzger/in, Fleischer/in → *la carne*
un, a pescadero, -a	Fischhändler/in → *la pesca; Fischfang*
un, a charcutero, -a	Metzger/in
el horario de apertura	Öffnungszeiten
el negocio	Geschäft
la artesanía	Kunsthandwerk → *el arte; Kunst*
un, a ceramista	Keramiker/in
un, a orfebre	Kunstschmied/in
estatal	staatlich → ⚠ *un Estado; Staat/un estado; Zustand*
un, a programador, -a	Programmierer/in
un, a diseñador, -a Web	Webdesigner/in
un, a animador, -a cultural	Animateur/in
un sindicato	Gewerkschaft → *sindical*
una organización empresarial	Arbeitgeberorganisation
la defensa	Verteidigung
la promoción	Förderung
ambos, -as	beide
garantizar (z-c)	garantieren → *una garantía*
una negociación colectiva	Tarifverhandlung
un agente social	Tarifpartner
la determinación	Bestimmung, Beschluss
un convenio colectivo	Tarifvertrag
un acuerdo	Übereinkommen, Vereinbarung → *acordar; vereinbaren*
un aumento de sueldo	Gehaltserhöhung
una jornada laboral	Arbeitstag
jurídico, -a	rechtlich
desempeñar un papel	eine Rolle spielen

un **papel mediador** y todos mantienen un contacto permanente para reformar el mercado de trabajo.

La organización para la defensa de los intereses **empresariales** es la Confederación Española de Organizaciones Empresariales (CEOE) que agrupa a todas las empresas **asociadas** por sectores (automóvil, banca, turismo, etc.) o por tamaño (pequeñas y medianas). Las empresas del País Vasco y Cataluña poseen sus propias asociaciones empresariales.

Los trabajadores españoles tienen derecho a defender sus intereses a través de la **afiliación** a algún sindicato y a **declararse en huelga**. Los sindicatos más *****representativos** son:

- la Confederación Sindical de Comisiones Obreras (CC.OO.), en sus **orígenes** de **orientación** comunista;
- la Unión General de Trabajadores (UGT), de orientación socialista y **vinculada** al Partido Socialista Obrero Español (PSOE);
- la Unión Sindical Obrera (USO);
- el Sindicato Independiente de Funcionarios (CSIF).

El paro

La reforma y modernización del mercado de trabajo se ha mostrado como una de las medidas más eficaces para reducir la alta **tasa** de **desempleo** en España. Entre las medidas tomadas se encuentran:

- La creación de nuevos **contratos** que aseguren el puesto de trabajo **estable** y den facilidades a los **empresarios** para la **contratación** y el **despido** de trabajadores.
- Medidas para garantizar la *****integración** efectiva de la mujer en el mercado laboral español.
- **Fomentar** el **empleo juvenil** a través de **ayudas fiscales**.
- Fortalecer la **formación profesional** a lo largo de toda la vida profesional.
- **Prolongar** la **vida laboral**.
- Reducir las prestaciones por desempleo: se amplía el tiempo que hay que **cotizar** para conseguir la prestación y se vincula el pago de la misma a que el **parado** acepte ofertas de empleo adecuadas a su nivel de formación.

Economía

mediador	vermittelnd
empresarial	Unternehmens- → *una empresa; Firma, Unternehmen*
asociar	vereinen, vereinigen
una afiliación	Beitritt → *afiliarse a*
declararse en huelga	in (den) Streik treten → *una huelga; Streik*
el origen (Pl. los orígenes)	Ursprung → *E origin*
la orientación	(polit.) Einstellung
vincular	verbinden
la tasa de desempleo	Arbeitslosenquote
el desempleo	Arbeitslosigkeit → = *el paro*
un contrato	Vertrag
estable	dauerhaft, sicher
un, a empresario, -a	Unternehmer/in
la contratación	Einstellen → *contratar*
el despido	Entlassung → *despedir (-i-)*
fomentar	fördern, unterstützen
el empleo juvenil	Arbeitsplätze für Jugendliche
juvenil	Jugend-, jugendlich
una ayuda fiscal	Steuererleichterung
la formación profesional	Berufsausbildung
prolongar (g-gu)	verlängern
la vida laboral	Arbeitsleben
cotizar (z-c)	Beiträge zahlen
un, a parado, -a	Arbeitslose/r

Economía

Aunque la tasa de desempleo todavía plantea un reto para la economía española, no cabe duda de que estas medidas han conseguido crear más empleo y a su vez más estable. Sobre todo es el sector de servicios el que da trabajo a las dos terceras partes de la **población activa**, mientras que el empleo industrial representa un quinto del total, seguido de la **construcción** con un 11 % y el empleo **agrario** que no llega al 11 %.

El papel de los inmigrantes en la economía española
En los años 80, España pasó de ser un país de **emigrantes** a recibirlos. En los últimos años están llegando cada vez más inmigrantes, pero su número es **inferior** al de otros países de la UE.

La forma de entrar legalmente en el mercado de trabajo es poseer un **permiso de trabajo**. Se ha fijado un **contingente anual** de trabajadores extranjeros que pueden trabajar en España, para evitar así la contratación **irregular** y **prevenir** la explotación. No obstante, desgraciadamente, gran parte de ellos pertenecen a la **próspera economía sumergida** española y tienen que trabajar **a destajo** en el **mercado negro** de trabajo sin **seguros** y en condiciones humillantes.

El mayor número de trabajadores inmigrantes se encuentra en las Comunidades de Cataluña, Madrid y Andalucía, donde **residen** más de dos tércios del total. Son en su mayor parte de Marruecos y Latinoamérica, en este caso la mayoría de Ecuador y Colombia. En cuanto a los empleos que desempeñan, trabajan sobre todo en el **servicio doméstico**, agricultura, **hostelería**, construcción y **comercio al por menor**.

Economía 4

la población activa	arbeitende Bevölkerung
la construcción	Bauwesen
agrario, -a	landwirtschaftlich
un, a inmigrante	Einwanderer/in
un, a emigrante	Auswanderer/in
inferior a	niedriger als → ≠ *superior a*
el permiso de trabajo	Arbeitserlaubnis
un contingente	Kontingent, Quote
anual	jährlich → *un año*
irregular	ordnungswidrig
prevenir (≈ venir)	vermeiden, vorbeugen
próspero, -a	florierend, blühend
la economía sumergida	Schattenwirtschaft
a destajo	im Akkord
el mercado negro	Schwarzmarkt
un seguro	Versicherung
residir	wohnen
el servicio doméstico	Haushaltsdienstleistungsgewerbe
la hostelería	Hotel- und Gaststättengewerbe → *LA la hotelería*
el comercio al por menor	Einzelhandel → ≠ *el comercio al por mayor; Großhandel*

Economía

España en la globalización

El comercio exterior

España importa más que exporta, es decir, que su balanza comercial es **deficitaria**. Entre las principales importaciones se encuentran **combustibles**, petróleo, **maquinaria** y **equipos** de transporte, productos **manufacturados**, alimentos, animales vivos y productos químicos. Los principales productos exportados son maquinaria y equipos de transporte, alimentos y animales vivos, **vehículos de motor**, **hierro** y **acero**, así como textiles y artículos de confección.

España realiza sus principales **intercambios** comerciales con la UE, seguida de América Latina y los Estados Unidos.

Aunque **en cifras absolutas** es Alemania la *nación de la UE que más vende a Latinoamérica, la mayor parte de la producción española que se exporta tiene ese mismo destino. Esto hace que la economía española dependa enormemente de Latinoamérica, más aún cuando el papel de las importaciones en el crecimiento económico español es tan importante.

Las inversiones en el exterior

En los últimos años, la **inversión directa** de la UE en Latinoamérica ha vivido una constante expansión y España, en particular, ha sido el país más activo. Este enorme **flujo de capital** ha dado lugar a que 7 de las multinacionales más importantes en Latinoamérica sean europeas y 3 estadounidenses. España ha invertido en Latinoamérica buscando una **salida competitiva** de aquellos productos que tenían dificultades en el continente europeo y que, sin embargo, encontraban allí un mercado especialmente **propicio** para ellos por la cultura y lengua comunes.

Los **ingresos** en Latinoamérica de las empresas más importantes **asentadas** allí suponen una media del 32% de sus ingresos totales (Telefónica, Repsol). Las inversiones se han concentrado en los siguientes sectores:

- Energía eléctrica: En la que la industria española tiene la **mayoría dominante,** sobre todo en los mercados de Argentina, Brasil, Chile y México.

- Sector de las telecomunicaciones: Telefónica de España es el máximo inversor, seguido de France Télécom y Telefonica Italia, entre otros.

Economía 4

la globalización	Globalisierung
deficitario, -a	defizitär
un combustible	Kraftstoff, Treibstoff
la maquinaria	Maschinerie
el equipo	Ausrüstung, Ausstattung
manufacturado, -a	Fabrik-, Manufaktur-
un vehículo de motor	Kraftfahrzeug
el hierro	Eisen
el acero	Stahl
un intercambio	Austausch
en cifras absolutas	in absoluten Zahlen
una inversión directa	Direktinvestition
el flujo de capital	Kapitalfluss
la salida competitiva	*hier:* Absatzmöglichkeiten
propicio, -a	günstig
los ingresos	Einnahmen, Einkünfte, Erträge
asentado, -a	ansässig → *asentarse (-ie-); sich niederlassen*
una mayoría	Mehrheit → ≠ *una minoría*
dominante	herrschend

Economía

- Sector de la banca: Dos grandes bancos españoles compiten por las cuotas de mercado latino: el Banco Bilbao Vizcaya Argentaria (BBVA) y el Santander Central Hispano (SCH). Las zonas preferidas para sus inversiones son el Cono Sur y México. El escaso uso que todavía se hace de los servicios bancarios en la zona promete grandes beneficios en el futuro; siempre y cuando mejoren las condiciones de seguridad, tanto económicas como personales.

La economía latinoamericana en la globalización

En la economía interrelacionada de la globalización, los periodos de recesión económica afectan más a países en vías de desarrollo que a países desarrollados. Es el caso de la economía latinoamericana cuya dependencia de la economía mundial, y en especial de la economía norteamericana, es inmensa. En términos generales, aproximadamente el 75% de las producciones de Latinoamérica se dirigen al mercado exterior, en su mayoría a EE.UU. (60%), la UE (12%) y Asia (6%). México ocupa un lugar especial de dependencia con EE.UU. por sus acuerdos comerciales a través del Tratado de Libre Comercio con ese país y Canadá

En un mercado mundial, la desaceleración de la economía de las principales potencias económicas hace, en primer lugar, que se reduzcan las importaciones de productos de sus socios comerciales. Esta situación acarrea la caída de precios de las materias primas y los productos manufacturados, lo que reduce notablemente una de las principales fuentes de ingresos de estos países. La caída del producto interior bruto (PIB) per cápita aumenta el desempleo; y la pobreza en la zona no sólo persiste, sino que aumenta. Además, resulta imposible una distribución más justa de la renta, así como el desarrollo de un mercado interior sano.

El escaso margen de maniobra de los Gobiernos latinoamericanos para mejorar la precaria situación social y económica de algunas de sus zonas se ve reducido por el pago de intereses de la deuda exterior contraída en las pasadas décadas. Pago que se ha hecho todavía más difícil por la devaluación de sus monedas. Por otra parte, la inestabilidad política y social de algunos países (Venezuela, Colombia, Argentina, Brasil) ha provocado, junto con otros *factores, que los países inversores busquen zonas más estables que les proporcionen beneficios más inmediatos.

Economía

competir por (-i-)	konkurrieren um, im Wettbewerb stehen um
la cuota de mercado	Marktanteil
escaso, -a	gering
el uso	Gebrauch → *usar*
una condición de seguridad	Sicherheitsbedingung
la recesión	Rezession
afectar	betreffen → *E to affect*
un país en vías de desarrollo	Entwicklungsland
un país desarrollado	Industrienation
la dependencia	Abhängigkeit
dirigir a (g-j)	richten auf
el mercado exterior	Auslandsmarkt
el Tratado de Libre Comercio (TLC)	(nordamerikanisches) Freihandelsabkommen (NAFTA)
una desaceleración	Verlangsamung → *acelerar; beschleunigen*
reducir (-zco)	reduzieren, beschränken
un socio comercial	Handelspartner
acarrear	mit sich bringen
la caída de precios	Preisverfall
una materia prima	Rohstoff
per cápita	pro Kopf
la pobreza	Armut → ≠ *la riqueza*
persistir	anhalten, fortdauern
la distribución	Verteilung → *distribuir (-y-)*
la renta	Ertrag, Einkommen
el mercado interior	Binnenmarkt
el margen de maniobra	Handlungsspielraum
precario, -a	heikel, ungewiss
el interés	Zinssatz, Zinsen
la deuda	Schulden
exterior, -a	Außen- → ≠ *interior, -a*
contraer (≈ traer)	(Schulden) machen
una devaluación	Abwertung
un país inversor	Investitionsland
inmediato, -a	unmittelbar → *E immediate*

Economía

Desgraciadamente, las reformas que se estaban realizando en algunos de los países de la región no han **dado los frutos** que se esperaba de ellas; unas veces por **insuficientes**, otras veces a causa de la recesión de la economía mundial, así que parte de los Gobiernos las han **anulado**. Por otra parte, no hay que olvidar que gran parte de las consecuencias de estas reformas las sufre directamente la clase media y baja. La falta de ayudas en estos casos tiene como consecuencia que estas clases empiecen a creer en las falsas promesas de políticos populistas (como, por ejemplo, Chávez en Venezuela), las reformas no se realicen y, en definitiva, que la situación económica de esas **capas sociales** no mejore a largo plazo y, en general, tampoco la economía latinoamericana.

No obstante, las reformas son necesarias; y en esta **tarea** no sólo están **comprometidos** los países de la zona, sino también los países desarrollados que tienen intereses en Latinoamérica. Éstos, la mayoría de ellos también **acreedores**, tienen que darse cuenta de que si el pago de la deuda exterior se hace más **llevadero**, podrán obtener mayores beneficios a medio y largo plazo. Además, los **países deudores** pueden realizar así las reformas necesarias para participar en el circuito económico mundial como economías más **saludables**.

Las nuevas reformas son necesarias en dos **frentes**: el económico y el político-social. Entre las medidas económicas se encuentran:

– Fomentar la inversión en infraestructuras y ***personal**, con el fin de mejorar la distribución de la ***productividad** y las **oportunidades** en la sociedad.

– Apoyar la **investigación** y **difusión** del **conocimiento** *técnico y crear **mano de obra cualificada**.

– Crear un **espacio** para las pequeñas y medianas empresas.

En lo político y social se han de **acometer** reformas **institucionales** que permitan *transparencia y **pluralidad** política, que **generen hábitos** democráticos y fomenten el perfeccionamiento de la **justicia** y la *estabilidad institucional.

Economía

dar fruto	Ertrag abwerfen
insuficiente	ungenügend → *E insufficient*
anular	aufheben, außer Kraft setzen
una capa social	Gesellschaftsschicht
una tarea	Aufgabe
comprometido, -a	(politisch) engagiert
un, a acreedor, -a	Gläubiger/in → ≠ *un, a deudor, -a*
llevadero, -a	erträglich
un país deudor	Schuldnerland
saludable	gesund → = *sano, a*
un frente	Front → △ *la frente; Stirn*
una oportunidad	Gelegenheit → *E opportunity*
la investigación	Forschung
la difusión	Verbreitung → *difundir*
el conocimiento	Kenntnis(se)
la mano de obra	Arbeitskraft
cualificado, a	qualifiziert
un espacio	Raum → △ *el espacio; Weltraum*
acometer	in Angriff nehmen
institucional	institutionell, der öffentlichen Einrichtungen
la pluralidad	Vielfältigkeit
generar	hervorrufen
un hábito	(An)Gewohnheit → = *una costumbre*
la justicia	Justiz

Economía - Ejercicios

a) Traduce y rellena.

> 1. Herstellung – 2. Wiederbelebung – 3. Beschäftigung –
> 4. Ausfuhr (Pl.) – 5. Gewinn (Pl.) – 6. Nachfrage –
> 7. Dividende – 8. liberalisieren – 9. Sanierung –
> 10. privatisieren – 11. (Industrie)Zweig

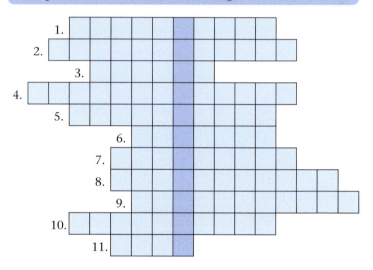

b) Sólo una de las tres respuestas es correcta. ¿Cuál es?

1. Ramo del sector terciario:
   a) ☐ industria agroalimentaria
   b) ☐ industria conservera
   c) ☐ telecomunicaciones

2. Medida para el saneamiento de una empresa:
   a) ☐ criterios de convergencia
   b) ☐ jubilaciones anticipadas
   c) ☐ prestación por desempleo

3. Productos de la agricultura española:
   a) ☐ olivo y viñedo
   b) ☐ corcho y madera
   c) ☐ pescado

Economía – Ejercicios

4. Instrumento que trabajadores y empresarios tienen para llegar a acuerdos:
   a) ☐ despido
   b) ☐ ayudas fiscales
   c) ☐ convenio colectivo

5. Índice bursátil español:
   a) ☐ IPEX
   b) ☐ IBEX
   c) ☐ DAX

6. Empleo del subsector turismo:
   a) ☐ personal hotelero
   b) ☐ pasajero, -a
   c) ☐ servicio doméstico

7. Profesión liberal:
   a) ☐ funcionario, -a
   b) ☐ administrador, -a de sistemas
   c) ☐ abogado, -a

c) ¿A qué concepto corresponden estas siglas? Busca también su correspondiente en alemán.

sigla española	nombre completo	traducción alemana	sigla alemana
PIB			
BCE			
PYMES			–
UE			
TLC	Tratado de Libre Comercio	Freihandels-abkommen	NAFTA

Ecología

Medio ambiente

La **ecología** es el estudio del comportamiento de los **seres vivos** en su **ambiente** natural. También es el estudio de las relaciones entre los seres vivos y el **hogar** común que todos ellos **comparten**: la Tierra.

Los **ecólogos** son **científicos** que estudian los ***organismos** y sus ambientes. Los organismos son todos los seres vivos, incluidos los **seres humanos**, las plantas, los animales, las ***bacterias** y los **hongos**. Una **especie** es un grupo de organismos **similares**. Los organismos son parte de un ambiente y, al mismo tiempo, son el ***hábitat** de otros seres vivos. Miles de seres vivos **diminutos**, como las bacterias, viven dentro y sobre los cuerpos de los animales, incluído el cuerpo humano.

La cadena alimentaria

Los ***insectos** comen **hojas**; las **ranas** comen insectos. Estos tres organismos constituyen dos **eslabones** en una cadena de ***energía básica** o cadena alimentaria. Una cadena alimentaria es una serie de organismos relacionados entre sí en el orden en el que unos se alimentan de otros.

El sol es la **fuente primaria** de energía, anterior al primer nivel o eslabón. Las plantas usan la **energía solar** para producir su propio alimento mediante la ***fotosíntesis**. Por lo tanto, a las plantas se las llama **productoras**, porque son los únicos organismos en la cadena que usan ***materia** no **viviente** para producir **alimento**.

Los animales son **incapaces** de producir su propio alimento y deben comer otros organismos, por eso son llamados **consumidores**. Los consumidores se clasifican de acuerdo con lo que comen en **herbívoros**, **carnívoros** y **omnívoros**.

Peligro de extinción

Extinción es la **desaparición** de una especie de la Tierra para siempre. Los animales que están en peligro de extinción son aquéllos en peligro inmediato de ser **exterminados**, si no se hace pronto algo para **salvarlos**.

Los ***fósiles** son restos de plantas y animales ***prehistóricos**. Éstos nos muestran que ha habido extinciones a lo largo de la historia de la Tierra causadas por **desastres naturales**, como las **erupciones volcánicas** o los **cambios climáticos**. Los organismos que no **se** pueden **adaptar a** los cambios mueren.

Ecología

el medio ambiente	Umwelt
la ecología	Ökologie, Umweltforschung
un ser vivo	Lebewesen
el ambiente	Umgebung
el hogar	Zuhause
compartir	teilen
un, a ecólogo, -a	Umweltforscher/in
un, a científico, -a	Wissenschaftler/in
un ser humano	Mensch
el hongo	Pilz
una especie	Spezies, Art
similar	ähnlich → = *parecido, -a*
diminuto, -a	winzig
la cadena alimentaria	Nahrungskette
una hoja	Blatt
una rana	Frosch
un eslabón	(Ketten)Glied
básico, -a	Grund- → *E basic*
la fuente primaria	Primärquelle
la energía solar	Sonnenenergie
un, a productor, -a	Produzent/in → *producir (-zco)*
viviente	lebendig, lebend → *vivir*
el alimento	Nahrung
incapaz (Pl. –ces)	unfähig → ≠ *capaz (Pl. -ces)*
un, a consumidor, -a	Konsument/in
un, a herbívoro, -a	Pflanzenfresser/in
un, a carnívoro, -a	Fleischfresser/in → *la carne; Fleisch*
un, a omnívoro, -a	Allesfresser/in
la extinción	Aussterben → *E extinction*
la desaparición	Verschwinden → *desaparecer (-zco)*
exterminar	ausrotten, vernichten
salvar	retten
un desastre natural	Naturkatastrophe → *E disaster*
una erupción volcánica	Vulkanausbruch
un cambio climático	Klimawandel
adaptarse a	sich anpassen → *E to adapt*

Ecología

Hubo una extinción a gran escala hace alrededor de 65 millones de años, cuando los *dinosaurios desaparecieron. Una teoría actual afirma que un *meteorito chocó con la Tierra, con lo que se formó una nube de polvo que la rodeó durante varios años. La nube tapó la luz solar y causó la disminución de las temperaturas, lo que supuso la muerte de muchos tipos de plantas y animales.

La extinción continúa existiendo hoy, también por culpa de los seres humanos. Una razón es que hay más personas en la Tierra, con lo que se necesita más espacio para vivir y más recursos naturales, como agua, madera, minerales o petróleo; lo que conlleva una modificación de los *ecosistemas y la desaparición de los organismos incapaces de adaptarse.

La extinción también puede ser el resultado de la contaminación. Ejemplos contaminantes causados por el hombre son:

- los insecticidas para eliminar *plagas, pero que envenenan a otros seres;
- vertidos en los ríos que afectan, no sólo, al agua, sino también, a peces, plantas, aves …;
- derrames de petróleo en el mar, amenaza para la vida de muchas especies. El petróleo asfixia y envenena la vida marina, causando la muerte de peces, aves …;
- *gases contaminantes provenientes de la quema de combustibles;
- desechos que llegan a lagos, océanos, ríos … y que son mortales para los animales que los comen.

Algunos de los animales que están en peligro de extinción son: los *caimanes del Orinoco, los canguros grises, las ballenas grises, las lechuzas y diferentes especies de peces. Una manera de ayudar a preservarlas es separar los hábitats naturales en forma de reservas y parques naturales.

Contaminación de mares y océanos

El mar posee una gran capacidad autodepuradora, por eso desde siempre el mar ha sido considerado un vertedero natural; pero las últimas décadas la contaminación ha superado las capacidades naturales del mar. La contaminación química de los mares y océanos a través de detergentes y pesticidas en los arroyos y ríos tiene efectos nocivos sobre aves y organismos costeros. Otros productos de origen industrial pueden tener efectos *catastróficos sobre las poblaciones costeras.

Ecología 5

a gran escala	in großem Umfang
chocar con (c-qu)	zusammenprallen, aufeinander stoßen
una nube de polvo	Staubwolke
rodear	umgeben
tapar	verdecken
la disminución	Abnahme, Verringerung → *disminuir (-y-)*
suponer (≈ poner)	bedeuten
la madera	Holz
un mineral	Erz
el petróleo	Erdöl → *E petrol*
conllevar	mit sich bringen
una modificación	Veränderung
la contaminación	Verschmutzung → *contaminante; umweltverschmutzend*
un insecticida	Insektenvertilgungsmittel
eliminar	beseitigen → *E to eliminate*
envenenar	vergiften → *el veneno; Gift*
los vertidos	Abfälle, Abfallstoffe
un pez (Pl. peces)	Fisch
un ave	Vogel
un derrame	Überlaufen
una amenaza	Bedrohung → *amenazar (z-c)*
asfixiar	ersticken
marino, -a	Meeres-
provenir de (≈ venir)	stammen aus
la quema	Verbrennen → *quemar*
un combustible	Brenn-, Kraftstoff
el desecho	Abfall
un canguro gris	Graues Riesenkänguruh
una ballena gris	Grauwal
una lechuza	Eule
preservar	schützen
una reserva	Reservat
un parque natural	Naturschutzgebiet
la capacidad	Fähigkeit → *E capacity*
autodepurador, -a	selbstreinigend → *depurar; reinigen*
un vertedero	Mülldeponie; Schuttabladeplatz
superar	übersteigen
químico, -a	chemisch
un detergente	Reinigungs-, Waschmittel
un pesticida	Pestizid, Schädlingsbekämpfungsmittel
un arroyo	Bach
nocivo, -a	schädlich
costero, -a	Küsten-

Ecología

En España, un caso dramático **sucedió** en el **litoral** gallego en noviembre del 2002. La caída al mar de 20 000 **toneladas** de petróleo ha **contribuido a** una **toma de conciencia** del problema de la contaminación marina por **hidrocarburos**. La **marea negra se** ha **extendido** y cubre playas, **fondos** marinos y zonas costeras produciendo un espectáculo triste y **desolador**.

El Príncipe Felipe observa los daños de la marea negra en Galicia

Los **perjuicios ocasionados** al medio ambiente por los hidrocarburos **esparcidos** en mares y océanos son: la dificultad de **oxigenación** de las aguas, la imposibilidad de la fotosíntesis para el desarrollo del *****plancton** y la **intoxicación** de muchos animales.

Contaminación **atmosférica**

El aire constituye uno de los elementos básicos de todo ser vivo. Diariamente nuestros **pulmones** filtran unos 15 kg de aire atmosférico, mientras que sólo *****absorbemos** 2,5 kg de agua y menos de 1,5 kg de alimentos. Se considera que hay **polución del aire** cuando la presencia de **sustancias nocivas**, o la **variación** de los **constituyentes** en el aire, pueden **provocar molestias** o efectos **perjudiciales** para nuestra salud. Las sustancias nocivas, gases y **sólidos**, que se concentran en la atmósfera, vienen de los **procesos industriales**, las **combustiones** (*****fábricas**, **calefacciones**) y los **vehículos de motor**. Ciudad de México y Buenos Aires son dos de las ciudades del mundo con más contaminación atmosférica.

Las circunstancias *****climatológicas** influyen de modo **determinante** en la distribución de la contaminación atmosférica. El viento puede **dispersar** las sustancias nocivas **emitidas** en una zona determinada e incluso transportarlos lejos de su punto de **emisión**. La **radiación solar** es otro *****factor meteorológico** que influye, por ejemplo, en la formación del «*****smog**».

El efecto invernadero

La temperatura de la Tierra se mantiene **templada debido a** la atmósfera y a los gases llamados gases de invernadero (**bióxido de carbono** y **vapor de agua**, principalmente). Estos gases **atrapan** el calor del sol

Ecología

suceder	geschehen
el litoral	Küstengebiet
una tonelada	Tonne *(Maßeinheit)*
contribuir a (-y-)	dazu beitragen → *una contribución*
una toma de conciencia	Bewusstwerdung
el hidrocarburo	Kohlenwasserstoff
la marea negra	Ölpest
extenderse (-ie-)	sich ausbreiten, sich ausdehnen → *E to extend*
el fondo	Boden, Grund
desolador	erschütternd, bewegend
un perjuicio	Schaden, Zerstörung
ocasionar	verursachen, hervorrufen → = *causar*
esparcir (c-z)	verstreuen
la oxigenación	Versetzung mit Sauerstoff → *el oxígeno; Sauerstoff*
la intoxicación	Vergiftung
atmosférico, -a	Luft-
el pulmón	Lunge
la polución del aire	Luftverschmutzung → = *la contaminación del aire*
una sustancia nociva	Schadstoff
una variación	Veränderung
un constituyente	Bestandteil
provocar	verursachen → = *causar*
una molestia	Beschwerde
perjudicial	schädlich → *perjudicar*
un sólido	Feststoff
un proceso industrial	Industrieverfahren
la combustión	Verbrennung
una calefacción	Heizung
un vehículo de motor	Kraftfahrzeug
determinante	entscheidend
dispersar	verwehen
emitir	ausstoßen
una emisión	Emission, Ausstoß
la radiación solar	Sonnen(ein)strahlung
el efecto invernadero	Treibhauseffekt
templado, -a	gemäßigt, mild
debido a	aufgrund von → = *a causa de*
el bióxido de carbono	Kohlendioxyd
el vapor de agua	Wasserdampf
atrapar	halten, (ein)fangen

Ecología

e impiden que parte de la energía solar se refleje hacia el espacio. La temperatura media de la superficie de la Tierra depende de la cantidad de gases de invernadero que haya en la atmósfera. El bióxido de carbono es responsable de gran parte del calentamiento de la Tierra y se produce en gran cantidad al quemar combustibles fósiles: petróleo, gas natural o carbón.

Los árboles pueden ayudar a reducir la cantidad de bióxido de carbono del aire, ya que hacen uso de éste en la *reacción de la fotosíntesis. La deforestación causa un desequilibrio en el nivel de bióxido de carbono en la atmósfera. Algunos de los posibles efectos del aumento de temperatura de la Tierra serían que las áreas templadas se volverían insoportablemente calientes o que los casquetes polares de hielo y los glaciares se derretirían, lo que aumentaría el tamaño de los océanos y causaría la inundación de zonas costeras. Reciclar productos de papel o plantar árboles puede ayudar a impedir la deforestación, sobre todo de la selva lluviosa de Latinoamérica.

La capa de ozono
Una gran parte de la luz solar con gran cantidad de energía se llama *luz ultravioleta (UV). Ésta es responsable de la producción de la mayoría del ozono. Este gas se acumula en la atmósfera superior que rodea la Tierra y forma una capa llamada capa de ozono. No es una barrera sólida, sino que son moléculas diseminadas de este gas. Actualmente, los contaminantes del aire llamados CFC (clorofluorocarbonos), y que se encuentran principalmente en aerosoles, han ocasionado la reducción de la capa de ozono que impide que la mayoría de los rayos UV del sol lleguen a la Tierra. Algunos rayos UV son necesarios para la vida, pero demasiados nos podrían causar daños irreversibles, como el cáncer de piel.

La energía

Fuentes de energía renovables
A medida que aumenta la población de la Tierra, se necesita más energía. Los combustibles fósiles se están acabando y, como son limitados y no renovables, se está investigando sobre posibles fuentes de energía renovables, como la energía eólica, geotérmica, hidráulica, solar o *biomasa.

La energía nuclear
Se produce a partir de cambios en los núcleos atómicos. Estos cambios producen calor, el cual se usa para calentar agua y producir vapor que hace girar las turbinas generadoras produciendo *electricidad. La ventaja de usar energía nuclear es que, a partir de una pequeña cantidad de combustible, se produce una gran cantidad de energía

Ecología 5

impedir (-i-)	verhindern
reflejarse	sich (wider)spiegeln
el espacio	Weltraum
medio, -a	Durchschnitts- → *el promedio; Durchschnitt*
el calentamiento	Erwärmung → *calentar (-ie-)*
un combustible fósil	fossiler Brennstoff
el carbón	Kohle
hacer uso de	Gebrauch machen von → = *usar*
la deforestación	Abholzung → ≠ *la reforestación*
un desequilibrio	Ungleichgewicht → ≠ *un equilibrio*
un casquete polar	Polarkappe
el hielo	Eis → ⚠ *un helado; (Speise)Eis*
un glaciar	Gletscher
derretirse (e-i)	schmelzen
una inundación	Überschwemmung
reciclar	recyceln
la selva lluviosa	Regenwald
la capa de ozono	Ozonschicht
acumularse	sich ansammeln
superior, -a	obere/r/s → ≠ *inferior, -a*
una barrera	Schranke, Barriere
una molécula	Molekül
diseminado, -a	verteilt, verstreut
los clorofluorocarbonos (CFC)	FCKW (Fluorchlorkohlenwasserstoffe)
un aerosol	Spraydose
una reducción	Abnahme, Verringerung → ≠ *el crecimiento*
un rayo	Strahl
un daño	Schaden → *dañar*
el cáncer de piel	Hautkrebs
renovable	erneuerbar
a medida que	in dem Maße wie
limitar	begrenzen → *el límite*
investigar (g-gu)	untersuchen, erforschen
la energía eólica	Windenergie
la energía geotérmica	Erdwärmeenergie
la energía hidráulica	Wasserenergie
la energía nuclear	Kernenergie
un núcleo atómico	Atomkern
girar	drehen
una turbina generadora	Turbinengenerator

Ecología

útil. Otra ventaja es que se evita la producción de gases contaminantes peligrosos para el ambiente. Las desventajas son los **desechos nucleares**, porque son extremadamente peligrosos por su *****radioactividad** y su dificultad de **almacenamiento**.

Talas masivas

Los **bosques primarios** son las principales víctimas de la industria de la madera. Son grandes **extensiones** en las que especies como el **oso**, el **águila** o el **lobo** todavía pueden vivir en libertad. Además, este tipo de bosques son verdaderos pulmones para la Tierra y fuente de una gran cantidad de medicamentos. La deforestación provoca la **erosión del suelo**, inundaciones o la **desertización**. Actualmente, ya han sido destruidos el 80% de los bosques primarios del *****planeta**. Algunos de los que quedan se encuentran en Bolivia, Chile, el Perú, Venezuela, Canadá y Brasil.

La **caoba** es una madera muy **cotizada** y que los mercados europeos y norteamericanos aprecian enormemente. A medida que esta madera es más **demandada**, las **reservas** de caoba **se agotan** más y más, hasta el punto de que la tala ilegal se extiende en las reservas ecológicas. Cuando la caoba **se extingue**, como en el caso de Centroamérica, los **saqueadores** se desplazan a otras zonas (como hoy día sucede en Brasil y Bolivia).

Desarrollo sostenible

Las **cumbres** para proteger el medio ambiente, como las de Río o de Johannesburgo, intentan solucionar algunos de los problemas más perjudiciales para mejorar el equilibrio social, ambiental y económico de la vida humana en el planeta. El desarrollo sostenible consiste en usar más **eficaz** y **equitativamente** los recursos **disponibles** para llegar a una mejora de la **calidad de vida**. Esto se consigue si por ejemplo:

- se **recuperan** y reciclan los residuos (**cristal**, **papel**, *****plásticos**, **latas**, **basura orgánica**), y si en primer lugar se producen menos residuos;
- se construyen **sistemas recolectores** de **aguas residuales** y se implantan sistemas de **depuración**;
- se **impulsa** la **formación** de los ciudadanos para cambiar su comportamiento (con cursos o en las escuelas);
- se obliga a la **reforestación** y **certificación** de productos **forestales**.

Ecología 5

el desecho nuclear	Atommüll
el almacenamiento	Lagerung
la tala	(Bäume) Fällen → *talar; (Baum) fällen*
un bosque primario	Urwald
la extensión	Fläche, Ausdehnung → *extender (-ie-)*
un oso	Bär
un águila	Adler → △ *el águila (f)*
un lobo	Wolf
la erosión del suelo	Bodenerosion
la desertización	Verwüstung → *un desierto; Wüste*
la caoba	Mahagoni
cotizar (z-c)	schätzen → = *estimar*
demandar	verlangen
una reserva	Vorrat
agotarse	sich erschöpfen
extinguirse (gu-g)	zu Ende gehen
un, a saqueador, -a	Plünderer/in
el desarrollo sostenible	nachhaltige Entwicklung
una cumbre	Gipfel; *hier:* Gipfeltreffen
eficaz (Pl. -ces)	wirksam, effizient
equitativo, -a	gleichmäßig
disponible	verfügbar
la calidad de vida	Lebensqualität
recuperar	wieder verwerten
el cristal	Glas
el papel	Papier
una lata	Dose
la basura orgánica	Biomüll
un sistema recolector	Sammelsystem
las aguas residuales	Abwässer
la depuración	Reinigung → = *la purificación*
impulsar	vorantreiben
la formación	(Aus)Bildung → *formar; bilden*
la reforestación	Wiederaufforstung
una certificación	Zertifizierung
forestal	Forst-

Ecología – Ejercicios

a) Encuentra en esta sopa de letras los 18 términos escondidos referentes al tema Ecología –en español.

e	c	a	p	a	d	e	o	z	o	n	o
n	u	d	i	p	l	a	g	a	r	p	i
h	m	e	o	c	o	s	t	a	g	e	f
e	b	s	c	a	a	t	r	n	a	t	p
n	r	a	e	h	t	j	k	i	n	r	i
e	e	r	a	c	m	l	s	m	i	o	t
r	n	r	n	o	o	p	o	a	s	l	a
g	m	o	o	r	s	l	l	l	m	e	m
i	a	l	b	i	f	v	o	a	o	o	e
a	r	l	r	o	e	x	w	g	n	g	d
p	ñ	o	u	s	r	e	s	z	i	t	e
t	i	e	r	R	a	s	m	o	g	a	a

– Organismus
– Ozean
– Atmosphäre
– Erde
– Ozonschicht
– Entwicklung
– Gipfeltreffen
– Tier
– Ökologie
– Pflanze
– Sonne
– Plage
– Fluss
– Energie
– Meer
– Erdöl
– Küste
– Smog

b) ¿A qué grupo pertenece cada uno de los siguientes animales?

omnívoros: _____

herbívoros: _____

carnívoros: _____

Ecología – Ejercicios

c) Completa el siguiente crucigrama.

1. Gran extensión de agua que cubre la mayor parte de la superficie terrestre.
2. Centro de nuestro sistema planetario.
3. Ser vivo vegetal.
4. Seres vivos diminutos.
5. Nombre de nuestro planeta.
6. Ser vivo no racional.
7. Corriente de agua que desemboca en el mar.
8. Todo ser vivo.
9. Animales que se alimentan sólo de carne.
10. Parte de tierra cercana al mar.
11. Puede ser eólica, solar, nuclear, hidráulica…
12. Resto de plantas y animales prehistóricos.
13. Animal mamífero marino en peligro de extinción.

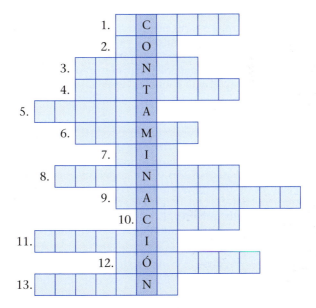

Sociedad

La educación

El sistema educativo en España

En 2004 se adoptó en España una nueva ley de educación llamada Ley Orgánica de Calidad de la Educación (LOCE). Con está nueva ley se pretende garantizar la oportunidad de educación para todos, hacer hincapié en la «cultura del esfuerzo», mejorar la calidad del sistema educativo, *orientar la enseñanza hacia los intereses de los alumnos reduciendo las cifras de fracaso escolar e igualarlo con los sistemas educativos de los otros países de la Unión Europea (UE). El sistema escolar español depende del Ministerio de Educación, es decir que es un *sistema centralizado, pero aún así las CC.AA. (Comunidades Autónomas) tienen sus competencias.

Educación Infantil

Uno de los rasgos importantes es la gratuidad de la Educación Infantil que va de los 3 a los 6 años. Los niños aprenden técnicas para leer y escribir, tienen un primer contacto con los números, con una lengua extranjera y con las *tecnologías de información y *comunicación.

Educación Primaria

La Educación Primaria, de los 6 a los 12 años, es *obligatoria y gratuita, está organizada en tres ciclos cada uno de dos años. Las áreas curriculares son, por ejemplo, Historia y Geografía, Educación Física, *Matemáticas, Lengua Castellana y *Literatura; a partir del segundo ciclo Lengua Extranjera, impartida por profesorado especializado. En cada Comunidad con lengua cooficial también se incluye el estudio de ésta en la escuela.

Educación Secundaria

Consiste en la Educación Secundaria Obligatoria (ESO), de 12 a 16 años, seguida o bien del Bachillerato (de 16 a 18 años) o de la Formación Profesional (FP). Es posible que el alumno tenga que repetir curso, si suspende 3 o más asignaturas. A partir del tercer año los alumnos pueden elegir entre dos itinerarios diferentes. Es decir, que tendrán que orientar sus materias hacia la *universidad o hacia la formación profesional, según sus intereses. Para la elección de los itinerarios en los últimos dos años los alumnos pueden elegir libremente con la orientación de sus padres y del centro educativo.

Después de haber finalizado y obtenido el título de Graduado en ESO se puede continuar con el Bachillerato que se extiende por un periodo de dos años. Desde el año académico 2005/2006 existe la

Sociedad 6

el sistema educativo	Erziehungssystem
adoptar una ley	ein Gesetz erlassen
garantizar (z-c)	garantieren → *una garantía*
hacer hincapié en	Nachdruck legen auf, betonen
un esfuerzo	Anstrengung → *esforzarse (-ue-)*
un fracaso	Scheitern
igualar	angleichen
el Ministerio de Educación	Kultusministerium
la competencia	Kompetenz; Zuständigkeit, Befugnis
la Educación Infantil	Vorschule
un rasgo	Kennzeichen, Charakteristikum
la gratuidad	Unentgeltlichkeit → *gratis*
un número	Zahl
la Educación Primaria	Grundschule
gratuito, -a	kostenlos, gratis
un ciclo	Zyklus; Stufe, Abschnitt
el área *(f)*	Bereich
curricular	Lehrplan-, den Lehrplan betreffend
la Historia	Geschichte
la Geografía	Geografie
la Educación Física	Sport(unterricht)
la Lengua Castellana	Spanisch(unterricht)
una Lengua Extranjera	Fremdsprache(nunterricht)
impartir (clase)	(Unterricht) erteilen → = *enseñar*
el profesorado especializado	Fachlehrer, Fachlehrkraft → *el profesorado; Lehrerschaft*
la Educación Secundaria	Sekundarschulwesen, -bereich
el Bachillerato	*etwa:* Oberstufe des Gymnasiums
la Formación Profesional	Berufsausbildung
un curso	Kurs; *hier:* Schuljahr
suspender	durchfallen
una asignatura	(Schul)Fach
un itinerario	Bildungsweg
una materia	Sachgebiet, Fach
una elección	(Aus)Wahl → *elegir (-i-; g-j)*
la orientación	Beratung
finalizar (z-c)	beenden, abschließen → = *terminar*
obtener el título de Graduado, -a en ESO	*etwa:* die Mittlere Reife machen
extenderse por (-ie-)	sich erstrecken über
un año académico	Schuljahr

Sociedad

Prueba General de Bachillerato (PGB) al finalizar esta etapa, como en la mayoría de los países de la UE. De no aprobar, se puede repetir cuatro veces. Después de haber obtenido el título de Bachiller se puede entonces acceder a la universidad o a la formación profesional de grado superior.

La educación *universitaria

El sistema universitario español está formado por numerosas universidades públicas y privadas, así como unas cuantas de la Iglesia Católica. Estas universidades son entidades autónomas, es decir, que ellas mismas establecen su oferta *académica, con títulos oficiales establecidos por el Gobierno o propios de la universidad. Sin embargo, todas las universidades deben incluir un mínimo de materias troncales estandarizadas. Y, finalmente, las materias de libre elección que pueden ser escogidas por el alumno según sus intereses.

Existen diferentes carreras:

- Arquitectura Técnica o Ingeniería Técnica: con una duración de tres años;

- Medicina o Veterinaria: con una duración de cuatro a seis años, comprendida en dos ciclos y sin titulación intermedia;

- Licenciatura, *Ingeniería o *Arquitectura: con una duración de cuatro a cinco año s, también de dos ciclos con la posibilidad, a veces, de obtener el título intermedio de: Diplomado, Arquitectura Técnica o Ingeniería Técnica;

- Doctorado: estudio realizado tras la obtención de una titulación universitaria, con una duración de dos años, por lo general;

- *Magister: títulos de postgrado que otorgan las universidades con planes de estudio desarrollados por ellas mismas.

Problemas del sistema educativo en España

A pesar de contar España con este sistema educativo tan completo, en algunas Comunidades Autónomas existen todavía problemas de *analfabetismo que tienen que ver con el gran porcentaje de gitanos, inmigrantes legales o ilegales y asilados. Pero también entre los mismos españoles hay problemas de analfabetismo.

Para los adultos *analfabetos hay programas educativos, donde tienen la oportunidad de recuperar lo nunca aprendido o lo olvidado por el desuso. Para los gitanos y extranjeros hay programas de Educación Compensatoria, con los que se trata de *integrar a los niños de diferentes orígenes culturales e incrementar la escolarización. En muchos casos esta escolarización no perdura hasta el final aunque tiende poco

Sociedad 6

la Prueba General de Bachillerato	Abiturprüfung
aprobar (-ue-)	bestehen
obtener el título de Bachiller	*etwa:* das Abitur machen
una entidad	Körperschaft
autónomo, -a	unabhängig, autonom
establecer (-zco)	festlegen
una materia troncal	Pflichtfach
estandarizado, -a	dem Standard entsprechend
escoger (g-j)	(aus)wählen
una carrera	Studiengang
la Arquitectura Técnica	*etwa:* Architektur (FH)
la Ingeniería Técnica	*etwa:* Diplom Ingenieur (FH)
la Veterinaria	Tiermedizin → *E veterinary*
intermedio, -a	Zwischen-
una Licenciatura	*etwa:* Magister
un Diplomado	*etwa:* Fachhochschulabschluss
el Doctorado	Doktorwürde
postgrado	Postgraduierten-
otorgar	(Titel) verleihen, erteilen
contar con	haben, verfügen über
un, a gitano, -a	Zigeuner/in
un, a asilado, -a	Asylant/in
recuperar	wiedererlangen, zurückgewinnen
el desuso	fehlender Gebrauch
la Educación Compensatoria	*durch öffentliche Schulen geleisteter Förderunterricht*
incrementar	erhöhen, steigern → = *aumentar*
la escolarización	Einschulung
perdurar	andauern, anhalten
tender a (-ie-)	tendieren, neigen zu

Sociedad

a poco a *normalizarse. Los alumnos se matriculan en los centros educativos, pero o bien no asisten regularmente o abandonan el sistema educativo prematuramente. Hay que señalar que en España se cuenta con por lo menos cien nacionalidades, su mayoría proveniente de Hispanoamérica, Marruecos y China, lo que hace que la integración y el aprendizaje sean muy complicados en el caso de los no hispanohablantes.

El sistema educativo en Latinoamérica
En Hispanoamérica el derecho a la educación es similar al de España, pero en la realidad este objetivo no se logra. Teóricamente, según las constituciones, la educación básica es gratuita y obligatoria. Pero en la práctica la población pobre no recibe las mismas posibilidades ni de oferta ni de calidad que recibe la clase media y alta. También entre la educación en las zonas urbanas y rurales hay diferencias enormes, diferencias que todavía son mayores en las zonas con población indígena. Las mujeres también están en desventaja por tener que desempeñar las tareas domésticas o por la maternidad a temprana edad. La pobreza de las familias es un factor de suprema importancia, ya que impide que los niños vayan a la escuela o que terminen sus cursos, pues tienen que dejar la escuela para ponerse a trabajar muy jóvenes.

El analfabetismo es todavía bastante alto en estos países. Hay que tener en cuenta que no se habla de analfabetismo, oficialmente, en caso de haber olvidado las destrezas de la lectura y escritura y de las operaciones matemáticas básicas después de haber asistido a la escuela. Guatemala es uno de los países con uno de los índices de analfabetismo más elevados de América Latina, con un 45%. La *alfabetización es uno de los factores más importantes para lograr que estos países progresen, reduzcan la pobreza y eliminen la violencia.

Como ejemplo y esperanza para otros países se puede tomar a Nicaragua, que ya en 1980 comenzó con una *campaña de alfabetización con la que ha logrado bajar el índice de analfabetismo del 60% al 10%.

Sociedad 6

matricularse	sich einschreiben → *la matrícula; Immatrikulation, Einschreibung*
asistir	(Unterricht) besuchen
abandonar	verlassen
prematuramente	vorzeitig
provenir de (≈ venir)	stammen aus, kommen aus
el aprendizaje	(Er)Lernen → *aprender*
un derecho	Recht
una constitución	Verfassung
la educación básica	Grundbildung
la clase media	Mittelschicht
la clase alta	Oberschicht → ≠ *la clase baja*
una zona	Gebiet → = *una región*
urbano, -a	Stadt-, städtisch
rural	ländlich
una desventaja	Nachteil → ≠ *una ventaja*
desempeñar	ausüben
una tarea	Aufgabe, Pflicht
doméstico, -a	häuslich
la maternidad	Mutterschaft
a temprana edad	in jungen Jahren
supremo, -a	höchste/r/s
impedir (e-i)	verhindern
la destreza	Fertigkeit; Geschicklichkeit
las operaciones matemáticas básicas	Grundrechenarten
un índice	Rate, Quote, Index
progresar	Fortschritte machen → *el progreso; Fortschritt*
eliminar	beseitigen

Sociedad

El sistema educativo en España

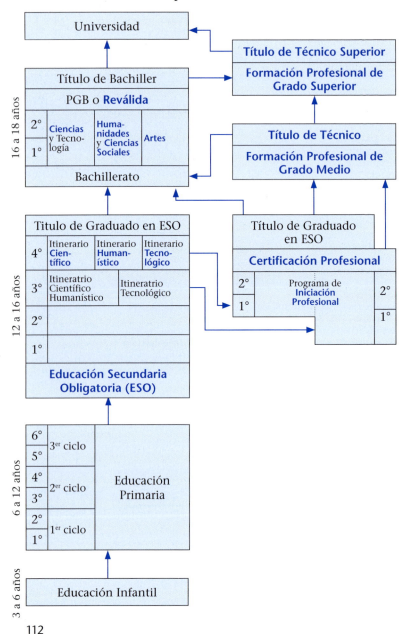

Sociedad 6

el título de Técnico Superior	*etwa:* Fachhochschulabschluss
la Formación Profesional de Grado Superior	höhere Berufsausbildung
el título de Técnico	*etwa:* Berufsfachschulabschluss; Gesellenbrief
la Formación Profesional de Grado Medio	mittlere Berufsausbildung
la Certificación Profesional	*Berufsausbildung an einer schulischen Einrichtung, in welcher rein elementare Kenntnisse vermittelt werden*
la Iniciación Profesional	Berufseinstieg
la Educación Secundaria Obligatoria (ESO)	schulpflichtige Sekundarstufe
científico, -a	wissenschaftlich → *E scientific*
humanístico, -a	geisteswissenschaftlich
tecnológico, -a	technisch
las Ciencias	Naturwissenschaft
la Tecnología	Technologie
las Humanidades	Geisteswissenschaften
las Ciencias Sociales	Sozialwissenschaften
las Artes	Künste
la reválida	(fam.) Abitur → = *la Prueba General de Bachillerato*

Sociedad

La infancia

La niñez en América Latina

Cuando se habla de infancia se refiere al periodo de la vida desde que se nace hasta la *pubertad. Por otro lado las leyes y Unicef consideran niño o niña a todo *individuo menor de 18 años. Los países de América Latina y el Caribe cuentan con un total de 193 millones de niños y niñas que representan un total de 38% de la población total de dicha región. La mitad de ellos vive en estado de pobreza. La pobreza infantil viene determinada ya desde el nacimiento. La familia en la que nazca un niño no sólo determina su étnia, también el nivel económico y social en que se desarrollará este niño en el futuro, ya que no hay grandes posibilidades de escalar. Los pobres, al contrario de los que tienen la suerte de nacer en familias pudientes, no tienen esperanzas de lograr un bienestar económico que les permita tener un seguro médico, un sistema educativo adecuado y una vivienda apropiada.

En Latinoamérica y el Caribe mueren más de 400 mil niños y niñas al año a causa de deshidratación, desnutrición e *infecciones respiratorias. Las razones de mortandad en estas zonas no son sólo los problemas de salud, sino que la niñez es víctima de *crisis políticas, de violencia, guerras y *conflictos por los que pasan estas *naciones. Algunos de los niños pobres tienen que trabajar, otros sufren el maltrato en el hogar, la *prostitución infantil o son niños soldados y hasta guerrilleros. Un ejemplo concreto sería Colombia, donde el 41,5% de la población es menor de 18 años, el 65% de los desplazados por la violencia son niños, 6000 niños forman parte de las filas de combatientes del conflicto armado, un promedio de cinco niños son asesinados cada día y 12 mueren en accidentes o como resultado de la violencia, 17 millones de niños entre los 12 y 17 años se encuentran trabajando en circunstancias difíciles y hasta peligrosas.

Niño recogiendo café en Costa Rica

Sociedad 6

la infancia	Kindheit → *E* infancy
la niñez	Kindheit
un estado	Zustand → ⚠ *el Estado;* Staat
la pobreza	Armut
infantil	Kinder-
la etnia	Ethnie, Volk, Stamm
económico, -a	wirtschaftlich
desarrollarse	sich entwickeln → *el desarrollo*
escalar	aufsteigen
pudiente	reich, vermögend
lograr	erreichen
el bienestar	Wohlstand
permitir	erlauben → *un permiso;* Erlaubnis
el seguro médico	Krankenversicherung
una vivienda	Wohnung → = *un piso*
apropiado, -a	tauglich, geeignet → = *adecuado, -a*
la deshidratación	Flüssigkeitsmangel
la desnutrición	Unterernährung
respiratorio, -a	Atemwegs- → *la respiración;* Atmen
la mortandad	Sterblichkeit
la violencia	Gewalt
el maltrato	Misshandlung
un hogar	Zuhause
un, a niño, -a soldado, -a	Kindersoldat/in
un, a guerrillero, -a	Guerrillakämpfer/in
un, a desplazado, -a	*hier:* Vertriebene/r
una fila	Reihe
un, a combatiente	Kämpfer/in → *combatir*
armado, -a	bewaffnet → ⚠ *el arma (f);* Waffe
asesinar	töten → *un, a asesino, -a;* Mörder/in

115

Sociedad

Ya en 1954 la **Asamblea General** de la ONU **aprobó** una *****resolución** para establecer el «Día Universal del Niño». Unicef desarrolla este proyecto y más de cien países celebran este día con el objetivo de llamar la atención de las **administraciones públicas** en todo lo referente a las **necesidades** infantiles, como son la protección física y mental, **cuidados** especiales, **alimentación**, educación, vivienda... En 1990 **entró en vigor** la Convención sobre los Derechos del Niño, aprobada por 191 países.

Los niños de la calle
Los «canallitas» de Uruguay, los «polillas» de Bolivia y los «gamines» de Colombia son algunos de los nombres usados para referirse a los niños que nacen, viven y mueren en la calle.

El *****fenómeno** de los niños **callejeros** se encuentra en todos los países de América Latina, sobre todo en Colombia. Se da en familias que sufren de gran pobreza o de **miseria** absoluta. Así, pues, los niños salen al principio a la calle a vender o **mendigar** para poder ayudar a sus familias. El trabajo infantil es a veces bastante **rentable**, porque, sobre todo, por la **piedad** de los turistas, un niño puede llegar a ganar más que sus padres con un **salario mínimo**. Otros niños salen para **escapar** de la violencia cotidiana de sus casas y **barrios**.

Todos salen pero muy pocos regresan ya que por **falta de dinero**, **techo** y por su analfabetismo se ven obligados a **delinquir** o a *****prostituirse**. La mayoría de ellos no conocen lo que es un hogar **roban** y, a veces, tienen que **drogarse** o **aspirar pegamento** para olvidar el hambre, el frío o la **soledad**. Muchos de ellos mueren por la misma forma de vida o por la violencia contra los gamines, por parte de **pandillas** de chicos ricos que asesinan a gente pobre de la calle o hasta por determinados policías que **abusan de** ellos y los **maltratan**.

Los sicarios
La palabra sicario era antiguamente un sinónimo culto de **asesino**, hoy en día significa asesino **asalariado**. La mayoría de ellos son niños y jóvenes que hacen este trabajo tan **arriesgado** para salir de la miseria en que viven. Así esperan alcanzar un nivel de vida superior que no lograrían con cualquier otro tipo de **oficio**.

La niñez en España
A pesar de que ser niño en España es bastante diferente que serlo en Latinoamérica, también se producen **abusos** a **menores**, como en todo el resto de Europa. Las cifras de violencia contra la infancia son imposibles de saber a **ciencia cierta**, ya que son muy pocos los **casos denunciados**. Diferentes organizaciones estiman que en España se producen alrededor de medio millón de casos por año, de los cuales sólo son denunciados cincuenta mil. Hoy en día existe una amplia **red** de

Sociedad 6

una asamblea general	Hauptversammlung
aprobar (-ue-)	*hier:* (Gesetz) verabschieden
una administración pública	Regierungsbehörde
una necesidad	Bedürfnis → *necesitar*
el cuidado	Sorgfalt; Fürsorge → *tener cuidado; vorsichtig sein*
la alimentación	Ernährung → *E alimentation*
entrar en vigor	in Kraft treten
callejero, -a	Straßen-
la miseria	Elend → *E misery*
mendigar (-gu-)	betteln
rentable	rentabel, lohnend
la piedad	Mitleid
el salario mínimo	Mindestlohn
escapar	(ent)fliehen
un barrio	(Stadt)Viertel
la falta de dinero	Geldmangel
un techo	Dach
delinquir (qu-c)	straffällig werden, eine Straftat begehen → *un, a delincuente*
robar	stehlen
drogarse (g-gu)	Drogen nehmen → = *tomar drogas*
aspirar	(Klebstoff) schnüffeln
el pegamento	Klebstoff
la soledad	Einsamkeit
una pandilla	Bande, Clique
abusar de	missbrauchen, ausnutzen
maltratar	misshandeln → *el maltrato; Misshandlung*
un, a sicario, -a	Killer/in
un, a asesino, -a	Mörder/in
asalariado, -a	bezahlt
arriesgado, -a	riskant → *el riesgo*
un oficio	Beruf, Handwerk
el abuso	Missbrauch
un, a menor	Minderjährige/r
a ciencia cierta	mit Sicherheit
un caso	Fall
denunciar	anzeigen
una red	Netz(werk)

Sociedad

***pornografía infantil** distribuida por Internet, y, por supuesto, la violencia doméstica con maltrato físico y ***psicológico**, así como el **abuso sexual**. Todo esto tiene graves consecuencias para los niños y jóvenes, que pueden caer en el **consumo de drogas** o en ***depresiones**, por ejemplo. Los países de la UE se han propuesto a partir de 2003 **luchar** contra estos abusos de menores y **castigar** estos **delitos** bajo los mismos **criterios**.

Una de las soluciones para estos niños son los **centros** o **residencias de menores**, que, aunque no son lo ideal, ayudan a eliminar la violencia. Para evitar o reducir estas **estancias**, se está buscando la manera de disponer de **familias acogedoras**, que les ofrezcan cuidados, atención y educación en un **medio familiar** adecuado hasta que estén listos para regresar a su **familia biológica**. El **Acogimiento Familiar** es una medida muy **difundida** en muchos otros países de Europa, pero que en España todavía es muy poco **usual**.

La mujer

La mujer latinoamericana
El tema de la mujer en América Latina es complejo por no existir un solo tipo de mujer latinoamericana. Hay diferentes etnias, diferentes **clases sociales** y diferentes **niveles educativos**; o sea, que no es lo mismo hablar de una mujer india, de una negra o de una blanca. Tampoco hay que olvidar el aspecto económico, porque no vive igual una mujer rica que una pobre en la ciudad o en el campo. La **lucha** de las mujeres en América Latina no se puede llamar lucha ***feminista** como en otras partes del mundo, porque la realidad de América Latina es otra muy diferente a la de, por ejemplo, Europa. Esta lucha es más bien una lucha **socioeconómica** y política.

En general se puede **afirmar** que las mujeres en Latinoamérica son **autoras** y no sólo **espectadoras**, algunos ejemplos son: las Madres y Abuelas de la Plaza de Mayo en Argentina, las Comadres en El Salvador (ambos grupos **surgidos** por la **represión** del Estado sobre ellas y sus **familiares**); Rigoberta Menchú – ganadora del Premio Nobel de la Paz en 1992 – en la lucha por la **defensa** de su pueblo y su cultura; Nina Pacari, ministra indígena de Ecuador, **defensora** también de los derechos de los **oprimidos** y otras más.

A pesar de ser tan discrepante el tema de la mujer en América Latina, los **valores** que **giran en torno al** concepto de igualdad de **género** son bastante parecidos en las diferentes clases sociales: el **rechazo** del cuerpo como **mercancía** y de la violencia física, así como la defensa de la igualdad en la **toma de decisiones** o la libertad en la **elección** de educación o profesión.

Sociedad 6

el abuso sexual	sexueller Missbrauch
el consumo de drogas	Drogenkonsum
luchar	kämpfen → = *combatir*
castigar	bestrafen
un delito	Strafakt, Delikt
un criterio	Kriterium, Maßstab
un centro de menores	Kinder-, Jugendheim
una residencia de menores	Kinder-, Jugendheim
la estancia	Aufenthalt
una familia acogedora	Pflegefamilie
el medio	Umgebung → ⚠ *la media; Durchschnitt*
familiar	familiär
una familia biológica	*etwa:* Herkunftsfamilie
el Acogimiento Familiar	*etwa:* Pflegekinderwesen
difundir	verbreiten
usual	gebräuchlich
una clase social	Gesellschaftsschicht
un nivel educativo	Bildungsstand, -niveau
una lucha	Kampf
socioeconómico, -a	sozioökonomisch
afirmar	bestätigen
un, a autor, a	Autor/in, Handelnde/r
un, a espectador, a	Zuschauer/in
surgir (g-j)	entstehen → = *aparecer (-zco)*
la represión	Unterdrückung
un, a familiar	Familienangehörige/r
la defensa	Verteidigung → E *defence*
un, a defensor, a	Verteidiger/in
oprimir	unterdrücken → *la opresión*
un valor	Wert
girar en torno a	um etw. drehen
el género	Geschlecht
el rechazo	Ablehnung, Zurückweisung
una mercancía	(Handels)Ware
la toma de decisiones	Entscheidungsfindung
una elección	Wahl → *elegir (-i-; g-j)*

Sociedad

La mujer indígena

Hoy en día existen en Latinoamérica numerosos **movimientos** de mujeres indígenas, y se organizan **cumbres** en las que se reúnen. Allí tienen la oportunidad de **compartir** sus experiencias y formular **propuestas** sobre derechos humanos, derechos indígenas, **liderazgo** político de las indígenas, educación y desarrollo.

Las mujeres indígenas viven en condiciones **marcadas** por la **discriminación**, el **racismo**, la **exclusión** política, la extrema pobreza y el **machismo**. Además de sufrir los **perjuicios** generales de las **comunidades** indígenas como lo es, por ejemplo, el **aislamiento** *territorial que les limita el **acceso a** los mercados económicos, las **materias primas**, los **recursos** y al conocimiento.

Estas mujeres luchan contra un **incremento** de la violencia, de la **prostitución forzada dirigida** no sólo a mujeres indígenas sino también a niñas y niños, al igual que están directamente **afectadas por** los conflictos armados. Por estos motivos es que hay muchos **desplazamientos** internos (del campo a la ciudad) y externos (a otros países) de indígenas, aumentando así los niveles de pobreza.

La mujer campesina

El **papel** de las mujeres campesinas es **decisivo** en el mundo rural, porque son responsables de la mitad de la producción mundial de **alimentos**. Intervienen en la producción de entre el 60% y el 80% de los alimentos en la mayoría de los países del **tercer mundo** y **proporcionan** hasta el 90% de los alimentos básicos, que consumen los pobres de las zonas rurales, como el **arroz**, el **trigo** y el *maíz.

Sin embargo, a pesar de existir el **Convenio** de la Organización Internacional del Trabajo (OIT) que establece la igualdad de **remuneración** entre hombres y mujeres, los **salarios** de las mujeres trabajadoras en el **sector agrícola** son casi siempre **inferiores** al salario de los hombres aunque desempeñan el mismo trabajo.

Entre los trabajos que **llevan a cabo** las mujeres trabajadoras agrícolas están: la **siembra**, la **aplicación** de **fertilizantes** y **plaguicidas**, la **cosecha**, el **almacenamiento** y la **comercialización**. Aunque en la actualidad se esté presentando la *feminización de la agricultura, es decir que en la mayoría de las zonas de América Latina la tendencia es que las campesinas **asuman** un papel más importante en el campo y que la participación de los hombres disminuya, las mujeres campesinas siguen estando **desfavorecidas**.

Sociedad 6

un movimiento	Bewegung → *moverse (-ue-)*
una cumbre	Gipfeltreffen
compartir	teilen
una propuesta	Vorschlag → *proponer*
el liderazgo	Führung → *un líder; Führer*
marcar (c-qu)	kennzeichnen
la discriminación	Diskriminierung
el racismo	Rassismus
la exclusión	Ausschluss
el machismo	Männlichkeitswahn, Machismo
un perjuicio	Nachteil, Benachteiligung → *E prejudice*
una comunidad	Gemeinde, Gemeinschaft
el aislamiento	Isolierung
el acceso a	Zugang zu → *E access*
una materia prima	Rohstoff
los recursos	Ressourcen
un incremento	Zunahme, Steigerung → = *el aumento*
la prostitución forzada	Zwangsprostitution
dirigir a (g-j)	richten gegen
afectado, -a por	betroffen von
el desplazamiento	Vertreibung; Übersiedlung → = *el traslado*
una mujer campesina	Bäuerin → *un, a campesino, -a*
un papel	Rolle
decisivo, -a	entscheidend
los alimentos	Nahrungsmittel → *los alimentos básicos; Grundnahrungsmittel*
el tercer mundo	Dritte Welt
proporcionar	beschaffen; herstellen
el arroz	Reis
el trigo	Weizen
un convenio	Abkommen, Konvention
la remuneración	Bezahlung, Lohn
el salario	Gehalt
el sector agrícola	Landwirtschaftssektor
inferior	niedrig/e/r → ≠ *superior*
llevar a cabo	durchführen
la siembra	Aussaat → *sembrar (-ie-)*
una aplicación	Anwendung, Gebrauch
un fertilizante	Dünger → *fértil; fruchtbar*
una plaguicida	Pflanzenschutzmittel
la cosecha	Ernte
el almacenamiento	Lagerung
la comercialización	Vermarktung → *el comercio; Handel*
asumir	übernehmen
desfavorecido, -a	benachteiligt

Sociedad

La mujer blanca
La mujer blanca perteneciente a la clase alta o media-alta vive de manera muy diferente. Una razón para ello es el posible acceso a una excelente educación que se obtiene sólo con dinero. Por **gozar** de tal educación, cada día hay más y más mujeres que participan de la vida **laboral**, **a la par** con el **sexo opuesto**, desempeñando **altos cargos**. En estos casos, las mujeres, prácticamente, no se ven afectadas por las diferencias **salariales**.

La vida laboral, sin embargo, no **impide** que ellas puedan trabajar **tiempo completo** y tener una familia similar a las familias en que la mujer es tiempo completo el **ama de casa**. La diferencia es que ahora sus hijos pasan las tardes en **clubes deportivos**, donde reciben diferentes clases privadas de, por ejemplo, **natación**, **equitación** o están en casa con una **niñera** y en algunos casos en casa de sus abuelos.

La mujer española
En las últimas décadas, en España, al igual que en Latinoamérica, la mujer **se** ha ido **incorporando a** la vida laboral y profesional, lo que ha provocado un cambio tanto en la **estructura familiar** como en la estructura laboral. Esto se ha **debido a** diferentes factores como, por ejemplo, el acceso a la formación profesional, la **ruptura** con el modelo tradicional femenino, del que formaba parte el **abandono** del trabajo después del matrimonio; la **legalización** del **divorcio** que, en algunos casos, hace que la mujer se vea obligada a trabajar después de la separación; el **aborto** o la **píldora anticonceptiva**, que dan a la mujer la posibilidad de decidir entre su carrera profesional o la vida familiar con hijos.

Sociedad 6

gozar de	genießen
laboral	Arbeits- → *la labor; Arbeit*
a la par	gleich, auf gleicher Ebene, ohne Unterschied
el sexo opuesto	das andere Geschlecht
alto, -a	hoch; führend
un cargo	Amt, Posten
salarial	Gehalts-
impedir (-i-)	abhalten, (be)hindern
el tiempo completo	ganztags
una ama de casa	Hausfrau → ⚠ *el ama de casa (f)*
un club deportivo	Sportverein
la natación	Schwimmen → *nadar*
la equitación	Reiten → ⚠ *cabalgar; reiten*
una niñera	Kindermädchen
incorporarse a	sich integrieren, sich eingliedern
la estructura familiar	Familienstruktur
deberse a algo	auf etw. zurückzuführen sein
la ruptura	Bruch → *romper*
el abandono	Verlassen
la legalización	Legalisierung → *legal*
el divorcio	Scheidung
un aborto	Abtreibung
la píldora anticonceptiva	(Antibaby)Pille

123

Sociedad

En España no se puede hablar de *emancipación femenina hasta principios del siglo XX cuando el rol de la mujer dejó de centrarse en el papel de madre y esposa para pasar a exigir derechos civiles. El reconocimiento oficial del derecho a la educación superior se produjo en 1910 en España. A finales del siglo XIX, el analfabetismo femenino era del 70%.

La Constitución de 1931 significó un gran avance en la lucha por los derechos de la mujer. El sufragio femenino fue otorgado con la legislación de la Segunda República Española (1931–1936). Se cambiaron las leyes discriminatorias para ofrecer un tratamiento legal igualitario para hombres y mujeres. El matrimonio se basó desde entonces en la igualdad de los cónyuges y se instituyó el derecho al divorcio (1932).

Sin embargo, la Guerra Civil y la dictadura de Franco devolvieron a la mujer a una situación de dominación ya que en la época franquista se estimaban sobre todo los valores *tradicionales y *reaccionarios. En la actualidad, la incorporación de la mujer a la vida laboral se ve hasta en los cambios lingüísticos. Pues, muchas de las profesiones que no contaban con una forma femenina, la han ido adquiriendo, como son los femeninos de juez – jueza, de médico – médica, de ingeniero – ingeniera, y muchos otros.

La familia

La familia española y latinoamericana
Tanto españoles como latinoamericanos conceden una gran importancia a la familia que por lo tanto, es una parte integral en la vida de los hispanohablantes. Una de las razones de estos lazos familiares tan fuertes es la necesidad del mutuo apoyo; por un lado, los abuelos cuidan a sus nietos y, por otro, los abuelos no están solos. Así que es muy normal que los abuelos vivan en la misma casa con sus hijos cuando ya son bastante mayores o cuando quedan viudos. Los hijos tampoco se van de casa tan pronto; muchos se quedan hasta que se casen.

En el caso de que las familias no vivan en la misma casa, sus miembros tratan de quedarse viviendo en el mismo barrio, si es posible, y si no, al menos, en la misma ciudad. De esta manera los encuentros de costumbre como los de los domingos a comer o de las diferentes fiestas familiares no se hacen tan difíciles. El *concepto de familia es mucho más amplio que en muchos de los países nórdicos – familia no son sólo los que pertenecen a ella, por llevar la misma sangre o tener los mismos apellidos, sino también los amigos más cercanos, que después de un tiempo comienzan a formar parte de la familia.

Sociedad

un rol	Rolle → = *el papel*
los derechos civiles	Bürgerrechte
el reconocimiento	Anerkennung → *reconocer (-zco)*
el avance	Fortschritt
el sufragio femenino	Frauenwahlrecht
otorgar (g-gu)	verleihen, erteilen
la legislación	Gesetzgebung
discriminatorio, -a	diskriminierend → *discriminar*
el tratamiento	Behandlung
igualitario, -a	egalitär
el matrimonio	Ehe
un, a cónyuge	Ehemann, -frau → = *el esposo, la esposa*
instituir (-y-)	einführen
la dominación	Beherrschung
un valor	Wert
la incorporación	Integration, Eingliederung
adquirir (-ie-)	erlangen, erwerben
un, a juez, a	Richter/in → *juzgar (g-gu);* be-, (ver)*urteilen*
un, a médico, -a	Arzt/Ärztin
un, a ingeniero, -a	Ingenieur/in
conceder	zugestehen
un lazo	Band, Bindung
familiar	Familien-
mutuo, -a	gegenseitig → *E mutual*
el apoyo	Hilfe, Unterstützung → = *la ayuda*
cuidar	betreuen
un, a nieto, -a	Enkel/in
mayor	älter → ≠ *menor*
un, a viudo, -a	Witwe/r
un miembro	Mitglied
un barrio	(Stadt)Viertel
de costumbre	üblich, gewöhnlich → *una costumbre; Gewohnheit*
amplio, -a	weit reichend; umfassend
nórdico, -a	nordisch
pertenecer a (-zco)	(dazu)gehören
la sangre	Blut
un apellido	Nachname
cercano, -a	nahe → ≠ *lejano, -a*
formar parte de	gehören zu

Sociedad

Hasta se les nombra **padrinos** de algún hijo para que pertenezcan a ella de forma más explícita. En una **reunión** familiar no sólo están padres, hijos, hermanos, **cuñados**, tíos, nietos, **sobrinos** y **primos** en primer, segundo y hasta tercer **grado**, sino también padrinos, **familia política** y amigos. Así que en las fiestas familiares participan no menos de una buena **docena** de personas. Claro que esto ha ido cambiando en España, porque las **parejas** ya no tienen tantos hijos como antes y las familias se han ido **reduciendo**, mientras que en Latinoamérica las familias siguen **aumentando**.

Cambios en la estructura familiar
Una de las razones para tanto cambio en la situación familiar es que tanto en España como en Latinoamérica la situación económica ha cambiado y ha llevado a la incorporación de la mujer al **mercado laboral**. Cada vez hay menos familias con la estructura clásica de la madre como ama de casa y del padre como **único sustentador**. Esto **conlleva** cambios drásticos en las costumbres y **valores** familiares: la familia ya no come junta al mediodía porque no tiene tiempo de ir a casa, hay, por lo general una **canguro** que cuida a los niños. En las últimas **décadas** ha aumentado tanto la **separación** o el **divorcio** de los padres, como el número de parejas que **vive en cohabitación** antes de casarse y, por consiguiente también, los **nacimientos** fuera del matrimonio.

En España, las familias tienen menos hijos de los que afirman desear y esto se debe, sobre todo, a la **decreciente** influencia de la Iglesia católica y a **motivos** económicos. España, si se compara con el resto de los países de la Unión Europea, es uno de los que **cuenta con** menos **ayudas familiares**. Según un **informe** de la oficina de estadística comunitaria, Eurostat, en España sólo un 2,1% del **gasto** es **destinado a** la **protección social** de los **hogares**, es decir, es cuatro veces menor que el de la **media** europea que es de un 8,5%. Pero, como dato curioso, según el mismo informe, España tiene el porcentaje más alto para la **sanidad** y la **vejez**.

En Latinoamérica, por el contrario, casi la mitad de las familias vive **en condiciones de vida mínimas**, y sus **ingresos** no les **alcanzan** para adquirir la **canasta** familiar con los alimentos **indispensables**. Sin embargo, las familias latinoamericanas, y, sobre todo, las de **escasos recursos**, siguen creciendo lo cual no **facilita** el **sustento** económico, ya que ven en sus hijos la única posibilidad de **seguro de vejez** y, además, porque no usan ningún tipo de **método anticonceptivo**, bien porque no los conocen, bien porque no los pueden conseguir, bien por cuestiones de creencia.

Sociedad

un padrino, una madrina	Patenonkel/Patentante
una reunión	Versammlung → *reunirse*
un, a cuñado, -a	Schwager/Schwägerin
un, a sobrino, -a	Neffe/Nichte
un, a primo, -a	Cousin/Cousine
un grado	*hier:* Verwandschaftsgrad
la familia política	*durch Heirat verbundene Familien*
una docena	Dutzend → *E a dozen*
una pareja	(Ehe)Paar
reducir (-zco; -j-)	verkleinern → *E to reduce*
aumentar	zunehmen, sich vergrößern
el mercado laboral	Arbeitsmarkt
único, -a	einzige/r/s
un, a sustentador, a	Ernährer/in, Versorger/in
conllevar	mit sich bringen
un valor	Wert
un, a canguro	Babysitter → = *una niñera*
una década	Jahrzehnt
una separación	Trennung
el divorcio	Scheidung → *E divorce*
vivir en cohabitación	zusammenleben
el nacimiento	Geburt
decrecer (-zco)	abnehmen → ≠ *crecer (-zco)*
un motivo	Grund, Beweggrund → = *una causa*
contar con (-ue-)	*hier:* erhalten
la ayuda familiar	Familienbeihilfe
un informe	Bericht
el gasto	Ausgabe → *gastar*
destinar a	bestimmen für, zuweisen
la protección social	soziale Absicherung
un hogar	Haushalt
la media	Durchschnitt
la sanidad	Gesundheit(swesen) → = *la salud*
la vejez	Alter → ≠ *la juventud*
las condiciones de vida	Lebensbedingungen
en condiciones de vida mínimas	am Existenzminimum
los ingresos	Einkommen
alcanzar (z-c)	*hier:* ausreichen
una canasta	(Waren)Korb → = *una cesta*
indispensable	unerlässlich, unbedingt notwendig → = *necesario, -a*
escaso, -a	knapp, gering
los recursos	(finanzielle) Mittel
facilitar	erleichtern
el sustento	Unterhalt
un seguro de vejez	Altersversicherung
un método anticonceptivo	Verhütungsmethode

Sociedad

*La **tercera edad***
Los abuelos, los **ancianos**, los **viejitos**, son algunos de los términos que se emplean para determinar al grupo de personas que forman parte de la llamada tercera edad. En el mundo hispanohablante, el **promedio** de **esperanza de vida** es bastante alto. En España es de 81,5 años (para las mujeres), 74,5 años (para los hombres) y en Latinoamérica de 74 años (mujeres) y 68 años (hombres).

Que los abuelos fueran a vivir a casa de sus hijos era anteriormente lo más normal en España y Latinoamérica; hoy en día esto ha ido cambiando, sobre todo, en las grandes ciudades. Los ancianos comienzan a significar una **carga** para sus familias entre otras razones porque el **tamaño** de los pisos es mucho más pequeño que antes, las mujeres trabajan **fuera del hogar** y no hay quien haga las comidas diarias. Por esto, cada día más ancianos españoles y latinoamericanos viven solos o en **residencias**, **ancianatos** o **casas hogares**. Aunque existen muchos prejuicios hacia estas alternativas y tanto los hijos – cuando fueran mayores – como los abuelos preferirían vivir en casa de sus hijos con **parientes**, conocidos o amigos, para muchos es la única solución. Este tipo de residencias es más común en España que en Latinoamérica, aunque cada día existen más y mejores, pero también a precios bastante elevados, que sólo ciertas personas pueden pagar.

El **tiempo libre**

El tiempo libre en España
Según **encuestas** realizadas en los últimos años, solamente una **minoría** de los españoles preferiría tener más tiempo libre y menos trabajo. De los países **meridionales** de Europa es España uno de los países en que más horas se trabaja y menos vacaciones se tienen. Una de las razones para esto puede ser que el **presupuesto** no les alcance para viajes o, simplemente, que prefieran **invertir** su dinero en otras actividades diferentes al turismo; el 10% afirma no invertir ni un solo euro en el turismo.

El tiempo que tienen libre lo comparten con parientes y amigos, sin tener que hacer grandes viajes ni tener que salir de la ciudad. Así que, si hablamos del **ocio** de los españoles, las *****actividades** que más realizan en su tiempo libre son, **salir de copas**, comer bien, **charlar** con amigos y familiares, llevar a cabo actividades de tipo cultural, ir a la playa o a la montaña o bailar **danzas folclóricas**. Por otro lado, **practicar deportes** de **aventura**, pasar las horas **frente al** ordenador, ver **espectáculos** o desarrollar tareas que **tengan que ver con** la **formación personal** tienen menos importancia para ellos que para los alemanes, por ejemplo. Los factores decisivos para llevar a cabo una actividad y

Sociedad 6

la tercera edad	Rentenalter, Ruhestand
un, a anciano, -a	Greis/in
un, a viejito, -a	(LA) Alte/r → *(esp) una persona mayor*
el promedio	Durchschnitt
la esperanza de vida	Lebenserwartung
una carga	Last
el tamaño	Größe
fuera del hogar	außer Haus
una residencia (de ancianos)	Alten(wohn)heim, Altersheim
un ancianato	(LA) Altersheim
una casa hogar	(LA) (Wohn)Heim
un, a pariente	Verwandte/r
el tiempo libre	Freizeit
una encuesta	Umfrage → = *un sondeo*
una minoría	Minderheit → ≠ *una mayoría*
meridional	südlich, Süd-
el presupuesto	Budget
invertir (-ie-; -i-)	investieren, anlegen
el ocio	Freizeit; Muße, Nichtstun
salir de copas	ausgehen, einen Trinken gehen
charlar	sich unterhalten, schwatzen → *una charla*
una danza folclórica	Folkloretanz
practicar deporte	Sport treiben
un deporte de aventura	Abenteuersport(art)
frente a	vor
un espectáculo	(Theater)Aufführung
tener que ver con	mit etw. zu tun haben
la formación personal	persönliche Weiterbildung

Sociedad

no otra, dependen de que sea **entretenida** y de que les permita **relacionarse** con otras personas. Por lo tanto, es comprensible que los españoles no pasen más de una hora al día **navegando por Internet**.

Los españoles jóvenes se encuentran **raramente** en casa, pues es más **común** salir; por eso hay tanta vida afuera. La **gente mayor** se sienta en *****plazas** o en los *****bares**. Por la noche, después de la cena, que se toma a partir de las nueve de la noche; si no se sale, se ve la televisión con toda la familia y, en muchos casos, el **televisor** está **encendido** todo el tiempo antes, durante y después de la cena. Los españoles son las personas que más televisión ven en Europa, aunque ellos mismos lo **nieguen** por no estar bien visto, pero a la hora de conversar siempre **sale a relucir** el tema de los **programas televisivos**.

Aunque hoy en día los jóvenes españoles practiquen más deporte (16%) que hace 20 años (1,4%), todavía es muy poco comparado con otros países. Por otra parte, a la **lectura** le **dedican** hoy la mitad del tiempo que le dedicaban antes. El tipo de deporte depende de las **estaciones del año**: el **esquí** o el **fitness** en invierno; la **pesca**, la **caza**, el *****fútbol**, el *****voleibol**, nadar en el mar, montar en bicicleta o en **monopatín**, en verano; mientras que las actividades **caseras** son más **regulares** durante todo el año, independientemente de las condiciones climáticas. También el sexo influye en la realización de las actividades **deportivas**, pues el ocio femenino está en clara desventaja, ya que las mujeres tienden a **intercalar** las **tareas domésticas** con el tiempo libre, olvidándose muchas veces del tiempo de ocio para sí mismas.

El tiempo libre en Latinoamérica
El ocio en Latinoamérica es una cuestión socioeconómica. La **práctica** de las diferentes actividades de tiempo libre depende, al igual que la educación, de los ingresos económicos. Por eso, es muy difícil hablar de manera general de todos los latinoamericanos. Por motivos de costos de las **instalaciones** necesarias para practicar una u otra actividad, hay algunos deportes – el *****golf**, el *****tenis** – que son practicados por personas pertenecientes a clases sociales medias y altas. Otros como el **ciclismo**, a veces incluso como medio de transporte, o el fútbol son practicados por las clases sociales más bajas.

En Latinoamérica, las reuniones familiares, que incluyen a los amigos cercanos y a los parientes **lejanos**, son igual de importantes que en España. Hasta las vacaciones o los fines de semana se pasan con la familia y los amigos. Los domingos, los **hinchas** de los diferentes **equipos** de fútbol van al **estadio**. Los que no pueden **permitirse el lujo** de pagar la entrada, escuchan las **transmisiones** por radio o las ven en televisión. Al igual que el fútbol, las **telenovelas** o los **culebrones** son

Sociedad 6

entretenido, -a	unterhaltsam, lustig → *el entretenimiento; Unterhaltung*
relacionarse	Kontakt haben
navegar (g-gu) por Internet	im Internet surfen
raramente	selten
común	üblich
la gente mayor	die Alten, die Älteren
un televisor	Fernseher, Fernsehgerät
encender (-ie-)	(Fernseher) einschalten → ≠ *apagar (g-gu)*
negar (-ie-)	leugnen, verneinen
salir a relucir	zur Sprache kommen
un programa televisivo	Fernsehsendung
la lectura	Lesen
dedicar (c-qu)	(Zeit) widmen
una estación del año	Jahreszeit
el esquí	Skifahren → *esquiar*
el fitness	Fitnessstudio
la pesca	Angeln → *pescar (c-qu)*
la caza	Jagd → *cazar (z-c)*
un monopatín	Skateboard
casero, -a	Indoor-, häuslich
regular	regelmäßig, konstant
deportivo, -a	sportlich
intercalar	einfügen, einschieben
una tarea doméstica	Hausarbeit
la práctica	*hier:* Ausübung
una instalación	Einrichtung, (Sport)Anlage
el ciclismo	(Fahr)Radfahren → *una bicicleta*
lejano, -a	entfernt → ≠ *cercano, -a*
un, a hincha	Fan
un equipo	Mannschaft
un estadio	Stadion
permitirse el lujo	sich leisten → △ *el lujo; Luxus*
una transmisión	Übertragung
una telenovela	Seifenoper, Fernsehserie
un culebrón	Seifenoper, Fernsehserie

de especial importancia para los latinoamericanos. Éstos representan uno de los temas de conversación más importantes en todas las clases sociales. En los barrios más pobres, donde ni siquiera cuentan con **agua potable**, se pueden ver las grandes *****antenas parabólicas** que sobresalen de los **techos** de sus **chozas**.

Los fines de semana, la clase media y alta, por lo general, va a las **fincas** propias o de los amigos a las **afueras de la ciudad** donde viven. Los más **pudientes** tienen grandes **latifundios**, y los otros simplemente una casita. Si no se sale de la ciudad, los más ricos van a sus **clubes sociales** o **deportivos**, donde cuentan con todo tipo de **recreaciones** para toda la familia: piscinas, tenis, equitación, golf, restaurantes, etc. Los de menos recursos salen a las plazas de las ciudades y pueblos a caminar y a comer toda clase de **golosinas**, que se venden en las **esquinas**.

En la noche, la mayoría sale a bailar, al cine o a comer. El cine tiene una gran **acogida** por ser una **diversión** no muy costosa. Las películas que se presentan, en su mayoría, no son **dobladas**, así que tienen **subtítulos** en español.

La *religión

El desarrollo de la religión en España – tres culturas, tres religiones
España representó un ejemplo de *****tolerancia** religiosa durante la edad media. Durante este periodo, **conviven** tres culturas, tres lenguas y tres diferentes religiones: la *****árabe** – el *****islam**, la **judía** – el **judaísmo** y la **cristiana** – el **cristianismo**. Parece ser que los judíos llegaron a España ya con los romanos, que los toleraban, pero no les permitían ni poseer tierra ni casas.

En el año 409 empezaron las dificultades para los judíos con la llegada de los **visigodos**, quienes conquistaron a los romanos y no *****toleraban** a los judíos. Con la conquista de los **musulmanes** sobre los visigodos en el año 711 empezó una época más **relajada** para los judíos, pues las **similitudes** entre estas dos culturas facilitaron la mezcla y la convivencia de las mismas. Los judíos tuvieron la oportunidad de construir *****sinagogas** y **fortalecer** su religión y su cultura.

En 1492 comenzaron de nuevo los problemas con un **decreto** de **expulsión** por parte de los Reyes Católicos. Los judíos tenían dos posibilidades: quedarse en España o marcharse. Si se quedaban, estaban **obligados a *convertirse** a la **fe** cristiana, a renunciar a sus **creencias** y *****tradiciones** y a ser, en cualquier momento, **juzgados** por el **Tribunal** de la *****Inquisición** y ser **sometidos** a **torturas**. Si **optaban por** la segunda posibilidad, tenían que dejarlo todo y pasaban a ser

Sociedad 6

el agua potable	Trinkwasser → ⚠ *el agua (f)*
un techo	Dach
una choza	Hütte, Bruchbude
una finca	Landgut
las afueras de la ciudad	Stadtrand
pudiente	wohlhabend
un latifundio	Großgrundbesitz → *un, a latifundista;* *Großgrundbesitzer/in*
un club social	exklusiver Klub
un club deportivo	Sportclub
la recreación	Zerstreuung, Zeitvertreib
una golosina	Süßigkeit
una esquina	Ecke (außen) → ⚠ *el rincón; Ecke (innen)*
una acogida	Empfang; *hier:* Zulauf → *acoger (g-j); aufnehmen, empfangen*
la diversión	Vergnügen, Zeitvertreib
doblar	(Film) synchronisieren
un subtítulo	Untertitel
convivir	zusammenleben → *la convivencia*
judío, -a	jüdisch
el judaísmo	Judentum
cristiano, -a	christlich
el cristianismo	Christentum
un, a visigodo, -a	Westgote/in
un musulmán, una musulmana	Muslim/e
relajar(se)	(sich) entspannen
una similitud	Ähnlichkeit → *símil*
fortalecer (-zco)	kräftigen, stärken → *fuerte*
un decreto	Beschluss, Verordnung, Erlass
la expulsión	Ausweisung; Vertreibung
obligar a	zu etw. zwingen
la fe	Glaube
la creencia	Glaube → *creer en Dios*
juzgar (g-gu)	verurteilen
un tribunal	Gericht
someter (a la tortura)	(der Folter) unterziehen
la tortura	Folter
optar por	sich entscheiden für, wählen

Sociedad

exiliados judeo-españoles o **sefardíes** en otra parte del mundo. Los musulmanes, por su parte ya habían sido expulsados de los territorios peninsulares dos años antes. De esta manera y desde entonces, el catolicismo se convirtió en la religión principal de los españoles hasta nuestros días.

En la época franquista, el catolicismo, fue la **religión del Estado** y, por tanto, cualquier otra religión estaba prohibida. En 1978, la Constitución **estableció** la **separación** de Iglesia y Estado, el **laicismo**, y existe desde entonces la **libertad de culto**. Hoy en día, el 83% de los españoles se define como **creyente** católico, el 2% **profesa** otra religión y el 14% se considera **ateo** o *agnóstico.

La evangelización de América Latina – tres culturas, tres religiones
El cristianismo llegó a América junto con el descubrimiento en 1492. Por un lado, los indígenas fueron **evangelizados** y **bautizados** a la fuerza, también se les obligó a dejar sus creencias religiosas y se destruyeron sus *templos. Al hacerlos cristianos, los hacían **súbditos** del Rey de España y tenían la obligación de trabajar para él y pagar **impuestos**. De no convertirse, eran quemados o **torturados**. Por otro lado, también hubo **integrantes** de la Iglesia católica, como Fray Bartolomé de las Casas, que actuaron como **protectores** de los derechos de los indígenas e intentaron que fueran tratados como **seres humanos**.

Más tarde, en la época de la **esclavitud**, se trajo a los africanos como *esclavos a América. La Iglesia católica repitió el mismo proceso con los negros que con los indígenas. Los africanos, por su parte, trajeron consigo sus *ritos, que se mezclaron con las creencias indígenas y con el cristianismo. Así que en Latinoamérica los ritos religiosos son el resultado del **sincretismo** de tres culturas: la indígena, la africana y la cristiana. Estas mezclas han perdurado hasta hoy en día, no sólo en los *rituales, sino en las creencias y en la vida diaria. No es raro ver a alguien que va a la iglesia y después haga **brujerías** para **espantar** a los malos **espíritus** o que la **Virgen** de Guadalupe, la patrona de la Ciudad de México, tenga la **apariencia** de una india **morena**.

La iglesia católica con dos caras
En el presente, la mayoría de los latinoamericanos son católicos, ya sea por creencia o por tradición. Los *teólogos cristianos en Latinoamérica se han dividido en dos **bandos**: los que siguen formando parte de la Iglesia católica *tradicionalista y los que apoyan la **teología de la liberación**. Estos últimos son los que **están del lado de** los pobres para defenderlos. Los teólogos de la liberación dicen que el *evangelio de *Jesucristo es un **mensaje** de libertad y una **fuerza** de liberación. Por eso, reclaman la liberación de **múltiples** esclavitudes **de orden cultural**,

Sociedad

los sefardíes	Sephardim, spanische Juden
la religión del Estado	Staatsreligion
establecer (-zco)	festlegen, festsetzen
la separación	Trennung → *separar*
el laicismo	religiöse Neutralität
la libertad de culto	freie Religionsausübung
un, a creyente	Gläubige/r
profesar	(Religion) ausüben
ateo, -a	atheistisch
la evangelización	Evangelisierung
evangelizar (z-c)	zum Evangelium bekehren
bautizar (z-c)	taufen
un, a súbdito, -a	Untertan/in
los impuestos	Steuern
torturar	foltern
un, a integrante	Mitglied → = *un miembro*
un, a protector, a	Beschützer/in
un ser humano	Mensch, menschliches Wesen
la esclavitud	Sklaverei → *un, a esclavo, -a*
el sincretismo	Verschmelzung, Vermischung
una brujería	Hexerei, Zauberei → *una bruja; Hexe*
espantar	vertreiben
un espíritu	Geist
una virgen	Jungfrau → *E virgin*
la apariencia	Aussehen
moreno, -a	dunkelhäutig, braun
un bando	Partei
la teología de la liberación	Befreiungstheologie
estar del lado de alguien	auf jemandes Seite sein
un mensaje	Botschaft
la fuerza	Kraft
múltiple	vielfältig
de orden cultural	kulturell → ⚠ *el orden; Ordnung, Bereich*

Sociedad

económico, social y político. Esta corriente de la Iglesia se propone a **condenar** los abusos, las **injusticias** y los **ataques** a la libertad y luchar, con sus propios medios, por la defensa y **promoción** de los derechos del hombre, especialmente en la persona de los pobres. Esto ha traído consecuencias **fatales** para sus seguidores. Muchos de ellos, como el obispo y teólogo de la liberación, Óscar Romero, han sido asesinados, torturados o expulsados, pues se convierten en una **amenaza** para algunos Gobiernos o para otros grupos sociales.

Las minorías

Los inmigrantes en España
En España, como en todas partes del mundo, existen los **clichés** y las ideas **estereotipadas** sobre ciertos grupos étnicos. En los últimos años han aumentado aquí los actos de **violencia** contra inmigrantes. España era hasta hace pocos años, y sobre todo en los años 60, un país de **emigración** a causa del escaso desarrollo industrial de las primeras décadas del franquismo. Los españoles se iban a otros países de Europa y a Hispanoamérica a buscar trabajo. Sin embargo, hoy en día, se ha convertido en un país que **acoge a** miles de **emigrantes** legales o ilegales. Algunas regiones como Andalucía, las Isalas Canarias o Cataluña, bien por su **situación geográfica** o su situación económica, han recibido más emigrantes que otras. En los últimos años, a España han llegado muchos hispanoamericanos y africanos, sobre todo, de Marruecos. Cabe recordar que España y Marruecos están separados por sólo 12 kilómetros de **distancia**, que son que un **paso** muy **propicio** para su viaje legal o ilegal. A esta ruta se ha sumado la de Canarias que es más larga y más peligrosa.

Es muy común leer en los periódicos a diario los dramas de las **pateras** encontradas en las costas españolas y la cantidad de muertos y **náufragos**, víctimas del intento de llegar a cualquier parte de España **clandestinamente** en busca de una mejor vida. El número de **detenciones** de ilegales en el momento de su llegada a través de la costa es alarmante. Según datos del **Ministerio del Interior**, sólo en los meses de junio y julio de 2002, fueron **detenidos** más de 2000 «sin papeles» en las costas, y más de 8000 inmigrantes de enero a octubre en el puerto de Algeciras, provincia de Cádiz. La verdad es que, de los que logran **sobrevivir** al viaje, sólo algunos encuentran trabajo. Trabajan sobre todo en el servicio doméstico, la prostitución, la ***industria textil**, la agricultura y en diferentes **campos** en los que los **patronos** necesitan **mano de obra** barata. El trabajo a tan bajo precio se logra obtener, en muchos casos, por medio del **chantaje** de la **denuncia** de su ***ilegalidad**.

Sociedad

condenar	verurteilen, verdammen
la injusticia	Ungerechtigkeit → *injusto, -a*
un ataque	Angriff
la promoción	Förderung
fatal	tödlich
una amenaza	Bedrohung
una minoría	Minderheit
un, a inmigrante	Einwanderer
un cliché	Klischee
estereotipado, -a	stereotyp, klischeehaft
la violencia	Gewalt → *E violence*
la emigración	Auswanderung
acoger a (g-j)	aufnehmen
un, a emigrante	Auswanderer/in
la situación geográfica	geographische Lage
la distancia	Entfernung
un paso	Übergang
propicio, -a	günstig → = *favorable*
una patera	kleines Holzboot
un, a náufrago, -a	Schiffbrüchige/r
clandestino, -a	heimlich
una detención	Verhaftung, Festnahme
el Ministerio del Interior	Innenministerium
detener (konj wie tener)	verhaften, festnehmen
sobrevivir	überleben
un campo	Bereich, Gebiet
un, a patrono, -a	Arbeitgeber/in
la mano de obra	Arbeitskraft
el chantaje	Erpressung → *chantajear; erpressen*
la denuncia	(Straf)Anzeige

Sociedad

A causa de la inmigración masiva que ha habido en los últimos años, en 2003 el Gobierno aprobó un proyecto para *reformar por tercera vez la Ley de Extranjería, en la que se estableció el procedimiento de regularización de los extranjeros que hubieran llegado a España. Alrededor de 220 000 inmigrantes, provenientes fundamentalmente de Marruecos, Ecuador y Colombia, presentaron sus documentos, de los cuales más de 85 000 han recibido respuesta favorable.

Inmigrantes ilegales tratando de llegar a España

Con esta nueva reforma se favorece la inmigración legal y se garantiza su integración y convivencia en la sociedad española. Junto con el visado se otorga tanto el permiso de residencia como el de trabajo. La reforma, por otra parte, lucha contra los inmigrantes ilegales, no admitiendo solicitudes sin fundamentos ni tampoco las presentadas por extranjeros que ya estén viviendo en España de forma ilegal. Una manera de detectar a los ilegales es con la obligación que tienen las compañías de transporte de informar a las autoridades qué pasajeros han entrado al país como turistas y quienes no han hecho uso de su billete de regreso.

Gitanos

Mucho antes de todo esto, ya en el siglo XV, llegaron supuestamente de India los gitanos a España. Llegaron a una España armoniosa en la que convivían tres culturas pacíficamente. Así que los gitanos fueron bien acogidos y hasta vistos con simpatía. Pero la vida les cambió con la llegada de los Reyes Católicos al poder, con quienes comenzaron las represiones sin límites que siguen sufriendo desde hace ya cinco siglos. Los gitanos viven fundamentalmente en las zonas de Andalucía y Extremadura. Como en todo hay dos caras de la moneda: por un lado existen los gitanos profesionales o los vendedores ambulantes que se ganan la vida de forma digna. Por otro lado, están los gitanos

Sociedad 6

la Ley de Extranjería	Ausländergesetz
el procedimiento	Vorgehen, Vorgehensweise
la regularización	Legalisierung, Normalisierung
los documentos	(Ausweis)Papiere → △*el DNI (Documento nacional de Identidad); Personalausweis*

un visado	Visum
otorgar (g-gu)	erteilen; ausstellen
el permiso de residencia	Aufenthaltsgenehmigung
el permiso de trabajo	Arbeitserlaubnis
una solicitud	Antrag, Gesuch
un fundamento	Grund(lage)
detectar	entdecken, ausfindig machen
una compañía de transporte	Verkehrs-, Transportgesellschaft
una autoridad	Behörde, Amt
un billete de regreso	Rückfahrschein, Rückflugticket

un, a gitano, -a	Zigeuner/in
armonioso, -a	harmonisch
pacífico, -a	friedlich → *la paz*
el poder	Macht → *poderoso, -a; mächtig*
la represión	Unterdrückung
un límite	Grenze → *E limit*
fundamentalmente	vor allem, im Wesentlichen
las dos caras de la moneda	die zwei Seiten der Medaille
un, a vendedor, a ambulante	Straßenverkäufer/in
digno, -a	anständig, ehrenwert

Sociedad

que viven en la miseria, en **chabolas** en las cuales forman **guetos marginados** totalmente. Pero todos ellos conservan características comunes como son su **baile**, sus costumbres y su idioma, que es una de las lenguas más antiguas, hablada todavía por unos quince millones de personas en el mundo y **transmitida** oralmente de *****generación** en generación.

Los indígenas en Latinoamérica
Las minorías en Latinoamérica no son minorías desde el **punto de vista numérico**. Los países de América Latina presentan una **sociedad *dual**, o sea, que hay dos mundos en un mismo mundo: el tercero y el primero. Las tensiones no son principalmente **ocasionadas** por la convivencia de diferentes razas, sino por la desigualdad económica, por el **abismo** que existe entre una minoría de ricos y una mayoría de pobres. La lucha no es sólo étnica, sino que se trata de una **lucha de clases**.

En Bolivia, por ejemplo, existe la discriminación desde los tiempos de la **colonización**. En aquel tiempo ya se crearon las **bulas papales** con las que **relegaban** a los indígenas, porque el poder lo tenían los **recién** llegados y no los **nativos**. Hoy en día en Bolivia viven 4 millones de indígenas divididos en 35 pueblos, es decir, la mitad de la población total del país. A pesar de que los blancos son una minoría, el poder político está en sus manos y los indígenas se ven **privados de** las necesidades básicas, de **servicios de salud**, de educación, de la **propiedad** de la tierra y de la participación en decisiones políticas importantes.

Las organizaciones indígenas luchan contra la **política indigenista** y, en los últimos años, han sido bastante activas en todos los países con población india. Sus métodos de lucha han sido muy diversos: desde **manifestaciones** pacifistas, **marchas**, reuniones, *****rebeliones** hasta luchas armadas. Lo que quieren conseguir con esto es la **reivindicación** de su cultura, el derecho a ser diferentes, el derecho político, social y humano. Las respuestas recibidas varían entre discursos vacíos, **engaños**, **asesinatos**, **encarcelamientos**, **desapariciones**, ayudas económicas, cambios en las constituciones, programas educativos, culturales y hasta deportivos.

Negros
Los negros fueron traídos **mayoritariamente** de la costa **occidental** africana como mano de obra, ya que los indios eran más débiles. Se dice que, entre 1492 y 1789, llegaron 13 750 000 negros esclavos a América. Muchos de los esclavos fueron **liberados** con la ley de la «libertad de vientres», que hacía libre a todos los hijos que nacieran de los esclavos, pero esto no terminó con el racismo; muchos de ellos tuvieron que volver a sus **antiguas** vidas por no conocer otra, por

Sociedad

una chabola	Baracke
un gueto	Getto
marginar	ausgrenzen, ausschließen
un baile	Tanz → *bailar*
transmitir	überliefern
un punto de vista	Gesichtspunkt, Standpunkt, Perspektive
numérico, -a	numerisch, zahlenmäßig
la sociedad	Gesellschaft
ocasionar	verursachen
un abismo	Kluft, Abgrund → *E abyss*
una lucha de clases	Klassenkampf
la colonización	Kolonisierung
una bula papal	päpstliche Bulle
relegar (g-gu)	*hier:* verbannen
recién	soeben, neu, frisch
un, a nativo, -a	Einheimische/r
privado, -a de	ohne → *privar de; wegnehmen, berauben*
el servicio de salud	Gesundheitsversorgung
una propiedad	Eigentum, Besitz
la política indigenista	*Politik, die sich mit der indigenen Bevölkerung beschäftigt*
una manifestación	Demonstration → ☹ *la demostración; Beweis*
una marcha	(Protest)Marsch
la reivindicación	Forderung (nach), Anspruch (auf)
un engaño	Täuschung, Betrug
un asesinato	Mord → *un, a asesino, -a; Mörder/in*
el encarcelamiento	Inhaftierung → *la cárcel; Gefängnis*
la desaparición	Verschwinden
mayoritariamente	überwiegend
occidental	westlich, abendländisch → ≠ *oriental*
liberar	befreien
antiguo, -a	ehemalig

Sociedad

no tener **herramientas** ni acceso a un **puesto de trabajo**. Los negros constituían la **casta** más baja y la siguen constituyendo hasta nuestros días. El Instituto Argentino contra la Discriminación y la **Xenofobia** (INADIX) dice que el 30,5 % de las **denuncias** son hechas por personas marginadas por su nacionalidad o su etnia. En Argentina, como en muchos países de América Latina, siendo negro es muy difícil **conseguir** un trabajo, un buen estudio o una vivienda.

El tercer mundo

Una persona que visite un país de Latinoamérica tiene que quedar **sorprendida** al ver estos dos mundos. Por un lado, en los **barrios populares** o en el campo, puede encontrarse con la pobreza extrema y, por el otro, en los barrios de las clases altas, con todo tipo de **comodidades** con las que ni siquiera hubiera **soñado**. Todo parece no ser un gran problema hasta que siente la **inseguridad**, ve las **protecciones** y a los **guardianes**, pobres también, **defendiendo** a los ricos de los pobres. Esta es una descripción típica de los países del llamado tercer mundo. Algunas de sus características son: alimentación insuficiente, **deficiencias** en la salud, altas **tasas** de **mortalidad infantil** y analfabetismo, mucha agricultura con baja *productividad, industrialización incompleta, dependencia económica, **debilidad** de las clases medias, desempleo y trabajo infantil, elevado **crecimiento** *demográfico.

Según el Informe sobre el Desarrollo Humano de 2001 de las Naciones Unidas para el Desarrollo, América Latina cuenta con una de las mayores **desigualdades a nivel mundial**. La **distribución** de ingresos en Latinoamérica es muy desigual. En Nicaragua, por ejemplo, los ricos ganan 28 veces más que los pobres. En Chile, que se supone que es un país más **próspero**, la desigualdad también es **inmensa**: los más ricos ganan 18 veces más que los pobres. Para poder hacerse una idea de lo que esto significa hay que compararlo con los países de Europa occidental, donde la diferencia normal entre ricos y pobres es de siete veces.

La desigualdad de los **países en vías de desarrollo** o **subdesarrollados** es un **círculo vicioso** difícil de romper. La educación es lo más importante para acabar con la pobreza, pero la educación cuesta dinero. Los hijos del 30 % de la población más pobre, que vive con menos de dos dólares al día, gasta 100 dólares al año en educación y una familia rica paga unos 5000 dólares al año. El hijo de la familia pobre puede ir a la escuela 4 ó 6 años, mientras que el niño rico podrá **asistir** unos 16 ó 18 años. Sin educación suficiente es imposible encontrar un buen **empleo** y, sin un buen empleo, no podrá nunca ganar lo suficiente para poder pagar más dinero para una mejor educación para sus hijos…

Sociedad

una herramienta	Werkzeug
un puesto de trabajo	Arbeitsplatz
una casta	Kaste
la xenofobia	Fremdenfeindlichkeit
una denuncia	(Straf)Anzeige
conseguir (e-i; gu-g)	erhalten, erlangen
el tercer mundo	Dritte Welt
sorprender	überraschen
un barrio popular	Arbeiterviertel
las comodidades	Annehmlichkeiten, Komfort
soñar (-ue-) con	träumen von → *un sueño*
la inseguridad	Unsicherheit
la protección	*hier:* Schutzvorkehrung
un guardián, una guardiana	Wächter/in
defender (-ie-)	verteidigen, schützen
una deficiencia	Mangel → *E deficiency*
una tasa	Rate, Quote
la mortalidad infantil	Kindersterblichkeit
la debilidad	Schwäche → *débil; schwach*
el crecimiento	Wachstum
la desigualdad	Ungleichheit
a nivel mundial	weltweit
la distribución	Verteilung → *distribuir (-y-)*
próspero,-a	wohlhabend, florierend
inmenso,-a	immens, unermesslich
subdesarrollado,-a	unterentwickelt
un país en vías de desarrollo	Entwicklungsland
un círculo vicioso	Teufelskreis → *E vicious circle*
asistir	(Schule) besuchen
un empleo	Job, Stelle, Beschäftigung

Sociedad

Por otra parte, la **dependencia económica** de las **grandes potencias** es inmensa. Los precios de las **materias primas**, como el café, los plátanos, los minerales, entre otros, de los países subdesarrollados son impuestos por los países desarrollados; la deuda externa también los hace dependientes. Este **dominio** de las grandes potencias sobre estos países independientes, lo único que **persigue** es asegurar la **explotación** de sus recursos económicos para así tener su control y mantener las **ventajas** económicas; pero también buscan la **fidelidad** diplomática de estos países.

Salud

La Seguridad Social en España
Todo trabajador **por cuenta ajena**, es decir **contratado**, ha de **cotizar**, por una parte, a **Hacienda** con el llamado IRPF o **impuesto sobre la renta de las personas físicas**, que se dirige a pagar el impuesto sobre la renta y, por otra, a la Seguridad Social. Esta última **aportación** se dirige a la futura **pensión**, a un **seguro de desempleo** – el **paro** como corrientemente se le llama – y al **seguro médico**.

Con la cada vez más alta **esperanza de vida** y el aumento de los **gastos médicos** se hace cada vez más difícil la *financiación de la Seguridad Social. Por eso, para garantizar estas **prestaciones sociales**, en los últimos años se han tomado algunas medidas como:

- el **aumento** de los años trabajados para el **cálculo** de las pensiones;
- favorecer el **retraso** de la edad de **jubilación** mediante ventajas **fiscales** para las empresas que tengan en su **plantilla** trabajadores mayores de 65 años;
- fomentar los **fondos de pensiones** a través de **bonificaciones** fiscales y
- reformar el mercado de trabajo, entre otras formas, con nuevos tipos de contratos y la *flexibilización del **despido**.

El seguro médico en España
En España el **sistema sanitario** público depende de la correspondiente Comunidad Autónoma. En general, puede **calificarse** de bueno, aunque siempre depende de los **ambulatorios** y hospitales que se encuentren cercanos al *paciente, ya que éste no puede elegir médico ni hospital, sino que se lo **asignan**. No obstante, si el paciente no está satisfecho con su médico, puede **solicitar** el cambio, pero siempre entre los médicos que trabajen en su ambulatorio.

Otro **inconveniente** de este sistema es que algunas **especialidades** médicas están muy **masificadas** y muchos pacientes tratan de evitar

Sociedad 6

la dependencia	Abhängigkeit
económico, -a	wirtschaftlich
una gran potencia	Großmacht
una materia prima	Rohstoff
el dominio	Beherrschung, Herrschaft → *dominar*
perseguir (e-i; gu-g)	verfolgen, anstreben
la explotación	Ausbeutung
una ventaja	Vorteil → ≠ *una desventaja*
la fidelidad	Treue → *fiel; treu*
la Seguridad Social	Sozialversicherung
por cuenta ajena	auf fremde Rechnung → ≠ *por cuenta propia; auf eigene Rechnung*
contratar	einstellen, anstellen
cotizar (z-c)	Beiträge zahlen
la Hacienda	Steuerbehörde
el impuesto sobre la renta (de las personas físicas) IRPF	Einkommenssteuer (für natürliche Personen)
una aportación	Beitrag → = *una contribución*
la pensión	Rente
el seguro de desempleo	Arbeitslosenversicherung
el paro	Arbeitslosigkeit; *hier:* Arbeitslosenversicherung
el seguro médico	Krankenversicherung
la esperanza de vida	Lebenserwartung
el gasto	Kosten, Ausgabe
médico, -a	medizinisch
la prestación social	Sozialleistung
un aumento	Zunahme, Erhöhung → ≠ *la disminución*
el cálculo	Berechnung → *calcular*
un retraso	hinauszögern, Aufschieben → *retrasar*
la jubilación	Rente, Ruhestand,
fiscal	Steuer-
una plantilla	Belegschaft
un fondo de pensiones	Pensionsfonds
una bonificación	Ermäßigung
el despido	Entlassung
el sistema sanitario	Gesundheitssystem
calificar (c-qu)	bezeichnen, beurteilen
un ambulatorio	Ambulanz → ⊗ *la ambulancia; Krankenwagen*
asignar	zuweisen
solicitar	beantragen → *una solicitud; Antrag*
un inconveniente	Nachteil, Schwachpunkt
una especialidad	Fachgebiet → *un, a especialista médico, -a; Facharzt/ärztin*
masificado, -a	überfüllt

Sociedad

las **listas de espera** con un **seguro privado**. Los **funcionarios** o los **miembros** de las **Fuerzas de Seguridad del Estado** (Guardia Civil, Policía y Ejército) pueden elegir entre la Seguridad Social o algún seguro privado, al igual que los **trabajadores autónomos**.

Las condiciones de salud en Latinoamérica
Los sistemas de seguridad social y de salud de Latinoamérica están **atravesando** momentos críticos en la economía, organización y administración también. En la práctica, sin embargo, sólo una minoría de la población tiene la suerte de contar con estos seguros. En Bolivia, por ejemplo, la Seguridad Social sólo **cubre** al 24% de la población y en 1956, cuando se creó esta seguridad, la **cobertura** era del 20%. El resto de la población no cuenta con la atención médica mínima necesaria y **ni hablar** de un seguro social ni de un seguro médico, además de vivir en condiciones **precarias**: sin acceso a agua potable; sin servicios de **alcantarillado** para las **aguas negras**; con un alto índice de **desnutrición** *crónica y falta de acceso a medicamentos **esenciales**.

El sistema de sanidad en Bolivia
Según el informe de 2001 del PNUD (Programa de Naciones Unidas para el Desarrollo), Bolivia ocupa uno de los últimos lugares en el índice de **desarrollo humano** entre todos los países hispanohablantes casi **a la par** con Nicaragua, Honduras y Guatemala. Las causas de los problemas de salud podrían generalizarse para muchos de los países de Latinoamérica y el Caribe:

- la situación geográfica y la **falta** de medios de transporte de gran parte de la población dificulta el acceso a los **puestos de salud**;
- falta de cobertura de los servicios de salud;
- problemas de comprensión entre la población indígena y los médicos;
- la marginación y **exclusión** de muchos grupos de la población y su pobreza (más del 70% de la población total que vive en las zonas rurales es pobre);
- **desconfianza** en la medicina occidental; prefirieren la medicina de los **hierbateros** o **curanderos**.

La tasa de mortalidad está entre las peores y varía de gran manera entre las zonas rurales y las urbanas. La gente pobre de las zonas rurales muere por enfermedades tan simples como una **diarrea** o una *infección respiratoria y no recibe las **vacunas** esenciales distribuidas por el Gobierno. Igual pasa con el **paludismo**, la *malaria, la **tuberculosis** y todas estas enfermedades **transmitidas** por mosquitos o **bacilos** que prácticamente se han **erradicado** en las zonas urbanas.

Sociedad 6

una lista de espera	Warteliste
un seguro privado	Privatversicherung
un, a funcionario, -a	Beamte/r
un miembro	Mitglied
las Fuerzas de Seguridad del Estado	staatliche Sicherheitskräfte
un, a trabajador, a autónomo, -a	Selbstständige/r
atravesar (-ie-)	durchmachen
cubrir	abdecken
la cobertura	(Ab)Deckung
ni hablar	nicht einmal, geschweige denn
precario, -a	heikel
el alcantarillado	Kanalisationsnetz
las aguas negras	Abwässer
la desnutrición	Unterernährung, Mangelernährung
esencial	notwendig, unerlässlich
la sanidad	Gesundheit → = *la salud*
el desarrollo humano	menschliche Entwicklung
a la par	gleich, auf gleicher Höhe
la falta	Fehlen, Mangel
un puesto de salud	Gesundheitsposten
la exclusión	Ausschluss
la desconfianza	Misstrauen
un, a hierbatero, -a	(LA) Heiler, Kräuterdoktor → *las hierbas; Kräuter*
un, a curandero, -a	Medizinmann
una diarrea	Durchfall
respiratorio, -a	Atemwegs-
una vacuna	Impfung
el paludismo	Malaria
la tuberculosis	Tuberkulose
transmitir	übertragen
un bacilo	Bazillus
erradicar (c-qu)	ausmerzen

Sociedad

En Bolivia, se ha estado tratando de cambiar este sistema de salud pública **elitista** con reformas como el **Seguro de Maternidad y Niñez** o el **Seguro de Salud de la Vejez**, con el fin de que la salud sea un derecho de toda la población y que todo el mundo, en caso de necesidad o a manera de **prevención**, pueda ser atendido por un **médico general** o un **especialista: oftalmólogo, pediatra, ginecólogo, dermatólogo**. Lamentablemente, sin mayor éxito, ya que estas reformas no dependen de los médicos sino del sistema económico.

Las *drogas

Hay diferentes **adicciones** como el ***alcoholismo**, el **tabaquismo** y la **drogadicción**. Se habla de un **vicio** o adicción cuando el uso de algo es frecuente y su **consumo** excesivo, creando así una dependencia **física** y ***psicológica**. El consumo de éstos es un problema muy serio de salud pública tanto por las consecuencias como por los costes que causa.

El consumo de ***drogas legales**, como el tabaco y el alcohol, está apoyado por la **publicidad** y por la **accesibilidad**. Mucha gente piensa que no son tan **nocivos** como las drogas fuertes y los consumen en situaciones **estresantes** o en actividades sociales. En España, el tabaco resulta ser la principal causa de mortalidad **prematura** y **evitable**, ocasionando el **cáncer de pulmón**, enfermedades **cardiovasculares** y respiratorias. El **abuso** crónico del alcohol durante mucho tiempo también causa cáncer, enfermedades de **hígado** y **úlceras**.

Los **consumidores** de drogas **ilícitas** son menos que los **fumadores** o los que toman alcohol. Lamentablemente, su número está aumentando de tal manera que hoy en día cerca del 4% de la población mundial es consumidora de ***drogas ilegales** como la ***marihuana**, ***cocaína**, ***crack** y **éxtasis**. Éstas pueden causar **pérdidas severas de peso**, elevaciones peligrosas de la **presión sanguínea**, **ataques de corazón**, enfermedades **pulmonares** como la ***bronquitis**, trastornos ***emocionales** y

Sociedad 6

elitista	elitär
el Seguro de Maternidad y Niñez	*Versicherung mit bes. Leistungen während der Schwangerschaft, für das Neugeborene u. Kinder bis 5 Jahre*
el Seguro de Salud de la Vejez	etwa: (Alters)Pflegeversicherung
la prevención	Prävention, Vorbeugung
un, a médico, -a general	Allgemeinarzt
un, a especialista	Facharzt
un, a oftalmólogo, -a	Augenarzt/in
un, a pediatra	Kinderarzt/in
un, a ginecólogo, -a	Frauenarzt/in
un, a dermatólogo, -a	Hautarzt/in
una adicción	Sucht → *E addiction*
el tabaquismo	Nikotinsucht
la drogadicción	Drogenabhängigkeit
un vicio	Laster → ≠ *una virtud*
el consumo	Einnahme, Konsum
pasar factura	Rechnung präsentieren
físico, -a	körperlich, physisch
la publicidad	Werbung
la accesibilidad	Zugänglichkeit
nocivo, -a	schädlich
estresante	stressig
prematuro, -a	frühzeitig
evitable	vermeidbar → ≠ *inevitable*
el cáncer de pulmón	Lungenkrebs
cardiovascular	Herz-Kreislauf-
el abuso	Missbrauch → *E abuse*
el hígado	Leber
una úlcera	Geschwür
un, a consumidor, a	Konsument/in
ilícito, -a	unerlaubt, verboten
un, a fumador, a	Raucher/in
el éxtasis	Extasy
una pérdida severa de peso	ernster Gewichtsverlust
la presión sanguínea	Blutdruck
un ataque de corazón	Herzanfall
pulmonar	Lungen- → *el pulmón; Lunge*
un trastorno	Störung, Verwirrung

Sociedad

hasta **enfermedades mentales**. Además de que muchos drogadictos que utilizan **jeringuillas se infectan** con el *****virus** del **SIDA**.

Casi todas las naciones del mundo están buscando soluciones para disminuir el consumo de todo tipo de drogas **perjudiciales** para la salud. Algunos intentos son:

- *****campañas** para la prevención en las escuelas;
- la publicidad en contra del consumo de drogas;
- leyes que prohíben la venta, la compra y el llevar consigo cualquier tipo de droga ilícita;
- leyes contra el **lavado** de dinero proveniente de la droga por parte de la *****mafia** y los **traficantes**;
- **sustitución** de las plantaciones **cocaleras** por otro tipo de cultivo lucrativo;
- la creación de centros de *****rehabilitación** para *****alcohólicos**, fumadores y **drogadictos**;
- finalmente, pero muy importante, la ayuda para **reintegrarse en** la sociedad.

Medios de comunicación

Medios de comunicación en España
A los medios de comunicación tradicionales, como la **prensa**, la *****radio** y la **televisión** se le ha sumado la *****Internet**. En España, las **tecnologías de la información** han **avanzado** de tal manera que la colocan entre los primeros países europeos por su **modernización** y **desarrollo**. Algunos de los grupos españoles más importantes en este **campo** son: Telefónica Media, Prisa, Recoletos, Zeta y Sogecable.

La prensa
La prensa sigue siendo uno de los principales medios de comunicación, pero su **difusión** no es igual en las diferentes regiones del país. Existen diferentes tipos de **diarios** en España:

- los nacionales, de temas generales, como El País (**simpatizante** con el PSOE), El Mundo (simpatizante con el PP), ABC (católico, **conservador** y **monárquico**) o La Razón;
- los **regionales,** como La Vanguardia (Cataluña), El Periódico de Cataluña y El Correo Español (País Vasco);
- los **locales**, que publican las noticias de las regiones donde se venden; en su mayoría son **cabeceras** pequeñas dependientes de las **matrices**;
- los **especializados**, que se dedican a escribir sobre un tema en particular; se dividen a su vez en **prensa deportiva**: Marca, As, Sport, El Mundo Deportivo y **prensa económica**: Cinco Días.

Sociedad 6

una enfermedad mental	Geisteskrankheit
una jeringuilla	(Injektions)Spritze
infectarse	sich infizieren
el SIDA	AIDS
perjudicial	schädlich
el lavado	Geldwäsche
un, a traficante	(Drogen)Händler
la sustitución	Ersetzung → *sustituir (-y-)*
cocalero, -a	Kokastrauch-
un, a drogadicto, -a	Drogenabhängige/r
reintegrarse en	sich wieder eingliedern
los medios de comunicación	Massenmedien
la prensa	Presse
la televisión	Fernsehen → = *la tele*
la tecnología de la información	Informationstechnologie
avanzar (z-c)	fortschreiten → *el avance;* Fortschritt
la modernización	Modernisierung
el desarrollo	Entwicklung
el campo	Gebiet, Bereich
la difusión	Verbreitung
un diario	Tageszeitung
simpatizante	sympathisierend
conservador, a	konservativ
monárquico	monarchistisch
un (diario) regional	Regionalzeitung
un (diario) local	Lokalblatt, -zeitung
una cabecera	Lokalausgabe
una matriz	Stamm-, Mutterhaus
un (diario) especializado	Fachzeitschrift
la prensa deportiva	Sportpresse
la prensa económica	Wirtschaftspresse

Sociedad

Los diarios de información general representan un 78% del total de **ejemplares** vendidos, mientras que la prensa especializada comparte el resto de manera muy **desequilibrada**. De éstas la prensa deportiva es la más vendida con un 19,3%. El **periódico** de mayor **tirada** es El País, seguido por ABC y El Mundo. Las **revistas semanales** o **mensuales** tienen gran tirada. Las más vendidas son las revistas de *moda y de la **farándula**, como: Pronto, Hola, Semana o Diez Minutos. Las **científicas** también tienen bastante acogida. De la mayoría de **publicaciones** se pueden encontrar **ediciones** *electrónicas en la **red** con noticias actuales, *portales especializados, **buscadores** de **noticias**, **foros de debate** y opiniones *interactivas. Las de mayor audiencia son *www.elpaís.es* y *www.elmundo.es*.

La radio
En España existe la radio pública y la privada. La radio pública, es decir, la del Estado, cubre todo el país sea con **emisoras autonómicas** o *locales y no **emite** publicidad. La radio privada también cuenta con cobertura en todo el territorio nacional, pero emite publicidad. Algunas de las radios privadas son la Cadena Ser y Onda Cero. Las horas de mayor **audiencia** son las de la mañana cuando se emiten programas con información de actualidad y **tertulias**. Desde mediados de 2001 la mitad de la población recibe 12 *canales de **radiodifusión** *digital; pero todavía está en proceso de desarrollo con la **meta** de llegar a 90% del total de la población hasta el 2006.

La televisión
La televisión es el medio de comunicación preferido por los españoles. Un 90,7% de la población ve la televisión una media de tres horas al día. Un 99,7% de los **hogares** españoles tiene un televisor y casi la mitad tiene más de uno. El 12,6% tiene una **conexión parabólica**.

La televisión española es de carácter público y privado. TV1 y TV2 son las dos **cadenas** de televisión **estatales**. TV1 aparece en los primeros puestos en **cuota de audiencia**, sobre todo por sus **informativos**. De carácter público también son las televisiones autonómicas que existen desde 1983. Algunas de ellas son Canal Sur en Andalucía, Telemadrid en Madrid, ETB 1 en el País Vasco. Las **cadenas privadas** aparecieron en 1989: Antena3 y Telecinco que emiten en **abierto** y Canal+ en **codificado**. En los últimos años las cadenas privadas han venido aumentando y desarrollando entre ellas una gran **competitividad** para satisfacer las exigencias de los **televidentes**.

La televisión se transmite por diferentes sistemas: **analógico**, digital y *cable. El cable sólo llega al 10% de la población por significar grandes inversiones para obtener **rentabilidad**. Hay once **operadores** de cable que se reparten el mercado de 600 000 **abonados**. La digital es el

Sociedad

un ejemplar	Exemplar
desequilibrado, -a	unausgeglichen
un periódico	Zeitung
la tirada	Auflage
una revista	Zeitschrift
semanal	wöchentlich erscheinend
mensual	monatlich erscheinend
la farándula	*etwa:* Stars und Sternchen
científico, -a	wissenschaftlich
una publicación	Veröffentlichung
una edición	Ausgabe
la red	Web, Internet → = *Internet*
un buscador	Suchmaschine
las noticias	Nachrichten
un foro de debate	Chatroom
una emisora	Sender
autonómico, -a	autonom, unabhängig
emitir	senden
la audiencia	Zuhörer(schaft)
una tertulia	Gesprächskreis
la radiodifusión	Rundfunk,
una meta	Ziel; Zweck → = *un objetivo*
un hogar	Zuhause
la conexión	Anschluss → *E conection*
parabólico, -a	Parabol-
una cadena	Programm; Sender
estatal	staatlich
la cuota de audiencia	Zuschauerquote → *(LA) la cuota de pantalla*
un informativo	Nachrichtensendung
una cadena privada	privater Sender
abierto, -a	offen; *hier:* nicht codiert
codificado, -a	codiert
la competitividad	Wettbewerbsfähigkeit
un, a televidente	Fernsehzuschauer/in
analógico	analog
la rentabilidad	Wirtschaftlichkeit, Rentabilität → *rent able*
un operador	Anbieter → ⚠ = *una operadora*
un, a abonado, -a	Abonnent/in

Sociedad

futuro de la televisión, que facilitará la ***interactividad** y la integración de la televisión, el teléfono y la red. España cuenta ya con 395 canales digitales de los cuales 33 son totalmente interactivos.

Medios de comunicación en Cuba
Una de las emisoras radiales más antiguas de la Isla es la Radio Ciudad del Mar que en 1961 dejó de ser propiedad privada para pasar a manos del Gobierno Revolucionario. Con la **nacionalización** de la radio comenzó una nueva era en la que se acabaron los **anuncios comerciales** y entró el **mensaje ideológico**. En su programación incluye **espacios dramatizados** con **radionovelas** y **seriados**, musicales, culturales e informativos entre otros.

La televisión cubana cuenta con dos canales, ambos del Estado. La **programación** tiene un alto componente de cultura. De diez a doce horas de la programación diaria la dedican a **programas educativos**. Además, pasan **dibujos animados** para niños y adultos, **películas documentales**, exposiciones de **artes plásticas**, **mesas redondas** sobre el arte, la salud, la ciencia, la economía, la danza, el ballet clásico y la **música popular**. Por ninguno de estos canales pasa publicidad comercial porque esto significaría para Cuba una **presión** capitalista constante. Existe también una televisión internacional para dar a conocer la isla, sus tradiciones y su gente, a países de América Latina, Estados Unidos y Europa.

Cuando Fidel Castro llegó al poder periódicos, revistas, canales de televisión y emisoras de radio fueron o bien **clausurados** o **expropiados** para pasar a manos del Estado. El Gobierno cubano tiene **páginas web** oficiales del Partido Comunista, como Granma Internacional, Trabajadores-digital. Por este mismo medio se puede tener acceso a la televisión cubana, la radio como Radio Habana, que **divulga** la Revolución de la Cultura en nueve idiomas, y los periódicos Granma, Juventud Rebelde y Trabajadores.

Pero también existe una organización **no partidista** que fundaron exiliados cubanos en 1994 en la Florida, Estados Unidos. Se llama CubaNet *(www.cubanet.org)* y tiene como función principal apoyar a los **periodistas** y demás grupos independientes de Cuba para que puedan **publicar** sus trabajos, ya que esto no les es posible ni en Cuba ni en el extranjero. CubaNet recibe trabajos por teléfono de **agencias de prensa independiente** y periodistas no asociados que describen la versión no gubernamental sobre la vida en Cuba y sus acontecimientos. La información tiene que ser transmitida por teléfono porque el Gobierno cubano controla el acceso a Internet.

Sociedad

la nacionalización	Verstaatlichung → ≠ *la privatización*
un anuncio	Ansage; Werbung → *anunciar; ankündigen*
comercial	gewerblich, kommerziell
un mensaje ideológico	ideologische Botschaft, -Mitteilung
un espacio dramatizado	(LA) Hörspiel → *(esp) una pieza radiofónica*
una radionovela	Radioserie
un seriado	LA Serie → *serial*
la programación	Programm(gestaltung)
un programa educativo	Bildungssendung Kultursendung
un dibujo animado	Zeichentrickfilm → *dibujar; zeichnen*
una película documental	Dokumentarfilm
el arte plástica	Plastik, Bildhauerkunst
una mesa redonda	„Runder Tisch"
la música popular	Volksmusik → ⚠ *la música pop; Popmusik*
la presión	Druck
clausurar	schließen
expropiar	enteignen
una página web	Homepage
divulgar (g-gu)	verbreiten
no partidista	nicht parteigebunden; unparteiisch → *el partido; (pol.) Partei*
un, a periodista	Journalist/in
publicar (c-qu)	veröffentlichen
una agencia de prensa	Presseagentur
independiente	unabhängig

Sociedad – Ejercicios

a) Busca el tipo de conjugación que presenta el verbo en infinitivo, después busca la traducción en la columna derecha.

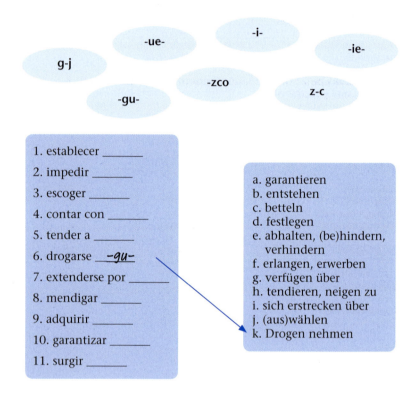

1. establecer _____
2. impedir _____
3. escoger _____
4. contar con _____
5. tender a _____
6. drogarse _-gu-_
7. extenderse por _____
8. mendigar _____
9. adquirir _____
10. garantizar _____
11. surgir _____

a. garantieren
b. entstehen
c. betteln
d. festlegen
e. abhalten, (be)hindern, verhindern
f. erlangen, erwerben
g. verfügen über
h. tendieren, neigen zu
i. sich erstrecken über
j. (aus)wählen
k. Drogen nehmen

b) Aquí hay muchas palabras en desorden. Ponlas en 7 grupos de tres y organízalas de menor a mayor o de comienzo a final, etc.

suspender – delinquir – la pobreza – la Educación Infantil – la miseria – progresar – Bachiller – una siembra – aprobar – un matrimonio – mendigar – la Educación Primaria – una cosecha – la Educación Secundaria – un divorcio – Diplomado – Doctorado – robar – la falta de dinero – la aplicación de fertilizantes – una familia

Sociedad – Ejercicios

c) ¿Cuántos? Explícalo con una o tres palabras.

1. una docena _____   4. un monopatín _____
2. una pareja _____   5. semanal _____
3. una década _____   6. mensual _____

d) Busca las palabras del lado izquierdo que van con las del derecho y tradúcelas.

lazo	redonda
método	edad
ayuda	libre
materia	laboral
ser	prima
agua	potable
tarea	negras
tiempo	anticonceptivo
mercado	doméstica
tercer	humano
tercera	mundo
vendedor/a	familiar
aguas	sanguínea
presión	ambulante
mesa	familiar

_____ _____
_____ _____
_____ _____
_____ _____
_____ _____
_____ _____
_____ _____
_____

Vida Cultural

Lengua y literatura

Las obras literarias
> En un lugar de la Mancha, de cuyo nombre no quiero
> acordarme, no hace mucho que vivía un hidalgo …
> de nombre Don Quijote de la Mancha.
>
> *Miguel de Cervantes y Saavedra*

Estas líneas forman parte de la obra de literatura española más conocida en el mundo entero. Son el comienzo de la famosa novela titulada *El ingenioso hidalgo Don Quijote de la Mancha*.

¿A qué llamamos Literatura? Literatura es el arte de escribir, y las obras literarias el resultado del trabajo de un escritor. La literatura distingue tres tipos de géneros: el género *poético – la *poesía, el* dramático – el *teatro – y el narrativo – la *prosa.

En España se conceden numerosos premios literarios dando a conocer así nuevas obras y a nuevos autores. Entre ellos destacan el Premio Miguel de Cervantes, el Premio de la Crítica, el Premio Nadal, el Premio Planeta, el Premio Plaza y Janés…También en poesía encontramos galardones como el Premio Agustín Goytisolo.

La Edad Media
La literatura española se fue transmitiendo durante muchos siglos exclusivamente de forma oral por los juglares y trovadores. Así se crearon en la Edad Media las jarchas, pequeñas canciones líricas, y más tarde los romances escritos en *versos octosílabos (versos de ocho sílabas). El romancero es una colección de romances cantada o recitada que cuenta las hazañas de un héroe. Se trata, en su mayoría, de obras *anónimas, de autores desconocidos. El poema épico español más famoso es el Mio Cid (siglo XII) que cuenta las gloriosas aventuras de Rodrigo Díaz de Vivar, apodado el Cid Campeador, un héroe histórico del siglo XI.

Vida Cultural 7

una obra	Werk
literario, -a	literarisch
un hidalgo	Edelmann
una línea	Zeile
el comienzo	Anfang, Beginn → *comenzar (z-c)*, ≠ *el final*
una novela	Roman → ⊗ Novelle; *una novela corta, un cuento*
titular	betiteln → *un título; Titel*
el arte	Kunst → *un, a artista; Künstler/in*
un, a escritor, a	Schriftsteller/in, Autor/in → *escribir*
un género	Gattung
narrativo, -a	erzählend, narrativ → *narrar*
conceder	(Preis) verleihen
un premio	Preis → △ *el precio (Preis, den man bezahlt)*
destacar	hervorstechen, überragen → = *sobresalir (-g-)*
un galardón	Preis → = *un premio*
la Edad Media	Mittelalter → = *la época medieval*
transmitir	übermitteln
oral	mündlich
un juglar, una juglaresa	Spielmann, fahrende/r Sänger/in
un trovador	Minnesänger
una jarcha	*in romanischer Sprache verfasste, aber in arabischer/hebräischer Schrift überlieferte Strophe*
lírico, -a	lyrisch
un romance	Romanze *(typ. span. Gedichtform in achtsilbigen Versen)* → ⊗ *„Romanze" (Liebschaft); un amorío, una relación amorosa*
octosílabo, -a	achtsilbig
un romancero	Romanzensammlung
recitar	vortragen, rezitieren
una hazaña	Heldentat
un héroe, una heroína	Held/in → △ *Heroin; la heroína*
un poema épico	Versroman, Epos
contar (-ue-)	erzählen → = *narrar*
apodar	einen Spitznamen geben → *el apodo; Spitzname*

Vida Cultural

El *Siglo de Oro*
Siglo de Oro (1492 – 1700) es la **denominación** que reciben los siglos de **apogeo** de la cultura española, que **abarca** desde el **Renacimiento** de finales del siglo XV hasta el ***Barroco** del siglo XVII.

El Renacimiento
El Renacimiento viene caracterizado por la vuelta a los autores y a la ***cultura clásica antigua**. El poeta Garcilaso de la Vega, famoso representante de este movimiento, es quien introduce, **influido** por la cultura italiana, nuevos elementos líricos en la poesía española como el **verso libre**, el ***soneto** y el **endecasílabo** (versos de once sílabas).

El ***soneto** tradicional contiene cuatro **estrofas**: dos **cuartetos** –cuatro versos de **rima abrazada** ABBA– y dos **tercetos** –tres versos de rima CC (**rima pareada**) D–EDE (**rima cruzada**) o CCD–EED siguiendo las reglas de **versificación**. En la poesía de Garcilaso de la Vega juegan un papel muy importante la **sonoridad**, el **ritmo** y la elegancia.

En cuanto a la prosa narrativa del siglo destaca claramente la novela. Este género abarca un gran número de obras tanto de siglos anteriores, la **novela de caballería**, como nuevas, la **novela pastoril** y la **picaresca**. A la novela picaresca pertenece la famosa obra de *El Lazarillo de Tormes*, en ella se nos cuenta la historia de un **pícaro**, que se pasa el día superando las **adversidades** que le va presentando la vida.

En la novela de *El ingenioso hidalgo Don Quijote de la Mancha* nos encontramos ante una ***sátira** de las novelas de caballería escritas hasta el momento. En ésta un **antihéroe**, Don Quijote, decide nombrarse a sí mismo caballero e ir por el mundo **defendiendo** a los **débiles**: en realidad él es sólo un **lector** que se ha vuelto loco de leer tanto libro. Cervantes, su autor, con su ***realismo**, naturalidad, ***humor** y **dominio** de la lengua ha hecho de esta obra la más representativa de la literatura española.

El Barroco
La literatura se ha ido desarrollando poco a poco según las necesidades del pueblo; es así como se formó en España un género destinado a **entretener** a la **surgiente** clase **burguesa** de las ciudades. Hablamos del teatro, o del también llamado género dramático. Éste presenta una **intriga** que se desarrolla a través de los **personajes**.

Vida Cultural 7

el Siglo de Oro	Goldenes Zeitalter
la denominación	Bezeichnung, Benennung
el apogeo	Gipfel, Höhepunkt → = *el punto culminante*
abarcar (c-qu)	umfassen, umschließen, enthalten
el Renacimiento	Renaissance
antiguo, -a	antik → ≠ *moderno*
influir	beeinflussen
el verso libre	freies Versmaß
el endecasílabo	Elfsilber
una estrofa	Strophe
un cuarteto	Quartett
una rima abrazada	umschließender Reim
un terceto	Terzett
una rima pareada	Paarreim
una rima cruzada	Kreuzreim
la versificación	Versdichtung
la sonoridad	Wohllaut; Stimmhaftigkeit
un ritmo	Rhythmus
una novela de caballería	Ritterroman → *un caballero; Ritter*
una novela pastoril	Schäferroman
una novela picaresca	Schelmenroman
un pícaro	Gauner, Spitzbub
una adversidad	Unglück, Schicksalsschlag → = *una desventura*
un antihéroe	Antiheld
defender (-ie-)	verteidigen → *la defensa*
un, a débil	der/die Schwache
un, a lector, a	Leser/in
el dominio	Beherrschen
entretener (≈ tener)	unterhalten → *el entretenimiento*
surgir (g-j)	aufkommen, entstehen
burgués, burguesa	bürgerlich → *la burguesía; Bürgertum*
una intriga	Verwicklung, Handlung
un personaje	Figur

Vida Cultural

En el Barroco, el teatro español **disfrutó** de un gran momento de **esplendor** con los **dramaturgos** Lope de Vega y Calderón de la Barca. El primero desarrolló un teatro *****popular** que se representaba en teatros o en **corrales**, de ahí que las obras hayan tomado directamente el nombre de **comedias corrales**.

Estas comedias **solían** desarrollarse en tres *****actos**: *****exposición**, **nudo** y **desenlace**; están escritas en versos octosílabos. A diferencia del teatro clásico francés, no se respeta la regla de las tres unidades, o sea, la unidad de acción, lugar y tiempo. Lo típico de estas comedias españolas es que mezclan lo cómico con lo *****trágico** y en todas ellas aparece la *****figura** del **gracioso**, cuya función es la de *****provocar** situaciones cómicas en el escenario. Se introducen a menudo canciones y romances tradicionales.

En general se dan en la literatura del Barroco dos tipos de **estilos** o **corrientes**: **conceptismo** y **culteranismo**. En el último **prevalece** la forma sobre el contenido: así **abundan** *****latinismos**, **figuras retóricas** como **aliteraciones**, *****metáforas**, *****hipérbaton**, *****símbolos**, **comparaciones**, **personificaciones**…y se consiguen obras poéticas de alto estilo y belleza. Nos referimos a ellas como **poesía pura**. Por otro lado, está el conceptismo en el que prevalece el contenido sobre la forma. Los autores tratan de expresar lo máximo con el mínimo de palabras, con lo que nos encontramos ante un contenido **denso** y una difícil *****interpretación**. Dignos representantes de estos movimientos son Góngora y Quevedo.

El Romanticismo
El Romanticismo fue un movimiento literario muy breve en España, apareció a inicios del siglo XIX y desapareció casi por completo a mediados del mismo siglo. Algunos de sus **rasgos** son la **preponderancia** de los sentimientos sobre la **razón**, el *****culto** al yo y los temas amorosos e históricos.

Los periódicos y revistas representaban para los románticos un nuevo medio para expresar su pensamiento y su crítica. En los **artículos** de **costumbre** hay un **observador** crítico que describe de forma divertida, **moralizante** o *****satírica** las costumbres de la época. Mariano José de Larra, por ejemplo, es uno de los más conocidos representantes del **Costumbrismo**.

Vida Cultural

disfrutar de	genießen → = *gozar (z-c)*
el esplendor	Glanz, Pracht
un, a dramaturgo, -a	Dramatiker/in → *un drama*
un corral	Hühnerstall; *hier:* (Innen)Hof; Corral-Bühne
una comedia corral	Corral-Komödie
soler (-ue-) hacer algo	gewohnt sein etw. zu tun
un nudo	Knoten; *hier:* Verwicklung
el desenlace	Ausgang
un gracioso	Spaßvogel
el estilo	Stil
una corriente	(literarische) Strömung
el conceptismo	Konzeptismus *(literarische Strömung des Barock)*
el culteranismo	Kulteranismus *(literarische Strömung des Barock)*
prevalecer (-zco)	(vor)herrschen, überwiegen → = *predominar*
abundar	reichlich vorhanden sein
una figura retórica	Stilfigur
una aliteración	Alliteration, Stabreim
una comparación	Vergleich → *comparar*
una personificación	Personifizierung
la poesía pura	„reine Poesie"
denso, -a	dicht
el Romanticismo	Romantik
un rasgo	Merkmal → = *una característica*
la preponderancia	Vorherrschaft
la razón	Vernunft; Grund → *razonar; nachdenken, überlegen*
un artículo	(Zeitungs)Artikel
una costumbre	Sitte, Brauch → *E costum*
un, a observador, a	Beobachter/in → *observar*
moralizante	moralisierend
el Costumbrismo	Kostumbrismus *(lit. Strömung, die die Sitten und Gebräuche der span. Gesellschaft schildert)*

Vida Cultural

El Realismo

La forma más destacada del Realismo es la prosa. En las novelas *realistas la búsqueda de la objetividad del autor y de la exactitud de los detalles prevalecen. El autor quiere mostrar la realidad tal como es por medio de un detallado *análisis y observación de la misma, clara reacción frente al Romanticismo anterior. Algunos ejemplos son *La Regenta* de Leopoldo Alas «Clarín» o los *Episodios nacionales* de Benito Pérez Galdós, una obra de 46 volúmenes en la cual cuenta los grandes acontecimientos de la historia española.

*La *generación del 98*

Se conoce con este término a un grupo de escritores que inician su labor literaria a finales del siglo XIX. En 1898 tiene lugar la pérdida de las últimas colonias españolas (Cuba, Filipinas, Puerto Rico y Guam), un hecho que provocó un grave sentimiento de crisis entre los *intelectuales españoles como, por ejemplo, Unamuno y Azorín. La generación del 98, como se les llama más tarde, presenta unas características claramente definidas: preocupación por España, exaltación y descubrimiento de Castilla, *patriotismo, amor por el paisaje de los pueblos viejos y la creación de un lenguaje sencillo.

*El *Modernismo*

El movimiento considerado Modernismo comienza a finales del siglo XIX en Hispanoamérica gracias al empuje del autor nicaragüense Rubén Darío. Este movimiento supone una renovación de la situación literaria anterior: lingüística, temática y espiritual. Es un gran movimiento de *entusiasmo y exaltación de la belleza. Aparece un gusto por los temas exóticos, como manera estética de reformar una realidad cotidiana, un intento de que la belleza y la ilusión dominen una sociedad triste. Se caracteriza tanto por el uso de palabras exóticas, llenas de luz, color y *musicalidad como por los símbolos modernistas como cisnes, princesas, nenúfares y elefantes. Este movimiento triunfó muy pronto también en España.

*La *generación del 27*

En los primeros años del siglo XX se suceden una serie de movimientos artísticos que tienen como fin encontrar nuevas formas de expresión como reacción a las formas anteriores. Con la generación del 27 aparecen narradores que cultivan la novela social y *política, incluso antes de sufrir las consecuencias de la Guerra Civil. Sus obras son muy diversas entre sí. En general se puede decir que los autores quieren dar voz a la primera crisis de modernización que afecte a todos los españoles.

Vida Cultural

la búsqueda	Suche → *buscar (c-qu)*
la objetividad	Objektivität → ≠ *la subjetividad*
una observación	Beobachtung → *observar*, **E** *observation*
un volumen	Band
la labor	Arbeit → ⊗ *das Labor; un laboratorio*
la preocupación	Sorge, Besorgnis → *preocuparse*
la exaltación	Verherrlichung
el lenguaje	Sprache
un empuje	(An)Stoß, Schub → *empujar*
una renovación	Erneuerung → *renovar (-ue-)*
espiritual	geistig
estético, -a	ästhetisch
un cisne	Schwan
un nenúfar	Seerose
triunfar	triumphieren, siegen
suceder	folgen; sich ereignen
el fin	Ziel, Absicht → = *el objetivo*
una novela social	Gesellschaftsroman
diverso, -a	unterschiedlich, verschieden → *la diversidad*
dar voz a	aufmerksam machen auf
una crisis de modernización	Modernisierungskrise
afectar	betreffen

Vida Cultural

El Realismo mágico en Latinoamérica
En la década de los años 60 del siglo pasado, se produce el «*boom» de la literatura latinoamericana: lo real maravilloso, las diversas perspectivas narrativas de Mario Vargas Llosa, el *realismo fantástico del Premio Nobel de literatura Gabriel García Márquez, ven el triunfo de la imaginación y el lenguaje y tienen gran impacto en la literatura española. La temática está caracterizada por el amor a la tierra, la problemática social, los personajes populares. Novelistas destacados son también Julio Cortázar (Argentina), Pablo Neruda (Chile) y Octavio Paz (México).

*Realismo social en España
Tras el silencio y una literatura de *propaganda o censurada como ocurre bajo el poder político de una *dictadura, la literatura española de posguerra refleja el ambiente de la época y el sentir de sus autores. Su testimonio es el de una época difícil, llena de *frustraciones y silencios que se despide de la belleza estética. Los autores expresan los problemas *existenciales del hombre contemporáneo y su angustia ante la realidad de la guerra, la dictadura y la soledad. Así se desarrolla la novela social de los años cincuenta con autores como, el Premio Nobel de literatura Camilo José Cela y la escritora Carmen Laforet.

El teatro

El recuerdo de los primeros teatros se sitúa en la antigua Grecia. Entonces eran lugares al aire libre donde se representaban obras de género dramático. Hoy en día los teatros son salas cubiertas normalmente por cúpulas y adornadas por bellas vidrieras o mosaicos que gozan de una activa vida teatral, gracias a sus variados repertorios. Durante los *festivales y ferias de teatro, miles de espectadores tienen la oportunidad de ver un gran número de estrenos y representaciones excepcionales, puestas en escena por compañías nacionales y extranjeras.

Una de las ferias teatrales más conocidas es la Feria del Teatro de Tàrrega (Lleida/Cataluña), donde, durante todo un fin de semana, las calles de la ciudad viven el teatro en cada esquina, en cada sala, en cada escenario. También es importante el Festival de Teatro Clásico de Mérida (Extremadura) donde se representan obras de la Grecia clásica en las *ruinas del teatro romano de la ciudad extremeña.

Vida Cultural 7

el Realismo mágico	„Magischer Realismus"
lo real maravilloso	das „wunderbar Wirkliche"
una perspectiva narrativa	Erzählperspektive
el Premio Nobel	*hier:* Nobelpreisträger
el impacto	Wirkung, Eindruck → = *la impresión*
un, a novelista	Romanautor/in
censurar	zensieren
la posguerra	Nachkriegszeit
un testimonio	Zeugnis, Bezeugung → *E testimony*
la angustia	Angst
la soledad	Einsamkeit → *solo, a*
cubrir	überdachen
una cúpula	Kuppel
una vidriera	Glasfenster
gozar (z-c) de	sich an etw. erfreuen, genießen → = *disfrutar*
un repertorio	Repertoire, Spielplan
una feria	Messe; Jahrmarkt
un, a espectador, a	Zuschauer/in, Zuhörer/in → *un espectáculo; Schauspiel*
el estreno	Premiere, Erstaufführung
una compañía	Ensemble, Truppe
nacional	Inland(s)-; inländisch
extranjero, -a	Auslands-, ausländisch
una esquina	Ecke (außen) → ⚠ *el rincón; Ecke (innen)*
la Grecia clásica	klassisches Griechenland
romano, -a	römisch
extremeño, -a	aus Estremadura

Vida Cultural

Música y baile

La música tradicional juega un papel importante en el *folclore español. El pueblo hispano es gran amante de las celebraciones así como de mantener sus viejas tradiciones y sus fiestas. Éstas están ligadas a efemérides de carácter nacional y local, o bien a celebraciones religiosas como la Navidad y la Semana Santa acompañadas por el canto de villancicos y saetas respectivamente.

En la historia de la música hispana encontramos *instrumentos como la *guitarra española, las castañuelas, las panderetas, los tambores *africanos y los bombos que dan *autenticidad a la música folclórica hispana.

En Latinoamérica, las formas de expresión musical son muy diferentes entre las zonas de la costa y las de la montaña, a causa de los diferentes orígenes de su población: europea, indígena y africana. Junto al mar suena con insistencia la *salsa y en general todo lo bailable, sobresaliendo en particular los bailes de origen africano acompañados de instrumentos de percusión. En el interior, por el contrario, domina la música de tradición indígena acompañada por el uso de instrumentos autóctonos como la zampoña y el charango.

De Latinoamérica se conoce a nivel internacional a un gran número de poetas cantantes muy comprometidos políticamente: son los cantautores, que, como Mercedes Sosa o Pablo Milanés, ayudan a extender la poesía latinoamericana más allá de las fronteras del continente.

*El *flamenco*
Cada país, e incluso cada región de habla hispana, se caracteriza por su música y sus tradiciones folclóricas. En España existe un arte musical folclórico que ningún turista deja de presenciar cuando la visita: el flamenco. El origen de esta música es antiguo y muy diverso, ya que se trata de una fusión de baile, música y, a menudo también, cante de origen gitano, *árabe, judío y *cristiano, que se ha ido formando durante la convivencia de estas culturas en Andalucía. Las canciones suelen ser pequeñas historias, narradas en primera persona, sobre las penas y las alegrías del pueblo gitano, sobre las tragedias cotidianas, el amor, los celos, el trabajo; las cosas de la vida, tristes y alegres … El baile flamenco narra en sí mismo, sin necesidad a veces de palabras, la eterna historia de las turbulentas relaciones entre hombres y mujeres.

Vida Cultural

una celebración	Feier → E *celebration*
ligado, -a a	verbunden mit
una efeméride	Jahrestag
la Navidad	Weihnachten
la Semana Santa	Karwoche
un villancico	Weihnachtslied
una saeta	Saeta *(Lied bei Prozessionen während der Karwoche)*
una castañuela	Kastagnette
una pandereta	Tamburin, Schellentrommel
un tambor	Trommel
un bombo	große Trommel, Kesselpauke
sonar (-ue-)	ertönen, erklingen → △ *soñar; träumen*
bailar	tanzen
sobresalir (konj wie salir)	auffallen, herausragen
un instrumento de percusión	Schlaginstrument
autóctono, -a	alteingesessen, autochton
una zampoña	Panflöte
un charango	*fünfsaitige Mandoline der Indianer*
comprometido, -a	(politisch) engagiert
un, a cantautor, a	Liedermacher/in
extender (-ie-)	verbreiten → = *propagar (g-gu)*
presenciar	beiwohnen; sehen → = *estar presente*
una fusión	Verschmelzung → = *la unión*
el cante	Gesang → = *el canto*
gitano, -a	Zigeuner-
judío, -a	jüdisch
la convivencia	Zusammenleben → *convivir*
la pena	Trauer, Traurigkeit → = *la tristeza*
la alegría	Freude → ≠ *la tristeza*
los celos	Eifersucht → *celoso, a*
eterno, -a	ewig, endlos → = *infinito, a*

Vida Cultural

Desde mediados del siglo XVIII, el flamenco **se puso de moda** fuera de Andalucía. Se crearon los «Cafés Cantantes», cafés donde se desarrolló el flamenco. Así se hicieron famosos años después **cantaores** como Camarón de la Isla, **bailaores** como Antonio Gades, Joaquín Cortés o *****guitarristas** como Paco de Lucía; y la **fama** del flamenco **atravesó** las fronteras españolas.

La música flamenca actual está en gran parte marcada por la mezcla con otras músicas como el jazz y el rock, la salsa, la bossa nova y los **sones** *****étnicos**.

El baile
El baile es una expresión de sentimientos. Se trata de **sensaciones** en movimiento que vienen inspiradas a través de la música. Podemos bailar solos, por ejemplo, la música moderna como *****rap**, *****tecno**, *****hip hop**, o podemos **bailar acompañados**: entonces pensamos en el *****merengue**, la **bachata**, el *****mambo**, o el célebre *****tango argentino**.

Los *****bailes tradicionales** van acompañados de **trajes** regionales especiales para la ocasión. Las *****sevillanas**, la *****jota** aragonesa, la jota navarra o las **sardanas** catalanas son algunos de los españoles. En Latinoamérica son bien conocidos entre otros: la **cueca**, la **zamba**, la **cumbia**, el **vallenato** y el **joropo**.

La sardana, un baile tradicional catalán

El *****ballet** es un baile **artístico** acompañado de música y **ejecutado** por unos **bailarines** en un escenario. Actualmente las compañías que se dedican al ballet representan tanto obras clásicas como *****coreografías** modernas. Famosos son el Ballet Nacional Español, el Ballet Nacional de Cuba o el Ballet folclórico de Antioquia (Colombia).

Vida Cultural

ponerse de moda	„In" sein, in Mode sein
un, a cantaor, a	Flamencosänger/in → △ *Sänger/in; un, a cantante*
un, a bailaor, a	Flamencotänzer/in → △ *Tänzer/in; un bailarín, una bailarina*
la fama	Ruhm
atravesar (-ie-)	überschreiten → = *cruzar (z-c)*
el son	Klang, Ton
un baile	Tanz
una sensación	Gefühl, Empfindung → *E sensation*
bailar acompañado, -a	Paartanzen
la bachata	*Volkstanz der Dominikanischen Republik*
un traje	Tracht
la sardana	Sardana *(katalanischer Volkstanz)*
la cueca	*chilenischer Volkstanz*
la zamba	Samba
la cumbia	*kolumbianischer Volkstanz*
el vallenato	*kolumbianischer Tanz*
el joropo	*venezolanischer Volkstanz*
artístico, -a	künstlerisch, kunstvoll → *el arte*
ejecutar	ausführen
un bailarín, una bailarina	(Ballett)Tänzer/in

Vida Cultural

En la actualidad la mayoría de los jóvenes acude los fines de semana a *bares nocturnos y a *discotecas donde pueden escuchar y bailar diferentes tipos de música en distintas salas: música española, *música electrónica o música de las estrellas del momento, en su mayoría *música pop de superventas.

Cine

Tendencias actuales

El cine español se ha ido desarrollando de manera majestuosa y *constante desde las películas *surrealistas de Buñuel hasta las películas actuales de *análisis psicológico de Pedro Almodóvar, Carlos Saura, Fernando Trueba; y con actores como Antonio Banderas y Penélope Cruz, que defienden el prestigio internacional del cine español.

Tras la recuperación de la libertad democrática a partir de 1975, las pantallas españolas se llenaron de temas y escenas que hasta aquel momento habían sido censurados. Pronto el cine español recogía sus pequeños *triunfos en el extranjero, en 1982 la película *Volver a empezar* de José Luis Garci fue *premiada con un *Oscar. Durante la década de los ochenta, Pedro Almodóvar se hizo famoso internacionalmente con su película *Mujeres al borde de un ataque de nervios*, que obtuvo en Venecia (1987) el premio al mejor guión, y una nominación al Oscar. La película de Fernando Trueba *Belle Epoque* también obtuvo en 1994 el Oscar a la mejor película de lengua no inglesa. Almodóvar siguió acumulando éxitos gracias a la *originalidad de sus planteamientos. La entrega del primer Oscar de Hollywood en 2000 a la película *Todo sobre mi madre*, y del segundo en 2003 al guión de *Hable con ella*, han significado el premio a la brillante trayectoria del cine español.

Nuevos realizadores como Juanma Bajo Ulloa, Julio Medem o Álex de la Iglesia, tratan en sus películas temas que conectan con el *público más joven por su *creatividad y novedad. Así durante los años noventa se duplicó la *producción de películas en España. El Festival de Cine de San Sebastián, a través de un jurado profesional, premia cada año con la Concha de Oro a la mejor película española del año.

Actualmente, la industria cinematográfica destina más presupuesto a la realización de películas pertenecientes al género de *ciencia-ficción: se han convertido en las películas más taquilleras, al atraer a un público muy amplio que está ansioso por ver los últimos *efectos especiales.

Vida Cultural 7

nocturno, -a	Nacht-
una estrella	(Film)Star
las superventas	Charts
el cine	Kino → *E cinema*
majestuoso, -a	majestätisch, würdevoll
	→ = *maravilloso*
una película	Film
defender (-ie-)	verteidigen → *E to defend*
el prestigio	Ansehen, Prestige
la recuperación	Wiedergewinnung
la libertad	Freiheit → *E liberty*
una pantalla	Leinwand; Bildschirm
una escena	Szene → *un escenario; Schauplatz*
una década	Jahrzehnt
obtener (≈ tener)	erhalten → = *recibir*
un guión	Drehbuch
una nominación	Nominierung
acumular	anhäufen
el éxito	Erfolg → *exitoso, -a*
el planteamiento	Gesichtspunkt, Ansatz
brillante	hervorragend, glänzend, brillant
	→ = *admirable*
la trayectoria	Laufbahn, Werdegang → *el trayecto; Strecke, Weg*
un, a realizador, a	Regisseur/in
conectar	verbinden; Kontakt aufnehmen
	→ *una conexión*
una novedad	Neuheit → *nuevo, -a*
duplicar (c-qu)	verdoppeln
un jurado	Jury, Preisgericht
la Concha de Oro	*Filmpreis in Form einer Muschel*
la industria cinematográfica	Kinoindustrie
un presupuesto	Budget, Etat
una película más taquillera (adj)	Kassenschlager, Knüller im Kino
	→ *una taquilla; Schalter*
ansioso, -a	ungeduldig; begierig → *el ansia; Angst, Unruhe*

Vida Cultural

La televisión, sobre todo con las **telenovelas**, y los ***videoclubes** con la rápida salida al mercado de las últimas películas, son la **competencia** directa del cine; éste reacciona, e intenta atraer al público reduciendo el **precio-tarifa** de la **entrada** un día a la semana, el **día del espectador**.

La **cartelera** nos informa de la actualidad del cine; también de las **sesiones** en las que se **proyectan** las películas: tarde, noche o medianoche, también llamada **sesión golfa**. Las películas pueden ser **aptas** para todos los públicos, o no **recomendadas** a ciertas edades (a menores de 13 ó 16 años normalmente); eso significa que algunas escenas pueden **dañar** la sensibilidad de los jóvenes espectadores.

El rodaje de una película
Antes de empezar el trabajo del rodaje, el **productor** estudia la **financiación** del proyecto de una nueva película y los diferentes guiones; y se decide a hacer un **largometraje** o sólo un **cortometraje** para el cine o para la tele.

Aquí empieza el trabajo en serio. A partir del guión se hace el **reparto** de los **papeles** entre los **actores principales** y **secundarios** que se trasladan a los **escenarios** elegidos –interiores o exteriores– donde se **ruedan** los diferentes **planos** a las órdenes del **director**.

Las **escenas grabadas** se **montan** para producir efectos diversos en el espectador, utilizando **secuencias lineales** o escenas **retrospectivas**.

Los participantes en el rodaje de una película aparecen en la pantalla al final de la **proyección**: se trata de la lista de **intérpretes**, **asistentes de realización** y los diferentes **equipos técnicos**.

Los ángulos de toma
Los ángulos de toma vienen determinados por la posición de la ***cámara** en referencia al objeto filmado: con un ángulo de toma **picado** la cámara está más alta que los objetos grabados; con el **contrapicado** se graba desde abajo y los objetos parecen fugarse hacia el cielo.

Los movimientos de cámara **otorgan** una importante posibilidad de expresión al realizador. Según los movimientos, las **tomas** pueden ser:

– **estáticas**: la cámara se mantiene inmóvil;

– ***panorámicas**: la cámara se mueve horizontalmente;

– en el **travelin** la cámara se mueve en cualquier dirección y sentido, siguiendo al sujeto o al motivo y

– el ***zoom** se encarga de acercarnos o alejarnos el **campo de visión**.

Vida Cultural

una telenovela	Seifenoper
la competencia	Konkurrenz → ⊗ *la concurrencia;* Zulauf
el precio-tarifa	Eintrittspreis
una entrada	Eintritt(skarte)
el día del espectador	*Tag mit verbilligtem Eintrittspreis*
una cartelera	Veranstaltungsprogramm
una sesión	Vorstellung
proyectar	projizieren; Film vorführen
la sesión golfa	Spätvorstellung
apto, -a	geeignet; jugendfrei
recomendar (-ie-)	empfehlen → = *aconsejar*
dañar	schaden → *el daño*
el rodaje	Dreharbeiten
un, a productor, a	Produzent/in
la financiación	Finanzierung → *financiar*
un largometraje	Spielfilm
un cortometraje	Kurzfilm
el reparto	Verteilung → *repartir; verteilen*
un papel	Rolle
un actor, una actriz principal	Hauptdarsteller/in → *actuar; auftreten, spielen*
un actor, una actriz secundario, -a	Nebendarsteller/in
el escenario	Schauplatz, Szenerie → *una escena*
rodar (-ue-)	(Film) drehen
un plano	Einstellung, Aufnahme, Bild
un, a director, a	Regisseur/in → *E director*
una escena	Szene
grabar	filmen → *una grabación; Film, Aufnahme*
montar	zusammensetzen; schneiden, cutten → *el montaje*
una secuencia	Sequenz
lineal	linear → *una línea*
retrospectivo, -a	zurückschauend, rückblickend
una proyección	(Film)Vorführung → *proyectar*
un, a intérprete	Darsteller/in, Schauspieler/in → *una interpretación*
un, a asistente de realización	Regieassistent/in
un equipo técnico	Technik
un ángulo de toma	Bild-, Aufnahmewinkel
picado, -a	aus der Vogelperspektive, Draufsicht
contrapicado, -a	von unten, aus der Froschperspektive
otorgar (g-gu)	verleihen, gewähren
una toma	Aufnahme
estático, -a	statisch
el travelín	Fahraufnahme, Kamerafahrt → *E travelling*
el campo de visión	Bildausschnitt, Gesichtsfeld

Vida Cultural

Bellas Artes

Pintura

La pintura es el arte de expresarse a través de **trazos** y colores. El **pintor** juega con el poder del color, de la luz y de las **sombras**. A partir de un ***modelo**, su **fuente** de ***inspiración**, el **artista** pinta un **cuadro**; el resultado es un **retrato** o un paisaje, una **naturaleza muerta** o un motivo***abstracto**. El pintor se expresa a través de la **plumilla**, el **carboncillo** o los **pinceles**, y a través de diferentes técnicas como **óleo**, ***acuarela**, ***guache** o ***pastel**.

No cabe duda de que España es **cuna** de fantásticos pintores desde hace siglos. Entre los muchos nombres destacan Velázquez, autor de *Las Meninas*; Zurbarán, Goya, y artistas como Pablo Picasso, uno de los creadores del ***Cubismo** o Salvador Dalí, gran pintor ***surrealista** que representó en sus cuadros a los pájaros como símbolo de la muerte; elefantes, de la vida; y relojes, del paso irreversible del tiempo. Recientemente, **se** ha **divulgado** en Europa la obra de la mexicana Frida Kahlo, quien cultivó un estilo relacionado con el ***Surrealismo**.

****Arquitectura*

¿Quién no ha oído hablar de la Sagrada Familia de Barcelona, del Parque Güell o de la casa Milà? Su autor es Antonio Gaudí, ***arquitecto** catalán que **diseñó** una iglesia modernista que nunca pudo terminar al ser **atropellado** delante de ella por un tranvía. Hoy sigue ante nuestros ojos todavía inacabada.

Llamamos arquitectura al arte de **construir**, levantar ***catedrales**, **edificios**, **puentes**, etc. Muchas son las obras ***arquitectónicas** que la **antigüedad** nos ha dejado en la Península Ibérica. A romanos, árabes, judíos e hispanos les debemos la riqueza que hoy posee España, fruto del **sudor** de su trabajo; fueron capaces de **levantar sobrias** iglesias **románicas**, catedrales ***góticas**, como la de Mallorca, León o Burgos con vidrieras de más de 12 metros de altura.

Herencia de la cultura precolombina son obras de enorme valor arqueológico, como las ***pirámides** incas, los ***templos** mayas o las famosas «Líneas de Nazca» en Perú, hoy en día consideradas grandes **maravillas** del mundo.

Vida Cultural

las Bellas Artes	die schönen Künste
la pintura	Malerei → *un, a pintor, a*
un trazo	(Feder)Strich → *trazar (z-c); zeichnen, skizzieren*
un, a pintor, a	Maler/in
la sombra	Schatten
una fuente	Quelle
un, a artista	Künstler/in → *el arte*
un cuadro	Gemälde
un retrato	Porträt
la naturaleza muerta	Stillleben
una plumilla	(Tusch)Feder → ⚠ *una pluma; (Vogel)Feder*
un carboncillo	Kohlestift → *el carbón; Kohle*
un pincel	Pinsel
el óleo	Ölmalerei
una cuna	Wiege
divulgarse (g-gu)	(sich) verbreiten, bekannt werden
diseñar	zeichnen, entwerfen → *E to design*
atropellar	überfahren
construir (-y-)	erbauen → *construcción*
un edificio	Gebäude → *edificar; (er)bauen*
un puente	Brücke
la antigüedad	Antike
el sudor	Schweiß → *sudar; schwitzen*
levantar	bauen, errichten → = *construir (-y-)*
sobrio, -a	schlicht, nüchtern
románico, -a	romanisch → ⚠ *romano, -a; römisch*
una maravilla	Wunder → *maravilloso, -a*

Vida Cultural

Escultura

Los **museos** exponen las valiosas obras de arte **pictóricas** y **escultóricas** en **exposiciones permanentes** o ***periódicas**. Las esculturas suelen ser de **madera**, ***cerámica**, **mármol**, **piedra** o incluso de **oro** y **plata**. Emperadores y reyes han puesto el arte a su servicio, dejándose **inmortalizar** a través de retratos, **bustos** e incluso **tumbas**; y también la historia ha querido dejar su **huella** en **murales** y **relieves**.

Botero, su hija y una de sus esculturas

Escultores famosos son el colombiano Fernando Botero y el vasco Eduardo Chillida. El primero se ha dedicado a **esculpir** figuras gruesas de bronce **reflejo** de sus pinturas. El gran escultor y artista del **hierro** y de la madera Eduardo Chillida, **fallecido** en 2002, se dedicó a esculpir obras de gran **tamaño** situándolas en plena ***naturaleza**: en bosques, **acantilados**, parques, queriendo unir así la obra del hombre con la obra de Dios. Una de sus esculturas **adorna** el «Kanzleramt» de Berlín.

Vida Cultural 7

la escultura	Bildhauerei → *un, a escultor, a*
un museo	Museum
pictórico, -a	malerisch, Malerei-
escultórico, -a	bildhauerisch, plastisch
una exposición	Ausstellung → *exponer; E exposition*
permanente	dauerhaft
la madera	Holz
el mármol	Marmor
una piedra	Stein
el oro	Gold
la plata	Silber
inmortalizar	(sich) unsterblich machen, (sich) verewigen → *la muerte; Tod*
un busto	Büste
una tumba	Grabstätte
una huella	Spur
un mural	Wandbild, -gemälde
un relieve	Relief

un, a escultor, a	Bildhauer/in
esculpir	(bildhauerisch) gestalten
un reflejo	(Wieder)Spiegelung
el hierro	Eisen
fallecer (-zco)	sterben, verscheiden → *= morir (-ue-)*
el tamaño	Größe
el acantilado	Steilküste
adornar	schmücken

7 Vida Cultural – Ejercicios

a) Escribe sobre la definición el término correspondiente. Si lo haces correctamente, la suma de todas las iniciales te dará el nombre de uno de los tres géneros literarios.

1. ___ ___ ___ ___ ___ ___ ___ ___ ___ ___
   Nombre de un famoso personaje de una obra de Miguel de Cervantes

2. ___ ___ ___ ___ ___ ___ ___ ___ ___
   Colección de romances que cuenta las hazañas de un héroe

3. ___ ___ ___ ___ ___ ___ ___
   Obra de autor desconocido

4. ___ ___ ___ ___ ___ ___ ___ ___
   Figura retórica

5. ___ ___ ___ ___ ___
   Una obra de teatro está formada de varios...

6. ___ ___ ___ ___ ___ ___
   Lugar donde se representan obras dramáticas

7. ___ ___ ___ ___ ___ ___ ___ ___ ___ ___ ___
   Representar un papel en una obra de teatro

8. ___ ___ ___ ___ ___ ___ ___ ___ (pl)
   Los sonetos tienen dos de cuatro versos cada uno

9. ___ ___ ___ ___ ___ ___ ___ ___ ___ ___
   Verso de ocho sílabas

El resultado es: el género ___ ___ ___ ___ ___ ___ ___ ___ ___

Vida Cultural – Ejercicios 7

b) Señala la respuesta correcta.

1. ¿Qué instrumento español tiene 6 cuerdas?
   - [ ] la pandereta [ ] el tambor [ ] la guitarra [ ] la castañuela

2. ¿Cuál de los siguientes instrumentos es un instrumento de percusión?
   - [ ] el charango [ ] la guitarra [ ] el bombo [ ] la zampoña

3. ¿Qué baile empezó bailándose en los barrios pobres de Buenos Aires, Argentina?
   - [ ] el vallenato [ ] el merengue [ ] el tango [ ] la cumbia

4. ¿Cuál de los siguientes bailes tiene origen árabe, judío y cristiano?
   - [ ] la sevillana [ ] el flamenco [ ] la jota [ ] la sardana

c) Formula la pregunta a las siguientes respuestas.

1. ¿_Quién dirige el rodaje de una película_?
   – El director

2. ¿_____?
   – La sesión golfa

3. ¿_____?
   – El zoom

4. ¿_____?
   – Las Meninas

5. ¿_____?
   – Los dos son escultores

6. ¿_____?
   – La arquitectura

El mundo hispanohablante

Lenguas de España e Hispanoamérica

La terminología
El significado de la diferente terminología usada para hablar del mundo hispanohablante es bastante confuso, por eso vale la pena empezar por aclarar lo que significa cada uno de los términos. Suramérica, por ejemplo, no incluye Centroamérica y Centroamérica no excluye a México. Iberoamérica reune a todos los pueblos de América que en la colonización formaron parte de España o Portugal. Tanto Latinoamérica como América Latina se refieren a todos los países donde se hablan lenguas que provienen del latín. Hispanoamérica por el contrario hace referencia solamente a los países del continente americano en los cuales se habla el español como lengua oficial.

¿Se habla español o castellano? Pues, a decir verdad español, ya que esta palabra se aplica a la lengua hablada en toda España, Hispanoamérica y en otras partes del mundo incluyendo Guinea Ecuatorial, las Filipinas y los Estados Unidos. El castellano, por el contrario, hace alusión a la lengua que comenzó a hablarse en Castilla en la Edad Media; más tarde se difundió en todo el territorio español, y con tal término, que representa una lengua abierta a cambios y flexible, se reconoce hoy en el mundo entero y como lengua oficial de organismos internacionales como la ONU (Organización de las Naciones Unidas) y la UE (Unión Europea).

No obstante algunos hablantes en España prefieren el término castellano al de español por respeto a las otras tres lenguas oficiales de este país.

El español como lengua oficial
Tanto en España como en Hispanoamérica el idioma oficial es el español. De manera que el español es idioma oficial de 22 países con aproximadamente 400 millones de hablantes nativos en el mundo, obviando los 40 millones que viven en los Estados Unidos. Ahí cuenta con varias cadenas de radio y televisión con emisiones totalmente en español. Siendo así, por número de hablantes, el español es la tercera lengua más hablada del mundo después del chino y el inglés. Aunque por extenderse por todo el *planeta se hable en lugares muy distantes mantiene una uniformidad en el idioma culto y escrito que permite la comprensión entre todos sus hablantes sin mayor dificultad.

El mundo hispanohablante

la terminología	Terminologie, Fachwortschatz
el significado	Bedeutung → *significar*
hispanohablante	Spanisch sprechend
confuso, -a	konfus, verworren → *confundir*
valer la pena	sich lohnen, die Mühe wert sein
un término	(Fach)Ausdruck, Wort, Begriff
incluir (-y-)	einschließen, umfassen → *incluido, -a en*
excluir (-y-)	ausschließen
una colonización	Kolonisation, Besiedelung
formar parte de	gehören zu
referirse a (-ie-)	sich beziehen auf → *E to refer to*
provenir de (≈ venir)	herkommen von, stammen aus
el latín	Latein
hacer referencia a	sich auf etw. beziehen → = *referirse a*
una lengua oficial	Amtssprache
el castellano	Spanisch
aplicarse a	anwenden (auf), verwenden, gebrauchen (für)
hacer alusión a	etw. andeuten, auf etw. anspielen
difundir	aus-, verbreiten → *la difusión*
un organismo internacional	*hier:* internationale Organisation
un, a hablante nativo, -a	Muttersprachler/in
obviar (-í-)	*hier:* mit Ausnahme von
contar con (-ue-)	geben
una cadena de radio	Radiosender
una emisión	Übertragung, Sendung → *emitir*
el chino	Chinesisch
extenderse por (-ie-)	aus-, verbreiten → *E to extend*
distante	entfernt → *la distancia*
la uniformidad	Einheitlichkeit
el idioma culto	gehobene Sprache
el idioma escrito	Schriftsprache
la comprensión	Verständigung → *comprender*

El mundo hispanohablante

El español no es la única lengua oficial en España ya que desde 1978 existen también otras tres lenguas cooficiales: el **catalán**, el **gallego** y el **vasco**. Las dos primeras **se derivan**, al igual que el español, del latín; y el vasco, también llamado euskera, es de origen desconocido.

En Hispanoamérica hay una gran **riqueza** lingüística. En algunos países como Panamá o Costa Rica el español es la única lengua oficial; pero en otros son dos y tres lenguas las oficiales, así es en Bolivia donde el español aparece como lengua oficial junto al *****quechua** y el *****aimara**. En la mayoría de los países hispanohablantes se hablan varias **lenguas indígenas** y en las **constituciones** esto aparece de manera bastante **explícita**; el artículo 10 de la constitución colombiana, por ejemplo, lo expresa de la siguiente manera: «Las lenguas y *****dialectos** de los **grupos étnicos** son también oficiales en sus **territorios**. La **enseñanza** que se **imparta** en las comunidades con tradiciones lingüísticas propias será **bilingüe**». Algunas de las lenguas indígenas más conocidas son: el *****náhuatl** hablado **principalmente** en el sur de México y Guatemala, el quechua sobre todo en Perú y Bolivia o el *****guaraní** hablado principalmente en Paraguay.

Desarrollo del vocabulario español a través de los siglos
El español ha sido **enriquecido** durante siglos no sólo por las lenguas indígenas sino también por otras más como lo hizo el árabe en España y lo está haciendo el inglés en Hispanoamérica y España.

El **legado de origen árabe** pertenece sobre todo a las áreas de las matemáticas y el comercio ya que los árabes **abastecieron** hasta el siglo X los puertos del sur peninsular. **Muestras** de estas **aportaciones** son **alfombra** o **almacén** del árabe –como muchas de las palabras que empiezan con a- o al- en español–, **líder** o **camping** del inglés. El legado de origen indígena es principalmente en el **campo** de la *****fauna**, la *****flora** y los frutos. Algunos ejemplos son: caimán, tomate, cacao, tabaco, ananá, o **aguacate** del náhualt, **cancha** del quechua.

España internacional

*España y la **Unión Europea***
España es **miembro** de varias de las *****organizaciones** internacionales más importantes como la **OMC** (Organización Mundial del Comercio), la **OTAN** (Organización del **Tratado** del Atlántico Norte), la **ONU** (Organización de las Naciones Unidas) incluyendo a varios de sus **organismos** especializados como la **OMS** (Organización Mundial de la Salud), *****Unicef** y la *****Unesco**, y también de la UE (Unión Europea).

La apertura política de España hacia el exterior comenzó con su **adhesión** a la Comunidad Europea en enero de 1986 (aunque el

El mundo hispanohablante

el catalán	Katalanisch
el gallego	Galizisch
el vasco	Baskisch
derivarse de	hervorgehen aus, ableiten von
la riqueza	Reichtum → *rico, -a*, ≠ *la pobreza*
una lengua indígena	indigene Sprache
una constitución	Verfassung → *E constitution*
explícito, -a	ausdrücklich, explizit → ≠ *implícito, -a*
un grupo étnico	Volksgruppe
un territorio	Gebiet → *E territory*
la enseñanza	Unterricht
impartir	(Unterricht) erteilen → = *enseñar*
bilingüe	zweisprachig, bilingual
principalmente	vorrangig
enriquecer (-zco)	bereichern → *rico, -a*
el legado	Erbe → = *la herencia*
de origen árabe	aus dem Arabischen; arabischen Ursprungs → *el origen; Ursprung, Entstehung*
abastecer (-zco)	beliefern, versorgen
una muestra	Muster, Probe, *hier:* Beispiel → *mostrar (-ue-)*
una aportación	Beitrag → = *una contribución*
una alfombra	Teppich
un almacén	Lager
un líder	Chef, Anführer → *E leader*
un camping	Campingplatz
el campo	Bereich, Gebiet
un aguacate	Avocado
una cancha	(LA) Spielplatz, Sportplatz, Spielraum
la Unión Europea	Europäische Union
un miembro	Mitglied → *E member*
la OMC	Welthandelsorganisation
la OTAN	NATO
un tratado	Vertrag
la ONU	UNO
un organismo	*hier:* Organisation
la OMS	Weltgesundheitsorganisation (WHO)
la adhesión	Beitritt

El mundo hispanohablante

primer paso se dio en 1951 con la **incorporación** de España a la OMS), dejando atrás la época franquista y prefranquista que se podría decir que la tenían **aislada** del resto de Europa.

La **Comunidad Económica Europea** (CEE) nació en 1957 con seis **países miembros**, entre ellos Alemania, Francia e Italia. Hoy **reúne** a quince países. La **ampliación** del sur empezó con Grecia en 1981 seguida, cinco años más tarde, por España y Portugal. En febrero de 1992, los entonces doce países de la Comunidad Europea firmaron el Tratado de la Unión Europea, el famoso Tratado de Maastricht. Los últimos tres países **integrantes**, Austria, Finlandia y Suecia, entraron en 1995. La UE igualmente se extenderá **a lo largo de** este siglo a Europa Oriental y Báltica Central, por las **negociaciones** que se están llevando a cabo con naciones de **ambas** zonas. La Comisión Europea estima que a partir de 2004 diez países de **dichas** regiones estarán en condiciones de formar parte de la UE.

La **participación** en la Unión Europea no le ha traído sólo **ventajas** a España. **Por lo visto**, le falta todavía mucho para considerarse en el nivel de los demás países que la componen. La **implementación** del *euro fue el verdadero **inicio** de la **Unión Económica y Monetaria** (UEM) en 1998. En 2002, en España como en once más de los **países comunitarios** de la Unión Europea, cambiaron sus **monedas** y **billetes** – las pesetas en España, los marcos alemanes en Alemania– y así, por fin, **entró en circulación** el euro. El euro ha **traído consigo beneficios esenciales** como la **eliminación** de los costes de cambio, la creación de un mercado **transparente** en la comparación de precios, una mayor **estabilidad monetaria**, aunque también ha **contribuido** al **aumento** de la *inflación.

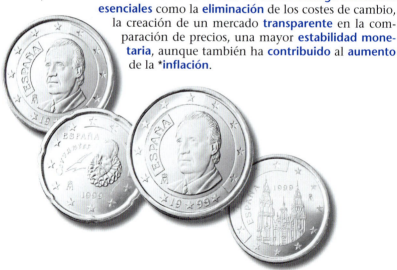

El mundo hispanohablante

la incorporación	Eingliederung, Aufnahme
aislado,-a	isoliert → *el aislamiento*
la Comunidad Económica Europea	Europäische Wirtschaftsgemeinschaft
un país miembro	Mitglied(s)staat
reunir	vereinigen, versammeln → *la reunión*
la ampliación	Erweiterung → *ampliar*
integrante	Mitglied(s)-
a lo largo de	im Verlauf
la negociación	Verhandlung → *negociar;* **E** *negotiation*
ambos,as	beide
dicho,-a	genannt, erwähnt
la participación	Beteiligung → **E** *participation*
una ventaja	Vorteil → ≠ *la desventaja*
por lo visto	anscheinend, offensichtlich
una implementación	*hier:* Einführung
el inicio	Beginn → = *el comienzo*
la Unión Económica y Monetaria	Wirtschafts- und Währungsunion
un país comunitario	(EU) Mitgliedsland
una moneda	Münze; Währung
un billete	Banknote, Geldschein
entrar en circulación	in Umlauf kommen/sein
traer consigo	mit sich bringen
el beneficio	Nutzen, Vorteil → *beneficiar de*
esencial	wesentlich, grundlegend
la eliminación	Beseitigung, Entfernung
transparente	durchsichtig, durchschaubar
la estabilidad monetaria	Währungsstabilität
contribuir a (-y-)	beitragen, mithelfen
el aumento	Anstieg, Anwachsen → = *el crecimiento*

El mundo hispanohablante

El coste de la vida diaria es **supremamente** alto en España (es tan **elevado** como en Alemania) mientras que los **salarios** son muy bajos. España es uno de los países de la *****eurozona** donde peor evolucionaron los precios al pasar de una inflación del 2,5 % en diciembre 2001 al 4,0 % doce meses más tarde.

El interés de Europa por España ha aumentado y cada día hay más **compañías** que hacen sus **inversiones** en España. Algunas de ellas son: DaimlerChrysler España Holding, **S.A.**; Nokia, S.A.; Volkswagen/Audi España, S.A., La Roche Ltd., Danone, Carrefour, Alcatel...

España y Latinoamérica
A razón de la misma historia, ya que España fue la que **conquistó** y **colonizó** a Iberoamérica, la relación entre ellas ha sido un poco como la relación entre padres e hijos –como lo describió en alguna **ocasión** el escritor argentino Julio Cortázar. De ahí que Iberoamérica haya necesitado distanciarse de España para empezar una relación más abierta y directa. Antes y aún hoy en día se pueden encontrar **huellas** de una actitud de **recelo** de parte y parte. En cuanto al idioma podemos observar que por un lado los españoles se **sorprendían** por la forma de hablar de los hispanoamericanos (**voseo**, **yeísmo**) y por el otro, los hispanoamericanos **ironizaban** el acento español (**ceceo**, la z de Madrid). Tanto por su historia como por compartir la misma lengua y cultura España **constituye** un puente entre Hispanoamérica y Europa.

Actualmente, España **juega un papel** muy activo en la política de **globalización**. Una de sus **prioridades radica** precisamente en la *****integración** de las relaciones con Latinoamérica. **A su vez**, España ha **fortalecido** sus inversiones en los países latinoamericanos, especialmente en el **sector financiero** y de **construcción** de **servicios públicos**.

España y Alemania
Las inversiones económicas traen consigo el **apoyo** para una mejor comprensión entre sus gentes. Hoy en día se está **haciendo** un mayor **hincapié en** las relaciones *****interculturales** y personales para obtener mejores resultados económicos. Es así que la enseñanza del idioma, la interculturalidad y el interés económico son **signos** de globalización y **movilización** flexible que va más allá de las fronteras. Uno de los **requisitos** para que el **mercado económico** sea **satisfactorio** a nivel mundial es el contacto humano y social, **eliminando barreras** para personas y capitales. La **Fundación Goethe España** y el *****Instituto Cervantes** son ejemplos de **entidades** que apoyan e

El mundo hispanohablante

supremamente	äußerst
elevado, -a	hoch → = *alto, -a*
el salario	Gehalt → *E salary*
una compañía	Gesellschaft, Firma → *E company*
una inversión	Investition, Geldanlage
S.A. (Sociedad Anónima)	AG (Aktiengesellschaft)
a razón de	aufgrund von
conquistar	erobern → *un, a conquistador, a*
colonizar	kolonisieren → *la colonia*
la ocasión	Gelegenheit, Anlass → *E occasion*
una huella	Spur
el recelo	Argwohn, Misstrauen
sorprender	überraschen → *la sorpresa*
voseo	*Duzen mit „vos" statt „tú" in manchen Regionen Lateinamerikas*
yeísmo	*Aussprache des -ll- wie ein -y-*
ironizar	ironisieren, lächerlich machen → *la ironía*
ceceo	Lispeln *(Aussprache des -s- als -z-)*
constituir (-y-)	bilden, darstellen
jugar (-ue-) un papel	eine Rolle spielen
la globalización	Globalisierung
una prioridad	Priorität
radicar en	beruhen auf, bestehen in
a su vez	seinerseits, ihrerseits
fortalecer (-zco)	verstärken → *fuerte*
el sector financiero	Finanzbereich → = *las finanzas*
la construcción	Baugewerbe; *hier:* Bauauftrag
el servicio público	öffentlicher Dienst; *hier:* öffentliche Hand
el apoyo	Hilfe, Unterstützung → *apoyar,* = *la ayuda*
hacer hincapié en algo	beharren auf, etw betonen → = *hacer énfasis en algo*
un signo	Zeichen → *E sign*
la movilización	Mobilisierung, Einsatz → *mover (-ue-)*
un requisito	Voraussetzung, Erfordernis
el mercado económico	Wirtschaftsmarkt → *la economía; Wirtschaft*
satisfactorio, -a	zufrieden stellend
eliminar	entfernen, beseitigen → *E to eliminate*
una barrera	Schranke, Barriere
la Fundación Goethe España	Goethe Institut in Spanien → *fundar; gründen*
una entidad	Körperschaft

El mundo hispanohablante

intensifican tanto las lenguas – alemán y español- como las relaciones culturales entre Alemania y España.

No hay que olvidar los importantes **hermanamientos** entre ciudades españolas y alemanas. La **formación** de éstos **surge** por diferentes motivos; algunas veces de personas particulares, otras veces de **sociedades**. Uno de los hermanamientos más antiguos es el de Paderborn y su **ciudad gemela** Pamplona, que cuenta con un origen histórico y **data de** la época del **emperador** Carlomagno. En el caso de Maguncia (Mainz) y Valencia fue por un **intercambio** de teatros y de **directores**. Así hoy hay unas tres docenas de estas **hermandades** que organizan toda clase de actividades, desde presentaciones folclóricas y viajes a las respectivas ciudades, hasta intercambios universitarios.

Latinoamérica internacional

Relaciones entre los países hispanohablantes de América y sus vecinos
Los problemas de Latinoamérica son más o menos **homogéneos** para todos los países que la componen. Una razón por la que estas *****naciones** se ven obligadas a trabajar cada vez más unidas para fortalecer sus puntos débiles como son la protección de los **derechos humanos**, la **lucha** por la **paz**, la *****democracia**, la **desigualdad** social, la pobreza, el *****analfabetismo**, la *****corrupción**, el **narcotráfico** y el **fomento** del comercio.

Los problemas y los ideales **perseguidos** son muy parecidos, los resultados también lo son, ya que, lamentablemente, muy poco es lo que cambia a pesar de la **voluntad** y los **esfuerzos** de todas las organizaciones que luchan unidas.

Una de las organizaciones que tiene como **meta** lograr los **objetivos compartidos** de los 35 países del Caribe, de América del Norte, del Centro y del Sur es la OEA (La Organización de los Estados Americanos) **fundada** en 1948. Existen también otras organizaciones *****interamericanas** que **hacen énfasis en** el **desarrollo** económico como son:

- el MERCOSUR (El Mercado Común del Sur) constituido en 1991 por Argentina, Brasil, Paraguay y Uruguay;

- el TLC (Tratado de Libre Comercio) con los Estados Unidos y Canadá desde 1993;

- la CAN (La Comunidad Andina) una **zona de libre comercio** establecida desde 1993 y que reúne a Bolivia, Colombia, Ecuador, Perú y Venezuela;

El mundo hispanohablante

un hermanamiento	(Städte)Partnerschaft
la formación	Bildung
surgir (-j-)	entstehen, aufkommen
la sociedad	Gesellschaft → *E society*
una ciudad gemela	Partnerstadt → *un, a gemelo, -a; Zwilling*
datar de	stammen aus, datieren
un emperador, una emperatriz	Kaiser/in → *el imperio; Kaiserreich*
un intercambio	Austausch
un, a director, a	Dirigent/in → ⊗ *un, a dirigente; Leiter, Manager*
una hermandad	*hier:* Städtepartnerschaft
homogéneo, -a	homogen, einheitlich → ≠ *heterogéneo, -a*
los derechos humanos	Menschenrechte
la lucha	Kampf → *luchar*
la paz	Frieden → *pacífico, -a*
la desigualdad	Ungleichheit, soziale Ungerechtigkeit → ≠ *la igualdad*
el narcotráfico	Drogenhandel
el fomento	Förderung, Unterstützung → *fomentar; fördern*
perseguir (e-i; gu-g)	verfolgen
la voluntad	Wille
el esfuerzo	Anstrengung → *esforzarse (-ue-)*
una meta	Ziel → = *un objetivo*
un objetivo compartido	gemeinsames Ziel
fundar	gründen
hacer énfasis en	etwas betonen → = *hacer hincapié en*
el desarrollo	Entwicklung
una zona de libre comercio	Freihandelszone

El mundo hispanohablante

- el ALCA (Área de Libre Comercio de las Américas) que los Presidentes de los países democráticos del Norte, el Centro y el Sur de América acordaron constituir en el 2005; esta nueva organización panamericana tendrá el propósito de *conformar una zona de libre comercio que abarcará todo el continente americano y eliminará todas las barreras comerciales y de inversión.

Relaciones entre Latinoamérica y Europa
Por parte de Europa también hay *instituciones que se preocupan por las actividades comerciales de Latinoamérica y la Península Ibérica. La Asociación Ibero-América fundada en 1916 en Hamburgo promueve el comercio, la inversión y, fuera de eso, se esfuerza en profundizar las relaciones económicas, sociales y culturales de Alemania y de la Unión Europea con estas regiones. Los miembros de esta asociación son en su mayoría empresas privadas de países europeos, principalmente de Alemania, con intereses en América Latina, así como también empresas latinoamericanas que desean mantener vínculos con Alemania. Para el 2004 se está proyectando un acuerdo euro-latinoamericano para promover las negociaciones entre la Unión Europea y MERCOSUR.

Los hermanamientos con Latinoamérica en los últimos años han aumentado. A pesar de la falta de medios económicos y de las grandes distancias, muchas universidades buscan soluciones desarrollando programas a distancia con la ayuda de internet o de profesorado de las universidades hermanas.

Los profesores viajan a impartir cursos especiales para que los estudiantes no tengan gastos de viajes, estancia y otros que se presentan al ir a estudiar al extranjero. Así la educación logra superar las barreras de tiempo, distancia y recursos. Los grados se convalidan a través de las universidades hermanas que mediante acuerdos se apoyan según los puntos fuertes de cada una de las universidades en cuestión. Este nuevo modelo educativo virtual todavía es un proyecto muy joven que, sin embargo, ha tenido una gran acogida hasta el momento.

El mundo hispanohablante

acordar (-ue-)	vereinbaren, beschließen → *un acuerdo*
panamericano, -a	panamerikanisch *(den gesamten amerikanischen Kontinent betreffend)*
el propósito	Absicht, Plan, Vorhaben → = *la intención*
abarcar (c-qu)	umfassen
la Asociación Ibero-América	Ibero-Amerika-Verein
promover (-ue-)	*hier:* fördern → ⊗ *la promoción; Förderung/die Promotion; el doctorado*
esforzarse en (-ue-)	sich bemühen → *un esfuerzo*
profundizar (z-c)	vertiefen → *profundo, -a*
una empresa privada	Privatunternehmen
mantener (≈ tener)	aufrechterhalten
el vínculo	Verbindung, Verknüpfung
proyectar	planen → = *planear*
los medios económicos	wirtschaftliche Mittel
la estancia	Aufenthalt → *estar*
superar	überwinden
los recursos	(finanzielle) Mittel
un grado	akademischer Grad
convalidar	anerkennen, bestätigen → *válido, -a; gültig*
el acuerdo	Übereinkommen, Vereinbarung → = *el convenio*
un punto fuerte	Stärke, starke Seite → ≠ *un punto débil*
virtual	virtuell → ≠ *real*
la acogida	Aufnahme, Empfang → *acoger (g-j)*

El mundo hispanohablante

Las relaciones de los Estados Unidos y Latinoamérica

Hispanohablantes dentro de los EE.UU.

La relación de los países latinoamericanos con los Estados Unidos es tan *paradójica que se podría denominar la cultura «amor-odio», ya que, por un lado, se trata de una profunda admiración y, por el otro, de una tendencia a un rencor extremo.

La frontera entre México y EE.UU.

Como gran parte de los latinoamericanos que viven en esta gran potencia de Norteamérica son trabajadores indocumentados o *ilegales, la cifra de hispanos aproximada es de 40 millones, convirtiéndose este país, después de México, España, Colombia y Argentina, en el quinto país en población hispanohablante del mundo. Ya los primeros pobladores que llegaron de ultramar, especialmente al suroeste de los EE.UU., en el siglo XVI fueron de origen hispano. Más tarde, por motivos políticos, históricos y geográficos llegaron sobre todo mexicanos, puertorriqueños y cubanos.

Hoy en día los inmigrantes latinos en los Estados Unidos provienen de 20 países hispanohablantes diferentes. Muchos de ellos dejan todo en su país y emigran en busca de una mejor vida económica, una estabilidad política y con la esperanza de que sus hijos logren lo que ellos no han podido lograr. Lamentablemente, después de un tiempo, muchos se dan cuenta de que lo que ellos tanto anhelaban no era más que una ilusión y de que la vida en EE.UU. también es bastante difícil, sobre todo para los ilegales que tienen que desempeñar oficios duros y mal pagados.

El mundo hispanohablante

denominar	(be)nennen, bezeichnen
profundo, -a	tief; tief empfunden
la admiración	Bewunderung → *E admiration*
el rencor	Groll
una gran potencia	Großmacht
indocumentado, -a	ohne (Ausweis)Papiere → *el Documento Nacional de Identidad (el DNI); Personalausweis*
convertirse en (-ie-)	*hier:* werden zu → = *hacerse,* = *transformarse en*
un poblador	Siedler → *un pueblo*
el ultramar	Übersee
un, a inmigrante	Einwanderer/in, Immigrant/in
emigrar	auswandern, emigrieren
la estabilidad	Stabilität → *estable*
darse cuenta de algo	etw. bemerken, sich etw. bewusst werden
anhelar	sich sehnen nach
desempeñar	ausüben, ausführen
un oficio	Beruf, Handwerk

El mundo hispanohablante

Influencia de los EE.UU. en Latinoamérica

En los países latinoamericanos se vive también diariamente una **contradicción**: por un lado los que tienen una actitud **antiestadounidense**, que muestran gran **desprecio** por todo lo que venga de este país y por otro lado una gran mayoría que **codicia** todo lo proveniente o que parezca provenir de los Estados Unidos de América.

Se alimentan con **comidas rápidas** (McDonalds tiene *filiales en 119 países), beben sus bebidas (Coca-Cola se vende en todo el mundo), ven sus películas o «**enlatados gringos**» como les llaman, oyen su música, se ponen sus *marcas. Hasta el **sentido** de la belleza es **categorizado** según los **modelos** de belleza de las revistas estadounidenses, es decir, que las personas deben ser rubias, blancas, altas y de nariz pequeña. **Asimismo**, juega un papel muy importante la moda *importada al igual que todos los **fenómenos** que la acompañan, como son las marcas, los **letreros** de camisetas, de bolsos que siempre van en inglés.

Parece ser que hasta la *ortografía de muchos de los productos nacionales tiene que **asemejar** la escritura inglesa o por lo menos lo que se piensa que es inglés. Un ejemplo es el uso exagerado de la letra «k» que en español poco uso tiene; las consonantes dobles como en «Betty», llevados a tal extremo que las nuevas palabras formadas no son ni inglés ni español como en «City Marcket». Esto sólo con el **fin** de que parezca proveniente de Estados Unidos, lo que para muchos es **sinónimo** de mejor calidad y que por el mismo hecho se pueda vender a mejor precio.

La política económica de los Estados Unidos de América contribuye también a que estos **síntomas** se **intensifiquen** a mayor escala. El *mercado nacional se **impulsa** menos que antes en muchos países hispanoamericanos ya que las políticas de **libre mercado** que se introdujeron a principios de los 80 han contribuido a **facilitar** el **acceso** estadounidense a los mercados latinoamericanos, **restringiendo** al mismo tiempo la entrada de Latinoamérica en los mercados de EE.UU.

Con esta nueva política se **atrajo** a los **inversores** extranjeros, pero no se **fomentó** la *expansión de mercados nacionales y su consumo. El beneficio ha sido para una pequeña *élite de *multimillonarios latinoamericanos que también han podido participar de las inversiones en empresas *multinacionales. Pero la mayoría de la población ha llegado a niveles de pobreza, **explotación** y **marginalidad** aún mayores que antes.

El mundo hispanohablante

una contradicción	Widerspruch → *E contradiction*
antiestadounidense	antiamerikanisch
el desprecio	Verachtung, Geringschätzung → *despreciar; ≠ el aprecio*
codiciar	begehren → *la codicia; Habsucht, Habgier*
alimentarse	sich ernähren
la comida rápida	Fast Food
un enlatado gringo	*Amerikan. Film von geringer Qualität, ins Spanische übersetzt*
el sentido	Sinn
categorizar	einordnen, kategorisieren → *la categoría*
un, a modelo	Model, Dressman
asimismo	auch, ebenfalls, gleichfalls
un fenómeno	Phänomen, Erscheinung
un letrero	*hier:* Aufdruck → *una letra; Buchstabe*
asemejar	ähneln, ähnlich sein → *semejante; ähnlich*
un sinónimo	Synonym → *≠ un antónimo*
un síntoma	Symptom
intensificar (c-qu)	verstärken, intensivieren
impulsar	antreiben, vorantreiben → *el impulso*
el libre mercado	freier Markt
facilitar	erleichtern
el acceso a	Zugang zu → *acceder a; Zugang haben*
restringir (-j-)	einschränken, begrenzen
atraer (≈ traer)	anziehen → *atractivo,-a*
un, a inversor, a	Investor/in, Anleger/in → △ *invertir (-ie-); investieren*
fomentar	fördern, unterstützen → *el fomento*
la explotación	Ausbeutung
la marginalidad	soziales Abseits, Ausgrenzung → *marginar*

El mundo hispanohablante – Ejercicios

a) Completa la tabla con lo que falte: el sustantivo, el verbo o la traducción al alemán.

sustantivo	verbo	traducción del verbo
riqueza		bereichern
sorpresa		überraschen
	acordar	vereinbaren, beschließen
eliminación		
	enseñar	unterrichten
colonización		
	aumentar	ansteigen, anwachsen
esfuerzo		
	fomentar	fördern, unterstützen
alimento		sich ernähren
	apoyar	
significado		

b) Busca y relaciona los sinónimos o los antónimos de las columnas.

a) incluir
b) paz
c) admiración
d) referirse a
e) hacer hincapié
f) proyectar
g) derivarse de

1. provenir de
2. hacer énfasis
3. excluir
4. hacer referencia a
5. planear
6. guerra
7. desprecio

El mundo hispanohablante – Ejercicios

c) Llena las casillas con los términos correctos y encontrarás la palabra de lo que estás aprendiendo con este librito.

1. Uno de los términos usados para la lengua hablada en 22 países.
2. Actitud tolerante; acción de entender cosas o a personas.
3. Sinónimo de contribución.
4. Otra palabras para decir «los dos».
5. Una persona que habla dos lenguas.
6. Acción y efecto de tratar y comerciar o de tratar asuntos públicos o privados.
7. Una de las otras lenguas habladas en España fuera del español.
8. Cantidad de dinero que se le da a un trabajador.
9. El gobierno de un país.
10. La organización mundial de comercio.
11. Otra palabra para una empresa o sociedad anónima.
12. El dinero de un país.

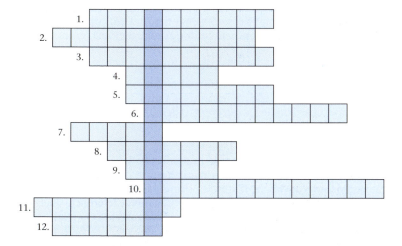

Nuevas tecnologías

Las *telecomunicaciones

Los últimos avances en telecomunicaciones, más concretamente, en las llamadas *nuevas tecnologías como la telefonía móvil, los *satélites o las nuevas técnicas de transmisión de datos han cambiado nuestra forma de relacionarnos. Tanto en lo personal como en lo profesional, las distancias son cada vez más cortas e, incluso, podemos estar todo el día en contacto con nuestros interlocutores. Esto se debe a que el tiempo en la transmisión de datos es cada vez menor, lo que nos permite acceder y transmitir información con mayor rapidez y a bajo coste.

*La *comunicación telefónica*
Atrás se quedaron los tiempos en los que no estábamos localizables y teníamos que dejar mensajes en el contestador automático del *teléfono fijo. La telefonía móvil nos ofrece múltiples servicios... y los españoles hacen uso de ellos. El éxito de los móviles en España ha sido enorme. Prueba de ello es que el número de abonados a las distintas operadoras es cada vez mayor, independientemente de su edad, profesión o sexo. El dueño de un celular, como lo llaman en algunos países de Latinoamérica, puede hablar con quien desee desde cualquier lugar donde se encuentre, mandar mensajes escritos o multimedia, dejar un recado en el buzón de voz, enviar logotipos, melodías o fotos a sus conocidos... Todo esto siempre que haya cobertura; en caso contrario, siempre puede pasar el tiempo con los juegos *electrónicos.

Pero el móvil se ha convertido además en un punto de acceso a información muy variada. Con él estamos al tanto de las últimas noticias, el tiempo o el estado de las carreteras, además de tener acceso a *Internet o al saldo de nuestra cuenta, entre otros servicios financieros.

Desde el punto de vista profesional, el móvil nos sirve de *módem, de forma que las consultas son mucho más ágiles y facilita así la toma de decisiones. A esto han contribuido también enormemente las audioconferencias, es decir, la posibilidad de que varios, no sólo dos, interlocutores puedan entablar una conversación por teléfono. Para que todo esto ocurra en un tiempo razonable, la transmisión de datos se lleva a cabo por fibra de vidrio o por satélites cada vez más avanzados.

Pero no todo son ventajas. La repercusión de las ondas *electromagnéticas en la salud es muy controvertida. A pesar de numerosos estudios, todavía no está claro cuál es el efecto del *aparato en nuestro cerebro o de las *antenas de telefonía en ciudades o pueblos. Además,

Nuevas tecnologías

el avance	*hier:* Fortschritt ➔ = *el progreso*
la telefonía móvil	mobile Telefonie
la transmisión de datos	Datenübertragung, -übermittlung
un, a interlocutor, a	Gesprächspartner/in
acceder a	Zugang haben ➔ = *tener acceso*
transmitir	übertragen, -mitteln
a bajo coste	mit niedrigen/geringen Kosten
estar localizable	erreichbar sein
dejar un mensaje	eine Nachricht hinterlassen
un contestador automático	Anrufbeantworter
fijo, -a	fest, stationär
el servicio	Service, (Dienst)Leistung
hacer uso de algo	von etw. Gebrauch machen
	➔ = *usar,* = *utilizar*
un móvil	Handy ➔ *(LA) un celular*
un, a abonado, -a	Kunde/in, Fernsprechteilnehmer/in
una operadora	Anbieter ➔ = *un operador*
un celular	(LA) Handy
mandar un mensaje	eine Nachricht/SMS (ver)schicken
un recado	Nachricht
un buzón de voz	Voicemail, Mobilbox
un logotipo	Logo, Emblem
hay cobertura	das Handy hat Empfang
	➔ = *tener cobertura*
un juego	Spiel ➔ *jugar (g-gu)*
estar al tanto	auf dem Laufenden sein, auf dem neuesten Stand sein
el acceso a	Zugang (zu) ➔ *acceder a*
el saldo (de cuenta)	Kontostand
el servicio financiero	Finanzdienstleistung
una consulta	Abfrage, Anfrage
ágil	flink; geschickt ➔ ≠ *torpe*
la toma de decisiones	Entscheidungsfindung
una audioconferencia	Telefonkonferenz
entablar una conversación	Gespräch führen
razonable	vernünftig, angemessen
llevar a cabo	durchführen, vollbringen
la fibra de vidrio	Glasfaser
la repercusión	Rück-, Nach-, Auswirkung,
una onda	(Schall)Welle
controvertido, -a	umstritten
el cerebro	Gehirn

Nuevas tecnologías

no son pocos los accidentes de tráfico que se ocasionan por la falta de atención del conductor al llamar por teléfono o por tener las manos ocupadas con el auricular. Para evitar lo segundo, existe una ley contra ese uso desde 2002 y el mercado ofrece kit manos libres; pero lo primero sigue siendo un riesgo.

No menos peligrosas, en este caso para la economía familiar, son las altas facturas que llegan todos los meses por utilizar todos estos servicios. Y lo peor es que los principales usuarios son jóvenes sin ingresos propios. Menos mal que la competencia entre los distintos operadores hace que las facturas sean cada vez más baratas.

*Fax y videoteléfono

El avance de las telecomunicaciones no se manifiesta sólo en los servicios que ofrece, sino también en el desarrollo de nuevos aparatos o en el perfeccionamiento de los ya existentes. Un ejemplo es el fax o el videoteléfono. El fax envía documentos e imágenes en un tiempo récord y, en muchos casos, hace innecesario el correo tradicional.

Y por supuesto, en la sociedad de la imagen en la que vivimos, no podía faltar el videoteléfono: un aparato dotado de una pequeña *cámara de vídeo que transmite en vivo la imagen de nuestro interlocutor. Este servicio, junto con la audioconferencia, es utilizado por muchas empresas para reducir costes en viajes.

La conquista del espacio

Los satélites

El gran desarrollo de las telecomunicaciones en los últimos años no hubiera sido posible sin el desarrollo paralelo de los satélites y las lanzaderas. Existen varios tipos de satélites según las funciones que realicen. Así tenemos:

- satélites de comunicación que apoyan la comunicación telefónica y las retransmisiones televisivas;

- satélites de navegación que ayudan a localizar barcos u otros objetivos en el mar con un bajísimo grado de error;

- satélites meteorológicos que fotografían la Tierra y mandan datos a las estaciones meteorológicas;

- satélites de investigación para estudios del cielo y la atmósfera;

- *satélites militares cuyo objetivo es espiar *posiciones enemigas como han demostrado la Guerra del Golfo, o las de Afganistán o Irak.

Nuevas tecnologías

la atención	Aufmerksamkeit → *E attention*
un auricular	(Telefon)Hörer
un kit manos libres	Freisprechanlage
un riesgo	Risiko → *arriesgar; riskieren, aufs Spiel setzen*
una factura	Rechnung
los ingresos	Einkommen
propio, -a	eigene/r/s
menos mal	glücklicherweise
la competencia	Konkurrenz → ☺ *la concurrencia; Zulauf*
un videoteléfono	Bildtelefon
el desarrollo	Entwicklung
el perfeccionamiento	Vervollkommnung, Perfektionierung → *perfecto, -a*
el correo	Post (Sendung) → △ *Correos; Post (Institution)*
dotar de	ausstatten
en vivo	live, direkt
el espacio	(Welt)Raum → *E space*
paralelo, -a	parallel
una lanzadera	Raumfähre
un satélite de comunicación	Nachrichtensatellit
apoyar	helfen, unterstützen → = *ayudar, el apoyo*
la retransmisión	Übertragung
televisivo, -a	Fernseh-
un satélite de navegación	Navigationssatellit
localizar	lokalisieren, orten
un satélite meteorológico	Wettersatellit
la Tierra	Erde
una estación	Station
meteorológico, -a	Wetter-; wetterkundlich, meteorologisch
un satélite de investigación	Forschungssatellit
la atmósfera	Atmosphäre
espiar	(aus)spionieren → *un, a espía*
enemigo, -a	feindlich

Nuevas tecnologías

Los datos son enviados a las estaciones de **seguimiento** de satélites entre las que se encuentra la de Villafranca a 30 km de Madrid que forma parte de las estaciones de tierra de la **Agencia Espacial Europea (ESA)**.

La Unión Europea y la ESA se han propuesto complementar el **sistema de navegación por satélite** de los EE.UU. (Sistema de Posicionamiento Global o Global Positioning System) con el proyecto Galileo. Éste quiere ser un sistema de **posicionamiento** completamente *civil, formado por unos treinta satélites, que ofrezca una amplia **gama** de servicios a usuarios de todo el mundo.

La lanzadera
La **puesta en órbita** de satélites es una de las misiones de las lanzaderas, pero no la única; también **lanzan** *sondas para la investigación del **sistema solar** y **abastecen** la **Estación Espacial Internacional (ISS)**.

La lanzadera Ariane V, una producción europea a cuya fabricación España también **contribuye**, está formada entre otros por dos **propulsores** con **combustible líquido** o **sólido** y un motor de gran **potencia**.

Esta lanzadera europea hace posible poner en órbita dos satélites en un sólo lanzamiento y puede hacer así competencia a los **cohetes** estadounidenses. Esto, y que la **producción** se reparta entre los diferentes Estados que forman el **consorcio** Arianspace, hace que la conquista **comercial** del espacio también sea cosa de Europa.

Las sondas
Las sondas espaciales **registran** y transmiten datos e imágenes de planetas y satélites para la investigación espacial. Con sus datos se **trazan** mapas y se hacen análisis de las atmósferas que **atraviesan**.

Hoy en día están equipadas incluso con sistemas de **aterrizaje**, **laboratorios**, *instrumentos meteorológicos y cámaras de televisión que transmiten información durante años.

La estación espacial
A partir del éxito de la estación espacial Mir, se ha hecho realidad uno de los sueños de la humanidad: permanecer fuera de la Tierra y poder **investigar** el espacio exterior por un tiempo **prolongado**. Tras la **caída** controlada de la estación rusa en el 2001, EE.UU., Rusia, Canadá, Japón y la Agencia Espacial Europea cooperan para construir una nueva estación espacial: la Estación Espacial Internacional (ISS).

Nuevas tecnologías 9

el seguimiento	*hier:* Beobachtung → *seguir (e-i; gu-g); folgen*
la Agencia Espacial Europea (ESA)	Europäische Raumfahrtbehörde
un sistema de navegación por satélite	satellitengestütztes Navigationssystem
el posicionamiento	Positionierung
una gama	Skala; Palette
una lanzadera	Trägerrakete
la puesta en órbita	das in die Umlaufbahn Bringen
lanzar	(ab)schießen → *el lanzamiento*
el sistema solar	Sonnensystem
abastecer (-zco)	versorgen, beliefern
la Estación Espacial Internacional (ISS)	Internationale Raumstation
contribuir a (-y-)	beitragen → *E to contribute*
el propulsor	Antrieb
el combustible	Brennstoff
líquido, -a	flüssig → *E liquid*
sólido, -a	fest → *E solid*
la potencia	(Leistungs)Fähigkeit, Kraft
un cohete	Rakete → ⊗ *la raqueta; (Tennis)Schläger*
la producción	Herstellung, Produktion
un consorcio	Konsortium
comercial	Wirtschafts-, wirtschaftlich → *el comercio;* Handel, Gewerbe
registrar	registrieren, aufzeichnen
trazar (z-c)	zeichnen; entwerfen
atravesar (-ie-)	durchqueren
el aterrizaje	Landung → *aterrizar (z-c),* ≠ *el despegue*
un laboratorio	Labor → ⊗ *la labor;* Arbeit
investigar (g-gu)	Untersuchen, (er)forschen
prolongar (g-gu)	verlängern
la caída	Absturz → *caer*

Nuevas tecnologías

Los primeros **módulos** se pusieron en órbita en 1998 y posteriormente se han ido **acoplando** otros elementos de tal forma que ya **dispone de**:

- un módulo **científico**;

- dos **cámaras de decompresión**, gracias a las cuales los **tripulantes** pueden salir al exterior sin necesidad de que haya un **transbordador**. Además una de ellas permite **atracar** 3 naves al mismo tiempo;

- una gran plataforma que servirá de **soporte** para nuevos elementos;

- un **brazo robótico** para las tareas de construcción y **mantenimiento** de la estación.

La Estación Espacial Internacional (ISS)

La **aeronáutica**

En la segunda mitad del siglo XX, la aeronáutica experimentó un gran desarrollo. La utilización del avión como medio de transporte a grandes distancias, ya sea en **vuelos regulares** como en *****chárter**, se ha generalizado. A ello ha contribuido la **feroz** competencia que **reina** en este *****sector** de los **transportes** que ha obligado a las **compañías aéreas** a *****fusionarse**, a colaborar entre ellas y a **abaratar** sus *****tarifas**. En temporada alta llega a ser su utilización tan masiva que el **tráfico aéreo** se **colapsa**. Los pasajeros tienen que contar con aeropuertos **abarrotados**, **overbooking**, largas esperas en la **facturación** y recogida de equipajes, así como **demoras** en el aterrizaje y **despegue**.

No obstante, a la hora de **recorrer** grandes distancias no hay alternativa. Además, se puede hablar del avión como un medio de transporte

Nuevas tecnologías

un módulo	Modul; Baustein
acoplar	zusammenfügen, anpassen; koppeln
disponer de (≈ poner)	verfügen über
científico,-a	wissenschaftlich
una cámara de decompresión	Dekompressionskammer
un tripulante	Besatzungsmitglied, Mitglied der Crew
un transbordador	Shuttle, Raumfähre
atracar (c-qu)	anlegen, festmachen
el soporte	Stütze, Unterstützung → *soportar*
un brazo robótico	Roboterarm, Greifarm
el mantenimiento	Wartung, Instandhaltung
la aeronáutica	Luftfahrt
un vuelo	Flug → *volar (-ue-)*
regular	regulär, *hier:* planmäßig
feroz	wild; *hier:* hart
reinar	herrschen → *el rey, la reina*
los transportes	Verkehr(swesen)
una compañía aérea	Luftfahrtgesellschaft
abaratar	verbilligen → *barato,-a*
el tráfico aéreo	Luftverkehr
colapsar	zum Erliegen kommen/bringen, lahm legen
abarrotado	überfüllt
el overbooking	Überbuchung → *E overbooking*
la facturación	Gepäckaufgabe → ∆ *la factura; Rechnung*
la demora	Verspätung, Verzögerung
el despegue	Start → ≠ *el aterrizaje*
recorrer	zurücklegen, bereisen

Nuevas tecnologías

rápido y seguro, aunque en los últimos tiempos la escasa renovación de la flota y un mantenimiento deficiente ha puesto en entredicho la reputación de algunas compañías. Y es que los costes de la construcción aeronáutica son muy elevados.

Dos compañías se reparten el mercado mundial: Airbus y Boing. En la actualidad el avión más grande es el B 747; una máquina con cuatro *reactores, ideal para vuelos de largo recorrido, que es capaz de transportar a más de 500 pasajeros y superar una velocidad de crucero superior a los 900 km/h. Para hacerle la competencia, Airbus está desarrollando el A 380 con capacidad para 650 personas.

La *biotecnología

Ésta, y en especial la ingeniería genética, es uno de los focos de investigación más activos en nuestros días. El análisis del código *genético que todo *organismo vivo lleva en su ADN es una tarea que abre a la humanidad amplias posibilidades en muchos campos del reino animal y vegetal.

Los transgénicos
Experimentos de esta ciencia aplicada en plantas han dado lugar a los transgénicos o plantas transgénicas. Se trata de plantas cuyo patrimonio genético ha sido alterado, ya sea por la modificación de alguno de sus *genes, o por la introducción de uno nuevo con un fin determinado. De esta forma se han conseguido plantas más *resistentes a plagas o a distintas enfermedades. En agricultura, por ejemplo, gracias a estas técnicas se producen cosechas de mayor cantidad y calidad.

No obstante, todavía no se conocen las consecuencias a largo plazo de estos cambios en el código genético vegetal y por ello se ha desarrollado una legislación para el reconocimiento de estos alimentos en el mercado a través de un etiquetado adecuado. Sin olvidar además que alterar el patrimonio natural significa al mismo tiempo crear nuevas especies y hacer desaparecer otras.

La terapia genética
La única aplicación de la ingeniería genética permitida en seres humanos es la vinculada al tratamiento de enfermedades. A través del análisis genético de los *pacientes o la alteración genética de alguna sustancia se pueden prevenir o curar enfermedades no sólo hereditarias. En esta dirección se trabaja, por ejemplo, para conseguir una vacuna contra el *virus del SIDA. No obstante algunos experimentos han tenido que ser interrumpidos porque el riesgo o los efectos secundarios eran todavía demasiado grandes.

Nuevas tecnologías

la renovación	Erneuerung
la flota	Flotte
deficiente	mangelhaft, unzulänglich
poner en entredicho	Glaubwürdigkeit in Frage stellen, etw. in Zweifel ziehen
la reputación	Ruf → = *la fama*
la construcción aeronáutica	Flugzeugbau
un vuelo de largo recorrido	Langstreckenflug
un, a pasajero, -a	Passagier, (Flug)Gast → ⚠ *pasajero, -a; vorübergehend, (kurz)lebig*
superar	überwinden
la velocidad de crucero	Reisegeschwindigkeit
la ingeniería genética	Gentechnik
un foco	Brennpunkt, Mittelpunkt
la investigación	Forschung → *investigar (g-gu)*
un código	Code
la ADN	DNA
una tarea	Aufgabe
el reino	Reich
animal	Tier-, tierisch
vegetal	pflanzlich
un transgénico	gentechnisch veränderter Organismus
un experimento	Untersuchung
la ciencia aplicada	angewandte Wissenschaft
el patrimonio	Erbe; *hier:* Erbmaterial, -gut
alterar	(ver)ändern
una modificación	Ab-, Veränderung
la introducción	Einführung
el fin	Ziel, Absicht → = *el objetivo*
la plaga	Schädling / Pflanzenkrankheit
una cosecha	Ernte
a largo plazo	langfristig → ≠ *a corto plazo*
la legislación	Gesetzgebung → *una ley*
el reconocimiento	Anerkennung
a través de	durch, über
un etiquetado	Etikett
desaparecer (-zco)	verschwinden → ≠ *aparecer*
la terapia genética	Gentherapie
una aplicación	Anwendung
vinculado, -a a	(ver)binden, (ver)knüpfen → *un vínculo; Link, Verbindung*
el tratamiento	Behandlung → *tratar*
prevenir (≈ venir)	vorbeugen → **E** *to prevent*
curar	heilen
hereditario, -a	erblich, vererbbar → *la herencia*
una vacuna	Impfung
el SIDA	AIDS
interrumpir	unterbrechen
un efecto secundario	Nebenwirkung

Nuevas tecnologías

En general, se puede afirmar que para la **industria farmacéutica** la ingeniería genética ha **supuesto** una auténtica revolución. No sólo por los ***medicamentos** hechos **a la medida** del enfermo, evitando así efectos secundarios indeseados; también aparecen nuevas técnicas de fabricación. Es el caso de la *****insulina** para enfermos *****diabéticos**: por medio de **transferencias genéticas**, es decir, de la **incorporación** de genes a otros organismos, se pueden conseguir grandes cantidades de esta **sustancia** a bajo coste.

La clonación

La clonación consiste en hacer una **copia** genética idéntica de otro **ser**. No se trata, por tanto, de una forma de **manipulación genética**, puesto que no altera la estructura del **genoma**. El *****clon** de un *****organismo** porta la misma información en sus **cromosomas** que el organismo del que se **extrajo** la célula *****manipulada**. La clonación vegetal es una práctica **consolidada** desde hace tiempo y tras la clonación de la oveja Dolly se ha abierto la carrera en la clonación de **mamíferos superiores**.

Las posibilidades de la clonación animal son enormes, especialmente en la **obtención** de **proteínas** humanas a través de la leche de la oveja clonada. Así se puede **suministrar** a un paciente el mismo producto que por **defecto genético** no **sintetiza** su organismo. Pero además del interés en el campo de la medicina, los animales **transgénicos** tienen un gran interés comercial. Hay **explotaciones ganaderas** que han invertido grandes cantidades de dinero en obtener vacas que quizás algún día produzcan mejor leche, mejor carne, que crezcan más rápido o que sean resistentes a determinadas enfermedades; la técnica de clonación podría reproducir incluso **con facilidad** numerosos *****ejemplares** iguales de estos animales, aunque los numerosos **intentos fallidos** que se tuvieron que realizar para la clonación de Dolly muestran que todavía falta mucho para eso.

Pero **al margen de** los **beneficios** de estas técnicas, la clonación de mamíferos superiores **plantea** serias **reservas** éticas por ser un paso más hacia la clonación humana. Experimentos en esta dirección no faltan y ya se han producido por clonación **embriones humanos** para obtener **células madre**. Estas células no especializadas regeneran **tejidos** enfermos al sustituir células muertas o *****degenerativas**. La visión de poder **vencer** enfermedades **incurables** hasta ahora, como el Alzheimer o diferentes tipos de cáncer, se presenta al **alcance** de la mano.

Nuevas tecnologías

la industria farmacéutica	Pharmaindustrie
suponer (≈ poner)	bedeuten
a la medida	maßgeschneidert
la transferencia genética	Gentransfer, -übertragung
la incorporación	Einfügung, Einbindung
una sustancia	Substanz
la clonación	Klonen → *clonar*
una copia	Kopie
un ser	Lebewesen
la manipulación genética	Genmanipulation
el genoma	Genom
un cromosoma	Chromosom
extraer (≈ traer)	extrahieren
consolidar	sichern, festigen, konsolidieren
un mamífero	Säugetier
superior	höhere/r/s → ≠ *inferior*
la obtención	Gewinnung → *obtener (≈ tener); gewinnen*
una proteína	Protein
suministrar	liefern, versorgen
un defecto genético	genetischer Defekt
sintetizar (z-c)	synthetisieren, herstellen
transgénico, -a	gentechnisch veränderter Organismus
una explotación	Betrieb
ganadero, -a	Vieh-
con facilidad	mit Leichtigkeit
intento fallido	gescheiterter Versuch
al margen de	abseits
el beneficio	Nutzen, Vorteil → = *el provecho*
plantear	aufwerfen, verursachen
una reserva	Vorbehalt → *sin reservas; ohne Vorbehalte*
un embrión	Embryo
humano, -a	menschlich
una célula madre	Stammzelle
el tejido	Gewebe
vencer (c-z)	besiegen
incurable	unheilbar
el alcance	Reichweite

Nuevas tecnologías

Pero el peligro de un avance *incontrolado de la investigación sin tener en cuenta sus consecuencias éticas y biológicas hace necesaria una regulación estricta. Por medio de la «Ley sobre técnicas de reproducción asistida» se prohíbe en España la clonación humana o la creación genética de razas humanas.

La *informática

La sociedad moderna, altamente tecnologizada, no sería posible sin la informática y sus derivados. Quedan pocos ámbitos de nuestra vida cotidiana que no hayan sido conquistados por los *chips. Electrodomésticos, agendas electrónicas, tarjetas de crédito o sistemas de *identificación de animales… todos ellos llevan *componentes electrónicos en su interior o han sido fabricados con las nuevas técnicas de automatización, producto del desarrollo de la informática.

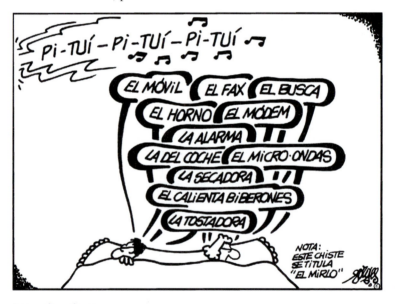

Los ordenadores
El ordenador es un aparato electrónico cuyo objetivo es el tratamiento de información con ayuda de un *programa desarrollado por *informáticos y programadores. Es capaz de recibir un conjunto de instrucciones y ejecutarlas realizando cálculos, compilando o correlacionando otros tipos de información.

Nuevas tecnologías 9

una regulación	Regulierung, Regelung
estricto, -a	streng, genau, rigoros → = *severo, -a*
por medio de	mittels, über
la reproducción asistida	künstliche Fortpflanzung
la creación	Schaffung, Schöpfung → *crear*
altamente	sehr, höchst, in hohem Maße
tecnologizado, -a	technologisiert
un derivado	Derivat
un ámbito	Bereich → = *un campo*
un electrodoméstico	Haushaltsgerät
una agenda electrónica	elektronischer Terminkalender, Pencomputer
una tarjeta de crédito	Kreditkarte → ⊗ *una carta, Brief*
una técnica de automatización	Automatisierungstechnik

el horno	Ofen
un micro-ondas	Mikrowelle
una secadora	(Wäsche)Trockner
un calienta biberones	Fläschchenwärmer
una tostadora	Toaster

un ordenador	Computer, Rechner
el tratamiento de información	Datenverarbeitung
un, a programador, a	Programmierer/in
una instrucción	Anweisung, Befehl
ejecutar	ausführen
compilar	kompilieren
correlacionar	in Wechselbeziehung bringen/setzen

Nuevas tecnologías

Una **computadora** no es una máquina sino un sistema informático que se compone de dos elementos: el ***software** o conjunto de programas de que el sistema **dispone** para traducir y **tratar** la información dada por el **usuario** y el ***hardware** formado por el **equipo** electrónico.

Tipos de ordenadores
En cuanto al **rendimiento** y **tamaño** de un ordenador ***digital**, podemos distinguir varios tipos:

– el ***ordenador personal** que **se adapta** más o menos al tamaño de un escritorio;

– el **ordenador portátil** o laptops que cabe en un **maletín** y se puede transportar fácilmente;

– la **estación de trabajo**: provista de capacidades de comunicación y programas especializados según el tipo de trabajo.

El hardware
En la **CPU** (**unidad central de procesos**) de un ordenador digital personal se encuentra el **microprocesador**, la CPU propiamente dicha. Este chip es el **encargado de** realizar los **cálculos** aritméticos y lógicos además de controlar las ***operaciones** del resto de los elementos del sistema. También en la **placa de circuitos principal** o en **tarjetas periféricas** está la **memoria interna** del ordenador o ***RAM**. En este tipo de chips RAM se **almacena** información que después se puede borrar y volver a utilizar su espacio. Para **guardar** los datos y los programas que el ordenador necesita para funcionar, se utiliza la memoria ***ROM** o memoria sólo de lectura, compuesta por chips de **silicio**.

Aparte de la memoria interna, el ordenador posee además unos **dispositivos** de **memoria externa**. Los más frecuentes son los **disquetes** y los **discos duros**. Éstos últimos pueden ir fijos a la **carcasa** de la CPU o ser **extraíbles** de una **disquetera** como los primeros.

Según su capacidad de almacenar datos y de menor a mayor tenemos:

– el disquete;

– el ***ZIP;**

– el ***CD-Rom** que ya se compra **grabado** y que no permite ser **regrabado** y el que puede ser regrabado

– el **DVD** ya grabado;

– el ***DVD+R** grabable y

– los ***discos magneto-ópticos** que se escriben ***magnéticamente** y se leen ***ópticamente**, es decir con un **láser**.

Nuevas tecnologías 9

una computadora	(LA) Computer
disponer de (≈ poner)	verfügen über
tratar	*hier:* verarbeiten
un, a usuario, -a	(Be)Nutzer/in, Anwender/in → *usar*
un equipo	Ausrüstung
el rendimiento	Leistung(sfähigkeit)
el tamaño	Größe
adaptarse a	sich anpassen
un ordenador portátil	Laptop → = *un laptop*
un maletín	Handkoffer, Aktentasche → *una maleta*
una estación de trabajo	Workstation
la CPU (unidad central de procesos)	Zentrale Recheneinheit / CPU → **E** *central processing unit*
un microprocesador	Mikroprozessor
encargado, -a de	beauftragt, betreut mit
un cálculo	Berechnung; Kalkulation
la placa de circuitos principal	Hauptplatine, Motherboard → = *la placa madre*
un circuito	Schaltkreis
una tarjeta periférica	Erweiterungskarte
la memoria interna	interner Speicher, Arbeitsspeicher
almacenar	speichern → *el almacenamiento*
guardar	abspeichern; aufbewahren
el silicio	Silizium
un dispositivo	Gerät
la memoria externa	externer Speicher, Massenspeicher
un disquete	Diskette
un disco duro	Festplatte
una carcasa	Gehäuse
extraíble	herausnehmbar → *extraer*
una disquetera	Diskettenlaufwerk
grabar	brennen; aufnehmen
regrabar	überspielen, überschreiben
un DVD [deu e'ðe]	DVD
un láser ['laser]	Laser

215

Nuevas tecnologías

Para leer estos **soportes de información** se utilizan los **lectores** y para regrabarlos **regrabadoras**.

Dispositivos de salida
A través de ellos, el usuario puede informarse del resultado de la manipulación de datos. El más común es un ***monitor**, que puede ser una **pantalla** o una **pantalla de cristal líquido**. Pero también existen **lectores de Braille** para ciegos. Además encontramos las **impresoras**. En el mercado apenas quedan ya **impresoras matriciales**; las **impresoras de chorro de tinta** y, sobre todo, las **impresoras láser** son más **silenciosas** y rápidas.

Dispositivos de entrada
Con éstos se introducen ***comandos**, programas o datos en la CPU. El más extendido es el **teclado**, semejante al de una máquina de escribir.

Otros son:

- los **lápices ópticos** que transmiten información gráfica;

- el ***joystick** o el **ratón** que convierten el movimiento físico en movimiento en la pantalla;

- el **escáner** que lee y transforma palabras o imágenes impresas para que el ordenador las pueda almacenar y man ipular;

- los módulos de **reconocimiento de voz** que convierten la palabra hablada en **señales** digitales **comprensibles** para un ordenador.

Lenguajes de programación
Las instrucciones de un programa han de darse en un lenguaje de programación, es decir, un lenguaje que entienda el ordenador, basado en el **sistema binario** o **código máquina**. Las instrucciones en código máquina son una **serie** larguísima de ceros y unos, llamados también ***bits**. Para simplificar la tarea de programar, se han desarrollado diferentes **lenguajes informáticos**, unos especializados en **funciones específicas** y otros en su facilidad de uso, por ejemplo, Java para el desarrollo de aplicaciones en Internet o Fortran, el primer lenguaje de alto nivel de uso **generalizado**.

La ofimática
Gracias a los nuevos programas, el trabajo en la oficina se ha vuelto más fácil y rápido, incluso de mejor calidad. A ello han contribuido enormemente las **tablas de cálculo**, los programas de **bancos de datos** así como los **procesadores de texto**. Con sus aplicaciones podemos realizar ***documentos** de gran tamaño, **visualizar** con **gráficos** y **tablas** determinados datos o simplemente **redactar** textos sin preocuparnos de los errores, puesto que podemos corregirlos, **insertar *fragmentos**

Nuevas tecnologías 9

un soporte de información	Datenträger
un lector	Lesegerät
una regrabadora	CD-Brenner
un dispositivo de salida	Datenausgabegerät
una pantalla	Bildschirm
una pantalla de cristal líquido	Flachbildschirm
un lector de Braille	Braille-Lesegerät
una impresora	Drucker
una impresora matricial	Nadeldrucker
una impresora de chorro de tinta	Tintenstrahldrucker
una impresora láser	Laserdrucker
silencioso, -a	leise → ≠ *ruidoso, -a*
un dispositivo de entrada	Dateneingabegerät
un teclado	Tastatur, Keyboard
un lápiz óptico	Eingabestift eines Grafiktabletts
un ratón	Maus
un escáner	Scanner → *escanear*
el reconocimiento de voz	Spracherkennung
una señal	Signal
comprensible	verständlich → *la comprensión; Verständnis*
un lenguaje de programación	Programmiersprache
un sistema binario	binäres System
un código máquina	Maschinensprache
una serie	(Ab)Folge
un lenguaje informático	Programmiersprache
una función	Funktion
específico, -a	spezifisch
generalizado, -a	allgemein verbreitet
la ofimática	Bürotechnik
una tabla de cálculo	Kalkulationstabelle
un banco de datos	Datenbank
un procesador de texto	Textverarbeitungsprogramm, Textprozessor
visualizar	veranschaulichen
un gráfico	Grafik
una tabla	Tabelle
redactar	verfassen
insertar	einfügen → ≠ *cortar; ausschneiden*

Nuevas tecnologías

de otras **fuentes** o **borrar** aquello que no nos guste... Sin olvidar los **correctores de ortografía** y los diccionarios, que en la mayoría de los casos salvan nuestros **despistes**.

A la hora de **despachar** el correo, disponemos de **plantillas** para elegir nuestro modelo de cartas y, si llevamos al día nuestra agenda electrónica, podemos hacer **cartas en serie** sin tener que **pasar** uno a uno los nombres y las direcciones.

Existe también un **dispositivo de seguridad** que garantiza la **privacidad** de nuestros documentos o archivos con información **confidencial**: sólo se puede acceder a ellos por medio de una **palabra clave**.

La ***incompatibilidad** entre los **sistemas operativos** o los procesadores de texto, que antes planteaba serios problemas a la hora de intercambiar archivos, hoy en día apenas existe.

*Internet

Internet es un conjunto de **redes** informáticas conectadas entre sí que permite a cada ordenador conectarse con otro a través de un **intermediario**: el **servidor**. Es de carácter **público** y **planetario**, frente a otras redes internas de una empresa o un organismo llamadas *****intranets**.

La **conexión** entre ordenadores permite, entre otros, los siguientes servicios:

- **transferir** ficheros;

- leer e interpretar ficheros de un ordenador **remoto,** no sólo con texto, sino también con imágenes, sonidos o secuencias de vídeo a través del **protocolo de transferencia de hipertexto**, el http. Este protocolo http es la base de la World Wide Web;

- intercambiar mensajes de **correo electrónico**, o sea, enviar un ***e-mail**;

- acceder a **grupos de noticias** y participar en **foros de debate**;

- conversar con otros usuarios, es decir, **chatear**.

*La World Wide Web o la *Web*
La Web es una colección de ficheros con información y **vínculos** entre ellos. Gracias al **localizador** y a los **exploradores**, los **internautas** disponen de esa colección de ***archivos**. La información en la red está organizada en ***portales** que contienen información, ofertas, servicios y, desgraciadamente a menudo, **publicidad**. A la hora de **navegar** en la Web, hay tal cantidad de información que existen **buscadores**: **páginas Web** especializadas en ofertar **búsquedas** rápidas.

Nuevas tecnologías

una fuente	Quelle
borrar	löschen
un corrector de ortografía	Rechtschreibprüfung
el despiste	Verwirrung, Kopflosigkeit, kleiner Fehler
despachar	abschicken, absenden
una plantilla	Vorlage
una carta en serie	Serienbrief
pasar	erfassen
un dispositivo de seguridad	Sicherheitseinrichtung
la privacidad	Privatsphäre
confidencial	vertraulich → *E confidential*
una palabra clave	Passwort
el sistema operativo	Betriebssystem
una red	Netzwerk
un, a intermediario, -a	Vermittler/in
el servidor	Server
público, -a	öffentlich → *E public*
planetario, -a	weltweit zugänglich → *planeta*
la conexión	Verbindung → *conectar*
transferir (ie)	übertragen
remoto, -a	Fern → *= lejano, -a*
el protocolo de transferencia de hipertexto	HTTP-Protokoll → *= el protocolo http*
el correo electrónico	E-Mail → *= un e-mail*
un grupo de noticias	Newsgroup
un foro de debate	Chatroom, Diskussionsforum
chatear	Chatten
un vínculo	Link
un localizador	URL (Uniform Resource Locator) *(spezielle Web-Adresse)*
un explorador	Browser → *= un navegador*
un, a internauta	Internetsurfer/in
la publicidad	Werbung → *E publicity*
navegar (g-gu)	surfen
un buscador	Suchmaschine → *buscar (c-qu)*
una página Web	Internetseite, Homepage
la búsqueda	Suche → *= la busca*

Nuevas tecnologías

Este intercambio de ficheros que tiene lugar en la red puede ser peligroso, ya que, entre los internautas, se encuentran navegando *piratas que sabotean el buen funcionamiento de la red, entre otras actividades, con *virus. Estos sabotajes, a veces dirigidos a una organización determinada, suelen colapsar la autopista de la información haciéndola intransitable. A veces se ensañan con nuestros ordenadores y hacen necesarios *filtros que los localizan y aniquilan; son los llamados programas *antivirus que hay que *instalar en nuestro ordenador y renovar de vez en cuando por medio de actualizaciones o nuevos programas.

La red ha transformado ya nuestra forma de vivir. Las posibilidades de ocupar nuestro ocio son inmensas. En lo que se refiere a lo profesional ha hecho posible el trabajo en casa, o el *teletrabajo en general, sin tener en cuenta si la empresa está en otro país o en un continente diferente. Para grupos de discapacitados ha supuesto una mejora sustancial de su participación en la vida pública y, en general, de su calidad de vida.

El comercio en Internet también ha aumentado la competencia entre empresas de diferentes países, lo que, en definitiva, beneficia el bolsillo del consumidor. Sin olvidar además la posibilidad de la telecompra.

No obstante el carácter público de la red tiene también su lado negativo: entre otros la aparición de contenidos subversivos, racistas o *pornográficos. Esto ha puesto de manifiesto la necesidad de una legislación que regule y censure este tipo de contenidos, por ejemplo, a través de los servidores. Sin embargo, una *censura en Internet plantea muchas cuestiones, pues la mayoría de los servicios no pueden ser controlados; e incluso aunque fuera posible, haría necesario unos criterios éticos de carácter mundial, difíciles de conseguir por el momento.

Robótica e inteligencia artificial

La robótica es la ciencia de construcción y desarrollo de los robots. Estos ingenios han conseguido realizar tareas humanas con mayor rapidez y con un grado de perfección inigualables. Con las nuevas técnicas de automatización, las cadenas de producción se han llenado de estas máquinas que ahorran en costes.

Pero el auténtico sueño del ingeniero es poder realizar un robot que se parezca al hombre y pueda llegar a reproducir las complejas funciones del pensamiento humano. En esta dirección se dirigen los esfuerzos en inteligencia artificial por crear computadoras de quinta generación capaces de resolver problemas complejos de forma *creativa aplicando redes *neuronales. Pero todavía queda mucho trabajo por delante.

Nuevas tecnologías 9

sabotear	sabotieren
el sabotaje	Sabotage
la autopista de la información	Datenautobahn
intransitable	nicht befahrbar
ensañarse	seine Wut auslassen
aniquilar	vernichten
renovar (-ue-)	erneuern
una actualización	Aktualisierung
el ocio	Muße, Nichtstun; Freizeit
un, a discapacitado, -a	Behinderte/r
la vida pública	öffentliches Leben
el comercio	Handel, Gewerbe
la telecompra	Teleshopping
no obstante	nichtsdestotrotz
la aparición	Erscheinen, Auftauchen → *aparecer (-zco)*
un contenido	Inhalt
subversivo, -a	umstürzlerisch, subversiv
racista	rassistisch
poner de manifiesto	offenbaren
censurar	zensieren → *la censura*
plantear cuestiones	Fragen aufwerfen
la robótica	Robotertechnik
la inteligencia artificial	künstliche Intelligenz
un robot	Roboter
un ingenio	Maschine; Genie
inigualable	unvergleichlich → *igual; gleich*
una cadena de producción	Fließband
un, a ingeniero, -a	Ingenieur/in
el pensamiento	Verstand; Nachdenken
capaz (Pl. -ces)	fähig, im Stande

Nuevas tecnologías – Ejercicios

a) Rellena los huecos con las palabras correctas.

1. Con el _____ o _____ estamos localizables cuando queremos.
2. Cuando llegamos a casa escuchamos los mensajes en el _____ del teléfono _____, y con el móvil podemos además leer o mandar _____.
3. Antes mandábamos cartas a nuestros conocidos, hoy _____ con ellos directamente en Internet.
4. El _____ permite hablar por teléfono mientras se conduce.
5. Las empresas que dan servicio a los usuarios de telefonía móvil se llaman _____ o _____.
6. Sólo puedo hablar con móvil si tengo o hay _____.
7. La transmisión de datos se produce por satélite o _____.
8. Una lanzadera _____ satélites o lanza _____.
9. Una estación espacial está formada por _____ que se _____ unos con otros.
10. Durante su estancia en la estación espacial la _____ construye, mantiene y hace experimentos.

b) ¿En qué orden haces todo esto cuando te vas de viaje en avión?

1. ir al aeropuerto
2. despegar
3. comparar tarifas
4. aterrizar
5. llamar a la agencia de viajes o a la compañía aérea
6. elegir un vuelo chárter o regular
7. facturar el equipaje
8. esperar el equipaje

Orden ___ ___ ___ ___ ___ ___ ___ ___

Nuevas tecnologías – Ejercicios

c) Sólo una respuesta es correcta. ¿Cuál es?

1. Los transgénicos son
   a) ☐ alimentos precocinados.
   b) ☐ medicamentos.
   c) ☐ alimentos cuyo código genético ha sido alterado.
   d) ☐ células madre.

2. En el mercado reconocemos los alimentos transgénicos por
   a) ☐ su color.
   b) ☐ su sabor.
   c) ☐ el etiquetado.
   d) ☐ su aspecto.

3. La ingeniería genética
   a) ☐ estudia el código genético.
   b) ☐ analiza el ADN de los ingenieros.
   c) ☐ estudia plagas nocivas para las cosechas.

4. La terapia genética se dedica
   a) ☐ a clonar animales y plantas.
   b) ☐ al tratamiento de enfermedades.
   a) ☐ a alterar el código genético de plantas.

5. Las células madre son
   a) ☐ células no especializadas.
   b) ☐ células degenerativas.
   c) ☐ células utilizadas en la reproducción asistida.

d) Tacha lo que no se pueda hacer.

1. Un documento se puede ...

   grabar en un CD – borrar – mandar por Internet – ejecutarlo – pasar al ordenador – meter en la disquetera

2. En la Web los internautas pueden ...

   buscar información – introducir comandos – hacer páginas Web – solicitar información a un buscador – imprimir documentos

3. Con un procesador de textos se puede ...

   editar un documento – pasar documentos – hacer cartas en serie – insertar fragmentos de otros textos – borrar un disco magneto-óptico – visualizar datos con gráficos – corregir la ortografía – grabar un DVD

Soluciones

1 Geografía

a) 2. soleado, -a, sonnig – 3. costero, -a, Küsten- – 4. ruidoso, -a, laut – 5. arenoso, -a, sandig – 6. desértico, -a, Wüsten- – 7. rocoso, -a, felsig – 8. lluvioso, -a, regnerisch 9. caluroso, -a, heiß – 10. mensual, monatlich

b) agua: bahía, fiordo, acantilado, caudaloso, nacer – transporte: peaje, tráfico, carril, atasco, aterrizar – lugares para visitar: pinacoteca, monumento, alcaldía, ayuntamiento, cine

c) 1. fronteras terrestres, fronteras marítmas – 2. accidentes geográficos – 3. pico – 4. nubosidad – 5. autopistas – 6. selva lluviosa, río – 7. población

d) 1. cafetería, cervecería: son dos lugares para beber algo. – 2. tugurio, barrio: Un tugurio es un barrio pobre. – 3. rascacielos, edificio: Un rascacielos es un edificio muy, muy alto. – 4. archipiélago, isla: Un archipiélago son muchas islas / es un conjunto de islas. – 5. exterior, interior: Son antónimos. – 6. reloj, campanada: El reloj da las campanadas. – 7. vehículo–carro: Son medios de transporte. – 8. limosna, gamín: Es el dinero que se le da a los gamines. – 9. alambre de púas, muro protector: Sirven como protección de las casas contra robos.

2 Historia

a) 1. emperatriz, Kaiserin – 2. princesa, Prinzessin, Fürstin – 3. condesa, Gräfin – 4. baronesa, Baronin – 5. reina, Königin – 6. duquesa, Herzogin

b) Red de vocabulario: siehe unten

c) 1f – 2c – 3g – 4h – 5b – 6a – 7e – 8d

d) 1. 2 – 2. 3 – 3. 8 – 4. 7 – 5. 6 – 6. 1 – 7. 5 – 8. 4

e) 1. expulsaron – 2. renunció – 3. invadieron – 4. subió al trono – 5. conquistó – 6. dirigió – 7. rendirse – 8. fundaron – 9. adoraban

3 Política

a) 1. Las colonias se convirtieron en estados soberanos o naciones. – 2. Su forma de Gobierno es la república. – 3. España es una monarquía parlamentaria. – 4. Se llaman el poder legislativo, ejecutivo y judicial. – 5. Se llama la libertad de expresión. – 6. Se llama la Constitución.

224

Soluciones

b) un, a comunista – un, a ecologista – un, a pacifista – un, a nacionalista – un, a capitalista – un, a socialdemócrata – la Democracia cristiana

c) ciudadanos – eligen – representantes – parlamentarias – Jefe del Estado – reina – votantes – Presidente del Gobierno – nombra – candidatos – partidos políticos

d) Poder ejecutivo: Gabinete, Presidente del Gobierno – Poder legislativo: Cámara de Diputados, Senado – Congreso Nacional: Congreso Nacional, Senado – Poder judicial: Corte Suprema, Tribunal de Apelación

4 Economía

a) 1. producción – 2. recuperación – 3. empleo – 4. exportaciones – 5. beneficios – 6. demanda – 7. dividendo – 8. liberalizar – 9. saneamiento – 10. privatizar – 11. ramo

b) 1. c – 2. b – 3. a – 4. c – 5. b – 6. a – 7. c

c)

PIB	Producto Interior Bruto	Bruttoinlandsprodukt	BIP
BCE	Banco Central Europeo	Europäische Zentralbank	EZB
PYMES	Pequeñas y Medianas Empresas	kleine und mittlere Unternehmen	---
UE	Unión Europea	Europäische Union	EU

5 Ecología

a) organismo – océano – atmósfera – tierra – capa de ozono – desarrollo – cumbre – animal – ecología – – planta –sol– plaga – río – energía – mar – petróleo – costa – smog

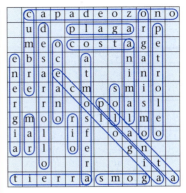

b) omnívoros: oso – herbívoros: caballo, vaca – carnívoro: perro, águila, gato, lobo

c) océano – sol – planta – bacteria – Tierra – animal – río – organismo – carnívoro – costa – energía – fósiles – ballena

6 Sociedad

a) 1. d (-zco) – 2. e (-i-) – 3. j (g-j) – 4. g (-ue-) – 5. h (-ie-) – 7. i (-ie-) – 8. c (-gu-) – 9. f (-ie-) – 10. a (z-c) – 11. b (g-j)

b) suspender, progresar, aprobar – la educación infantil, la educación primaria, la educación secundaria – Bachiller, Diplomado, Doctorado – la miseria, la pobreza, la falta de dinero – mendigar, robar, delinquir – una siembra, la aplicación de fertilizantes, una cosecha – un matrimonio, una familia, un divorcio

c) 1. doce – 2. dos – 3. diez – 4. uno – 5. uno por semana – 6. uno por mes

d) un lazo familiar, Familienband, -bindung – un método anticonceptivo, Verhütungsmethode – una ayuda familiar, Familien-

Soluciones

beihilfe – una materia prima, Rohstoff – un ser humano, Mensch – el agua potable, Trinkwasser – la tarea doméstica, Hausarbeit – el tiempo libre, Freizeit – el mercado laboral, Arbeitsmarkt – el tercer mundo, Dritte Welt – la tercera edad, Rentenalter, Ruhestand – un,a vendedor,-a ambulante, Straßenverkäufer/in – las aguas negras, Abwässer – la presión sanguínea, Blutdruck – la mesa redonda, Runder Tisch

7 Vida Cultural

a) 1. Don Quijote – 2. romancero – 3. anónima – 4. metáfora – 5. actos – 6. teatro – 7. interpretar – 8. cuartetos – 9. octosílabo – El resultado es: el género dramático

b) 1. la guitarra – 2. el bombo– 3. el tango – 4. el flamenco

c) 2. ¿Cuál es la última sesión de una película? – 3. ¿Qué instrumento de una cámara se encarga de acercarnos o alejarnos la imagen? – 4. ¿Qué famoso cuadro pintó Velázquez? – 5. ¿Quiénes son Botero y Chillida? – 6. ¿Cómo se llama el arte de construir iglesias, catedrales, puentes…?

8 El mundo hispanohablante

a) riqueza, enriquecerse, bereichern – sorpresa, sorprender, überraschen – acuerdo, acordar, vereinbaren, beschließen – eliminación, eliminar, entfernen, beseitigen – enseñanza, enseñar, unterrichten – colonización, colonizar, kolonisieren – aumento, aumentar, ansteigen, anwachsen – esfuerzo, esforzarse, sich bemühen – fomento, fomentar, fördern, unterstützen – alimento, alimentarse, sich ernähren – apoyo, apoyar, helfen, unterstützen – significado, significar, bedeuten

b) a 3 – b 6 – c 7 – d 4 – e 2 – f 5 – g 1

c) 1. castellano – 2. comprensión – 3. aportación – 4. ambos – 5. bilingüe – 6. negociación – 7. vasco – 8. salario – 9. poder – 10. globalización – 11. compañía – 12. moneda

9 Nuevas tecnologías

a) 1. móvil, celular – 2. contestador automático, fijo – 3. mensajes escritos – 4. chateamos – 5. kit manos libres – 6. operadoras, operadores – 7. cobertura – 8. fibra de vídrio – 9. pone en órbita, sondas – 10. módulos, acoplan – 11. tripulación

b) 5 – 3 – 6 – 1 – 7 – 2 – 4 – 8

c) 1. c – 2. c – 3. a – 4. b –5. a

d) No se puede:
1. ejecutarlo, meter en la disquetera – 2. introducir comandos – 3. borrar un disco magneto-óptico, grabar un DVD

Register

A

a bajo coste 201
a ciencia cierta 117
a corto plazo 67
a destajo 85
a escala mundial 77
a gran escala 97
a la medida 211
a la par 123, 147
a largo plazo 77, 209
a lo largo de 187
a medida 79
a medida que 101
a medio plazo 67
a nivel mundial 23, 143
a raíz de 63
a razón de 189
a su vez 11, 189
a temprana edad 111
a través de 209
a. de C. (antes de Cristo) 29
a.m. / p.m. 19
abandonar 15, 111
el abandono 123
abaratar 207
abarcar 59, 161, 193
abarrotado 207
abastecer 185, 205
abierto,-a 153
un abismo 141
un,a abogado,-a 55, 81
un,a abogado,-a de oficio 55
la abolición 43
un,a abonado,-a 153, 201
un abono 25
un aborto 123
el absolutismo 42
absorber 98, 28
abstracto,-a 176
abundante 9
abundar 163
abusar de 117
el abuso 117, 149
un abuso 37
el abuso sexual 117
acabar por hacer algo 41
académico,-a 108
el acantilado 9, 179
acarrear 89
acceder a 201
la accesibilidad 149
el acceso a 121, 197, 201
un accidente geográfico 9
una acción 71

el acero 87
acoger a 137
una acogida 133, 193
el Acogimiento Familiar 119
acometer 91
aconsejable 25
un acontecimiento 33
acoplar 207
acordar 193
un,a acreedor,-a 91
una actitud 39
una actividad 128
un actor, una actriz principal 175
un actor, una actriz secundario,-a 175
un acto 162
una actualización 221
la acuarela 176
el acuerdo 61, 81, 193
acumular 173
acumularse 101
acusar 63
adaptarse a 95, 215
la adhesión 185
una adicción 149
la administración 29, 57
una administración 77
la administración local 59
una administración pública 117
un,a administrador de sistemas 80
la admiración 195
la ADN 209
adoptar una ley 107
adorar 37
adornar 179
adquirir 125
una adquisición 77
una adversidad 161
advertir 67
la aeronáutica 207
aeronáutico,-a 75
un aeropuerto 25
un aerosol 101
afectado,-a por 121
afectar 89, 165
una afiliación 83
afirmar 119
africano,-a 168
las afueras de la ciudad 133
una agencia de prensa 155
la Agencia Espacial Europea (ESA) 205
una agenda electrónica 213
un,a agente social 81
ágil 201
una aglomeración urbana 17
agnóstico,-a 134

Register

el agotamiento 75
agotarse 103
agrario,-a 85
agrícola 45, 73
un,a agricultor,-a 73
la agricultura 73
el agua de lluvia 9
el agua potable 133
un aguacate 185
las aguas negras 147
las aguas residuales 103
un águila 103
los ahorros 47, 71
el aimara 184
el aislacionismo 67
aislado,-a 187
el aislamiento 47, 121
al contrario de 13
al frente de 29
al margen de 211
al revés 13
un alambre de púas 17
un,a albañil 81
un,a alcalde, esa 59
la alcaldía 17
el alcance 211
el alcantarillado 147
alcanzar 47, 77, 127
un,a alcohólico,-a 150
el alcoholismo 148
la alegría 169
la alfabetización 110
una alfombra 185
el algodón 73
aliado,-a 45
la alimentación 117
alimentarse 197
el alimento 95
los alimentos 121
una aliteración 163
un almacén 185
el almacenamiento 103, 121
almacenar 215
el alquiler de auto-móviles 77
alrededor de 25
altamente 213
alterar 209
un altiplano 13
alto,-a 123
la altura 9
un alzamiento 45
alzarse 9
una ama de casa 123
el ambiente 95
un ámbito 213

ambos,-as 81, 187
un ambulatorio 145
una amenaza 97, 137
amenazar 31
América Central 11
América del Sur 11
América Latina 11
una amnistía 46
la ampliación 187
ampliar 77
amplio,-a 125
el analfabetismo 108, 190
un,a analfabeto,-a 108
un análisis 164
un análisis psicológico 172
un,a analista 66
analógico 153
ancho,-a 11
un ancianato 129
un,a anciano,-a 129
una anexión 32
el anglicanismo 38
angosto,-a 11
un ángulo de toma 175
la angustia 167
anhelar 195
un,a animador,-a cultural 81
animal 209
aniquilar 221
un año académico 107
anónimo,-a 158
ansioso,-a 173
una antena 200
una antena parabólica 132
anticipado,-a 67
antiestadounidense 197
la antigüedad 177
antiguo,-a 141, 161
un antihéroe 161
un antivirus 220
anual 25, 85
anular 91
un anuncio 155
un aparato 200
un aparcamiento 23
la aparición 221
la apariencia 135
un apellido 125
una apertura 75
una aplicación 121, 209
aplicar 61
aplicarse a 183
apodar 159
apoderarse de 41
el apogeo 161

Register

una aportación 73, 145, 185
apoyar 51, 79, 203
el apoyo 41, 125, 189
el aprendizaje 111
aprobar 47, 109, 117
apropiado,-a 115
apropiarse de 39
aprovechar 35, 79
apto,-a 175
árabe 12, 30, 132, 168
arbitral 53
un,a archiduque, sa 41
un archipiélago 7
un archivo 218
ardiente 39
el área (f) 7, 107
arenoso,-a 9
un arma 41
un arma de fuego 35
la Armada 61
la Armada Invencible 39
armado,-a 59, 115
armonioso,-a 139
un arquitecto 80, 176
arquitectónico,-a 176
la arquitectura 108, 176
la Arquitectura Técnica 109
arriesgado,-a 117
arrojarse 29
un arroyo 97
el arroz 121
el arte 159
el arte plástica 155
las Artes 113
la artesanía 81
un artículo 42, 163
artificial 13
artificialmente 69
un,a artista 59, 177
artístico,-a 171
asalariado,-a 117
una asamblea 53
una asamblea general 115
el ascenso 15
asegurar 43, 63
asemejar 197
asentado,-a 87
asesinar 115
un asesinato 45, 51, 141
un,a asesino,-a 117
asfixiar 97
asignar 145
una asignatura 107
un,a asilado,-a 109
asimismo 197

un,a asistente de realización 175
asistir 111, 143
la Asociación Ibero-América 193
asociar 51, 83
el aspecto físico 9
un,a aspirante al trono 43
aspirar 117
la astrología 36
la astronomía 38
asumir 57, 121
un asunto 51
atacar 39
un ataque 137
un ataque de corazón 149
un atasco 23
la atención 203
un atentado 59
ateo,-a 135
el aterrizaje 205
aterrizar 25
la atmósfera 203
atmosférico,-a 99
atracar 13, 207
un atraco 39
atraer 197
atrapar 99
atravesar 51, 77, 147, 171, 205
atropellar 177
la audiencia 153
la Audiencia Nacional 55
una audioconferencia 201
aumentar 15, 127
un aumento 145, 187
un aumento de sueldo 81
un auricular 203
autárquico,-a 67
la autenticidad 168
un autobús 18
la autocrítica 37
autóctono,-a 37, 169
autodepurador,-a 97
un automóvil 74
la autonomía 46, 50
autonómico,-a 52, 153
autónomo,-a 109
una autopista 25
la autopista de la información 221
un,a autor,-a 119
la autoridad 42
una autoridad 139
una autovía 25
el avance 125, 201
avanzar 151
el AVE 25
un ave 97

229

Register

una avenida 23
la aviación 45
una ayuda comunitaria 73
la ayuda familiar 127
una ayuda fiscal 83
la ayuda humanitaria 61
el Ayuntamiento 21
un ayuntamiento 59
un,a azteca 38

B

la bachata 171
el Bachillerato 107
un bacilo 147
una bacteria 94
una bahía 13
un,a bailaor,-a 171
bailar 169
bailar acompañado,-a 171
un bailarín, una bailarina 171
un baile 141, 171
un baile tradicional 170
la Baja Edad Media 33
bajo,-a 15
una balanza comercial 79
la balanza de pagos 69
una ballena gris 97
el ballet 170
un balneario 7
un banco 22
un Banco Central 68
el Banco Central Europeo 68
un banco de datos 217
una banda terrorista 55
un bando 51, 135
barato,-a 19
bárbaro,-a 30
un bar 130
un bar nocturno 172
una barrera 101, 189
un barrio 17, 117, 125
un barrio popular 143
el Barroco 160
básico,-a 95
la basura orgánica 103
una batalla 31
bautizar 135
bélico,-a 35
las Bellas Artes 177
el beneficio 41, 75, 187, 211
los bienes 71
los bienes de producción 67
el bienestar 115

bilingüe 185
un billete 187
un billete de regreso 139
un billete sencillo 25
la biomasa 100
la biotecnología 208
el bióxido de carbono 99
un bit 216
un bloque 50, 67
la bolsa 77
un bombardeo 45
un bombo 169
una bonificación 145
un boom 166
borrar 219
un bosque 75
un bosque primario 103
un botín 35
un brazo robótico 207
brillante 173
brindar 23
una bronquitis 148
una brujería 135
una bula papal 141
burgués,-a 161
bursátil 77
un buscador 153, 219
un bus 18
la búsqueda 165, 219
un busto 179
un buzón de voz 201

C

una cabecera 151
el Cabildo 59
un cable 152
un cabo 11
el cabo de Hornos 11
una cadena 9, 79, 153
la cadena alimentaria 95
una cadena de producción 221
una cadena de radio 183
una cadena privada 153
un café 16
una cafetería 23
la caída 31, 205
la caída de precios 89
un caimán 96
una caja de ahorro 77
el cálculo 145, 215
una calefacción 99
un calendario 36
el calentamiento 101

Register

la calidad de vida 103
un calienta biberones 213
un Califa 30
un Califato 30
calificar 145
una calle de dirección única 19
una calle principal 21
callejero,-a 117
caluroso,-a 9
una calzada romana 29
el calzado 75
una cámara 47, 174
una cámara de decompresión 207
una cámara de vídeo 202
un cambio climático 95
una campaña 45, 110
una campanada 21
un,a campesino,-a 15
un camping 185
el campo 137, 151, 185
un campo de acción 61
un campo de batalla 51
el campo de visión 175
una caña 23
un canal 152
una canasta 127
el cáncer de piel 101
el cáncer de pulmón 149
una cancha 185
un candidato 60
una candidatura 44
un,a canguro 127
un canguro gris 97
un cañón 38
un,a cantaor,-a 171
un,a cantautor,-a 169
el cante 169
la cantería 39
la caoba 103
el caos 18
la capa de ozono 101
una capa social 91
la capacidad 21, 97
capaz 221
el capital 46
la capital 17
capitalista 51
una carabela 33
un caracol 37
las dos caras de la moneda 139
el carbón 75, 101
un carboncillo 177
una carcasa 215
cardiovascular 149
una carga 129

un cargo 63, 123
un,a carnicero,-a 81
un,a carnívoro,-a 95
un,a carpintero,-a 81
una carrera 17, 81, 109
una carrera universitaria 81
una carretera de circunvalación 25
una carretera nacional 21
una carretera secundaria 25
un carril 21
un carro 19
una carta en serie 219
una cartelera 175
un cartón 19
una casa hogar 129
casero,-a 131
un caso 117
un casquete polar 101
una casta 143
una castañuela 169
el castellano 183
castigar 119
un castigo 39
un castillo-templo 39
el catalán 185
catastrófico,-a 96
una catedral 16, 176
categorizar 197
caudaloso,-a 9
la caza 131
un CD-Rom 214
el ceceo 189
ceder 43
una celebración 169
los celos 169
celta 13
celtíbero,-a 29
una célula madre 211
un celular 201
el censo electoral 53
la censura 220
censurar 167, 221
central 56
una central nuclear 75
una central térmica 75
el centro 20
un centro comercial 17
un centro de menores 119
un centro industrial 15
la cerámica 178
un,a ceramista 81
las cercanías 25
cercano,-a 125
un cerco 33
los cereales 73

231

Register

el cerebro 201
un,a cerrajero,-a 81
una certificación 103
la Certificación Profesional 113
una cervecería 23
cesar 31
un cese 63
una chabola 141
el chantaje 137
un charango 169
un,a charcutero,-a 81
charlar 129
un chárter 206
chatear 219
el chino 183
un chip 212
una chispa 45
chocar con 97
una choza 133
el ciclismo 131
un ciclo 107
la ciencia aplicada 209
la ciencia-ficción 172
las Ciencias 113
las Ciencias Sociales 113
científico,-a 113, 153, 207
un,a científico,-a 95
la cifra de inmigración 15
el cinc 74
el cine 23, 173
un circuito 215
el circuito económico 71
la circulación 23
circular 19
un círculo vicioso 143
una circunvalación 23
un cisne 165
una ciudad gemela 191
un,a ciudadano,-a 23, 53
civil 204
clandestino,-a 137
la clase alta 111
la clase media 51, 111
una clase social 119
clausurar 155
un cliché 137
un,a cliente 79
el clima 9
climatológico,-a 98
un clon 210
la clonación 211
los clorofluorocarbonos (CFC) 101
un club deportivo 123, 133
un club social 133
una coalición 54

la cobertura 147
la cocaína 148
cocalero,-a 151
codiciar 197
codificado,-a 153
un código 209
un código máquina 217
un cohete 205
colaborar 63
colapsar 207
una colección 19
la cólera 35
colmado,-a 17
colonial 17
una colonia 42
la colonización 37, 141, 183
colonizar 189
una columna 39
el Comandante en Jefe 53
un comando 216
una comarca 45
un,a combatiente 115
un combustible 87, 97, 205
un combustible fósil 101
la combustión 99
una comedia corral 163
comercial 21, 155, 205
la comercialización 73, 121
el comercio 23, 73, 221
el comercio al por menor 85
cometer un delito 55
los comicios 61
la comida rápida 197
el comienzo 159
una comisión 46, 60
las comodidades 143
una compañía 167, 189
una compañía aérea 207
una compañía de seguros 17
una compañía de transporte 139
una comparación 163
compartir 39, 57, 95, 121
compensar 79
la competencia 52, 67, 107, 175, 203
competir con 79
competir por 89
la competitividad 73, 153
competitivo,-a 67
compilar 213
complementarse 73
un componente 212
comprensible 217
la comprensión 183
comprometido,-a 91, 169
un compromiso 61

Register

una computadora 215
común 131
la comunicación 106, 200
una comunidad 121
una Comunidad Autónoma 47, 53
la Comunidad Económica Europea 187
comunista 51, 67
un,a comunista 54
con facilidad 211
conceder 125, 159
un,a concejal,-a 59
la concentración de población 15
el conceptismo 163
un concepto 124
la Concha de Oro 173
la conciencia 31
condenar 37, 137
una condición de seguridad 89
las condiciones de vida 15, 127
conducir 9, 45
la conducta 63
un,a conductor,-a 19
conectar 173
la conexión 153, 219
la confección 75
un,a confederado,-a 35
confidencial 219
un conflicto 114
conformar 192
confuso,-a 183
la congestión 19
el Congreso de los Diputados 47, 53
el Congreso Nacional 63
un conjunto 11, 73
conllevar 97, 127
el conocimiento 91
una conquista 29
un conquistador 13, 35
conquistar 189
una consecuencia 44
conseguir 143
un Consejero 59
el Consejo de Ministros 55
el Consejo Insular 59
conservador,-a 63, 151
consiguiente 29
consolidar 211
un consorcio 205
constante 172
la Constitución 43
una constitución 51, 111, 185
constitucionalista 51
constituir 9, 43, 59, 189
un constituyente 99

la construcción 17, 39, 85, 189
la construcción aeronáutica 209
la construcción naval 73
construir 177
una consulta 201
un,a consumidor,-a 71, 95, 149
el consumo 71, 149
el consumo de alcohol 22
el consumo de drogas 119
la contaminación 97
contar 159
contar con 23, 109, 127, 183
un contenido 221
un contestador automático 201
continental 8
un continente 7, 12
un contingente 85
una contradicción 197
contraer 89
contrapicado,-a 175
la contratación 83
contratar 145
un contrato 83
contribuir a 99, 187, 205
controvertido,-a 201
convalidar 193
un convenio 121
un convenio colectivo 81
convertirse 132, 195
la convivencia 169
convivir 133
un,a cónyuge 125
una copia 211
el corazón 17
el corcho 75
una cordillera 9
una coreografía 170
la Corona 53
una corona 41
un corral 163
un corrector de ortografía 219
correlacionar 213
el correo 203
el correo electrónico 219
una corriente 163
la corrupción 190
la corte 31
la Corte de Apelación 61
las Cortes 47
las Cortes Generales 57
un cortometraje 175
la cosecha 121, 209
la costa 9
costero,-a 9, 97
los costes de producción 69

233

Register

una costumbre 163
el costumbrismo 163
una cotización 77
cotizar 83, 103, 145
la CPU (unidad central de procesos) 215
el crack 148
la creación 79, 213
creativo,-a 220
la creatividad 172
el crecimiento 15, 143
el crecimiento económico 67
un crédito 71
la creencia 37, 133
un,a creyente 135
la criminalidad 18
una crisis 50, 114
una crisis de modernización 165
el cristal 103
el cristianismo 133
cristiano,-a 33, 133, 168
un criterio 119
los criterios de convergencia 67
un cromosoma 211
crónico,-a 146
un cuadro 177
cualificado,-a 91
el cuartel general 45
un cuarteto 161
el Cubismo 176
cubrir 23, 75, 147, 167
la cueca 171
una cuenca minera 45
el cuero 75
el Cuerpo nacional de Policía 61
el cuidado 117
cuidar 125
un culebrón 131
el culteranismo 163
el cultivo 73
un culto 162
un culto sanguinario 38
la cultura clásica antigua 160
cultural 20
la cumbia 171
una cumbre 103, 121
el cumplimiento 67
cumplir 61
una cuna 177
un,a cuñado,-a 127
la cuota de audiencia 153
la cuota de mercado 89
las cuotas sociales 71
una cúpula 167
un,a curandero,-a 147

curar 209
curricular 107
un curso 107

D

d. de C. (después de Cristo) 29
dañar 175
un daño 101
una danza folclórica 129
dar a conocer 79
dar fruto 91
dar por 33
dar voz a 165
darse cuenta de algo 195
datar de 191
los datos 69
de costumbre 125
de orden cultural 135
de origen árabe 185
debatir 53
deberse a algo 123
debido a 13, 99
un,a débil 161
la debilidad 143
una década 31, 127, 173
la decadencia 40
decisivo,-a 121
declararse 35
declararse en huelga 83
decrecer 127
un decreto 33, 133
dedicar 131
un defecto genético 211
defender 143, 161, 173
la defensa 55, 81, 119
la defensa nacional 61
el Defensor del Pueblo 55
un,a defensor,-a 39, 119
la deficiencia 75, 143
deficiente 209
deficitario,-a 87
la deforestación 101
degenerativo,-a 210
dejar 41
dejar un mensaje 201
delinquir 117
un delito 33, 119
la demanda 67
demandar 103
la democracia 46, 50, 60, 190
la democracia cristiana 55
un,a democratacristiano,-a 63
democristiano,-a 55

Register

demográfico,-a 15, 142
la demora 207
la denominación 161
denominar 195
denso,-a 163
una denuncia 137, 143
denunciar 37, 117
la dependencia 89, 145
un deporte de aventura 129
deportivo,-a 131
una depresión 9, 118
la depuración 103
un derecho 111
el derecho a veto 53
el derecho a voto 53
el derecho civil 31
los derechos civiles 125
los derechos humanos 191
un derivado 213
derivarse de 185
un,a dermatólogo,-a 149
un derrame 97
derretirse 101
derrocar 63
una derrota 31
derrotar 31
una desaceleración 89
desaparecer 209
la desaparición 63, 95, 141
desarrollarse 115
el desarrollo 151, 191, 203
el desarrollo humano 147
el desarrollo sostenible 103
un desastre 41, 79
un desastre natural 95
la descentralización 57
la desconfianza 147
un descubrimiento 33
el desecho 97
el desecho nuclear 103
desembarcar 33
una desembocadura 9
desembocar en 9
desempeñar 111, 195
desempeñar un cargo 63
desempeñar un papel 81
el desempleo 83
el desenlace 163
desequilibrado,-a 153
desequilibrarse 69
el desequilibrio 31, 101
desértico,-a 13
la desertización 103
desfavorecido,-a 121
la deshidratación 115

un desierto 13
designar 63
la desigualdad 15, 143, 191
la desnutrición 115, 147
desolador 99
despachar 219
el despegue 207
el despido 83, 145
el despiste 219
un,a desplazado,-a 115
el desplazamiento 121
desplazarse 19
despoblado,-a 15
el desprecio 197
destacar 21, 159
el destierro 33
destinar a 127
el destino 19
la destreza 111
la destrucción 29, 37
el desuso 109
una desventaja 111
detectar 139
una detención 137
detener 137
un detergente 97
la determinación 81
determinante 99
determinar 13
la deuda 89
una devaluación 89
la devastación 39
el día del espectador 175
diabético,-a 210
un dialecto 184
un diario 151
un (diario) especializado 151
un (diario) local 151
un (diario) regional 151
una diarrea 147
un dibujo animado 155
dicho,-a 187
una dictadura 44, 50, 166
dictar 33, 69
dictar una orden 55
dictatorial 61
difundir 119, 183
la difusión 91, 151
digital 152, 214
digno,-a 21, 139
diminuto,-a 95
una dimisión 53
la dinastía 33, 39
un dinosaurio 96
un Diplomado 109

235

Register

una diputación provincial 59
un,a diputado,-a 43, 53
la dirección 39
un,a director,-a 175, 191
dirigir a 89, 121
la discapacidad 25
un,a discapacitado,-a 221
un disco duro 215
una discordia 33
un disco magneto-óptico 214
una discoteca 16, 172
la discriminación 121
discriminatorio,-a 125
diseminado,-a 101
un,a diseñador,-a Web 81
diseñar 177
un diseño 79
disfrutar de 63, 163
la disgregación 33
la disminución 97
disminuir 15, 69
una disolución 57
dispersar 99
disponer de 61, 207, 215
disponible 103
un dispositivo 215
un dispositivo de entrada 217
un dispositivo de salida 217
un dispositivo de seguridad 219
un disquete 215
una disquetera 215
la distancia 9, 137
distante 183
la distribución 15, 89, 143
la diversidad 13
diversificar 79
la diversión 133
diverso,-a 13, 165
un dividendo 71
una divinidad inferior 37
las divisas 68
la división 53
el divorcio 123, 127
divulgar 155
divulgarse 177
doblar 15, 133
una docena 127
el Doctorado 109
un documento 216
los documentos 139
doméstico,-a 111
la dominación 29, 125
dominante 87
dominar 29
el dominio 31, 145, 161

dotar de 203
dramático,-a 158
un,a dramaturgo,-a 163
la drogadicción 149
un,a drogadicto,-a 151
drogarse 117
una droga 148
una droga ilegal 148
una droga legal 148
dual 140
duplicar 173
un,a duque,sa 41
un DVD 215
un DVD+R 214

E

echar 19
eclesiástico,-a 33
un eclipse lunar 37
un eclipse solar 37
la ecología 95
ecológico,-a 79
un,a ecologista 55
un,a ecólogo,-a 95
la economía de libre mercado 67
la economía de planificación 67
la economía social de mercado 67
la economía sumergida 85
económico,-a 15, 115, 145
un,a economista 81
un ecosistema 96
la ecotasa 79
la Edad Media 159
la Edad Moderna 33
una edición 153
edificar 37
un edificio 17, 177
la educación 15
la educación básica 111
la Educación Compensatoria 109
la Educación Física 107
la Educación Infantil 107
la educación obligatoria 39
la Educación Primaria 107
la Educación Secundaria 107
la Educación Secundaria Obligatoria (ESO) 113
el efecto invernadero 99
un efecto secundario 209
un efecto especial 172
una efeméride 169
eficaz 73, 103
egipcio,-a 37

Register

ejecutar 37, 55, 171, 213
un ejemplar 153
un ejemplar 210
ejercer 53
el ejercicio
un ejército 29, 51, 55
un ejército de profesionales 61
el Ejército de tierra 61
el Ejército del aire 61
una elaboración 47
una elección 45, 51, 107, 119
la electricidad 74, 100
un,a electricista 81
un electrodoméstico 213
electromagnético,-a 200
electrónico,-a 152, 200
elegir 43
elevado,-a 9, 189
elevar 31
la eliminación 43, 187
eliminar 97, 111, 189
una élite 196
elitista 149
un e-mail 218
emanar 47
la emancipación 124
embarcarse 35
un embrión 211
la emigración 137
un,a emigrante 46, 85, 137
emigrar 15, 195
una emisión 99, 183
una emisora 153
emitir 99, 153
emocional 148
empeorar 33
un emperador, una emperatriz 29, 191
un empleo 73, 143
el empleo juvenil 83
una empresa 35
una empresa privada 193
empresarial 83
un,a empresario,-a 83
un empuje 165
en alza 73
en cifras absolutas 87
en condiciones de vida mínimas 127
en declive 75
en efecto 41
en favor de 41
en pleno centro 23
en vía pública 23
en vivo 203
el encarcelamiento 141

encargado,-a 215
encargar 79
encender 131
una encuesta 129
el endecasílabo 161
enemigo,-a 203
energético,-a 75
la energía básica 94
la energía eólica 101
la energía geotérmica 101
la energía hidráulica 101
la energía nuclear 101
la energía solar 95
una energía alternativa 74
una enfermedad mental 151
un enfrentamiento 31
un engaño 141
un enlatado gringo 197
una enmienda 53
enriquecer 185
ensañarse 221
la enseñanza 185
entablar una conversación 201
una entidad 47, 109, 189
el entorno 79
una entrada 175
entrar en circulación 187
entrar en vigor 117
entre tanto 47
entrecruzar 39
entregar 37
entretener 161
entretenido,-a 131
el entusiasmo 164
envenenar 97
eólico,-a 75
equilibrado,-a 69
un equilibrio 79
el equipamiento 47
el equipo 87
un equipo 131, 215
un equipo técnico 175
la equitación 123
equitativo,-a 103
una era 36
la erosión del suelo 103
erradicar 147
una erupción 35
una erupción volcánica 95
escalar 115
un escáner 217
escapar 117
escaso,-a 9, 89, 127
una escena 173, 175
el escenario 175

237

Register

una escisión 59
la esclavitud 135
un,a esclavo,-a 12, 134
escoger 109
la escolarización 109
un,a escritor,-a 159
una escuadrilla 45
un escudo 21, 33
esculpir 179
un,a escultor,-a 179
escultórico,-a 179
la escultura 179
esencial 147, 187
esforzarse 67, 193
el esfuerzo 107, 191
un eslabón 95
el espacio 91, 101, 203
un espacio dramatizado 155
espantar 135
esparcir 99
una especialidad 145
un,a especialista 149
un (diario) especializado 151
una especie 75, 95
específico,-a 217
un espectáculo 129
un,a espectador,-a 119, 167
la esperanza de vida 129, 145
espiar 203
un espíritu 135
espiritual 165
el esplendor 31, 163
esplendoroso,-a 31
el esquí 131
una esquina 133, 167
la estabilidad 90, 195
la estabilidad de precios 69
la estabilidad monetaria 187
estable 83
establecer 31, 109, 135
establecerse 37
una estación 13, 203
una estación de trabajo 215
una estación del año 131
la Estación Espacial Internacional (ISS) 205
un estadio 131
un Estado 51
un estado 115
un Estado de derecho 47
un Estado libre 51
un Estado social y democrático de derecho 53
la estancia 119, 193
un estanco 25

estandarizado,-a 109
estar al tanto 201
estar del lado de alguien 135
estar localizable 201
estar rodeado,-a por 17
estar ubicado,-a en un lugar 21
estatal 81, 153
estático,-a 175
el Estatuto de Autonomía 57
estereotipado,-a 137
estético,-a 165
el estilo 163
estratégico,-a 28
un estrecho 7, 45
una estrella 21, 173
el estreno 167
estresante 149
estricto,-a 213
una estrofa 161
una estructura 36
la estructura familiar 123
estudiantil 47
eterno,-a 169
un etiquetado 209
la etnia 115
étnico,-a 170
el euro 186
la eurozona 188
el evangelio 134
la evangelización 134
la evangelización 135
evangelizar 135
evitable 149
evitar 25
la exaltación 165
excluir 183
la exclusión 121, 147
exigente 79
un exilio voluntario 44
existencial 166
un éxito 31, 173
el éxodo rural 15, 73
una expansión 74, 196
una expedición 32
un experimento 209
explícito,-a 185
un explorador 219
la explotación 37, 75, 145, 197, 211
explotar 73
una exportación 69
una exposición 19, 162, 179
expropiar 155
la expulsión 33, 133
el éxtasis 149
extender 169

Register

extenderse 99, 107, 183
la extensión 17, 103
extenso,-a 7, 41
exterior,-a 23, 89
exterminar 95
la extinción 75, 95
extinguirse 103
la extracción 75
la extradición 63
extraer 75, 211
extraíble 215
extranjero,-a 167
extremeño,-a 167

F

una fábrica 98
una fachada 21
facilitar 127, 197
un factor meteorológico 98
un factor 88
una factura 203
la facturación 207
fallecer 179
la falta 147
la falta de dinero 117
la fama 19, 171
una familia acogedora 119
una familia biológica 119
la familia política 127
familiar 119, 125
un,a familiar 45, 119
la farándula 153
una fase 68
fatal 137
la fauna 184
favorecer 35, 77
un fax 202
la fe 33, 133
feminista 118
la feminización 120
un fenómeno 116, 197
una feria 167
feroz 207
un fertilizante 121
un festival 166
feudal 36
el feudalismo 33
la fianza 55
la fibra de vidrio 201
la fidelidad 53, 145
una fiesta laboral 47
una figura 162
una figura retórica 163

fijar 51, 67
fijo,-a 201
una fila 115
una filial 196
un,a filólogo,-a 81
un filtro 220
el fin 165, 209
finalizar 107
la financiación 144, 175
financiero,-a 71
las finanzas 77
una finca 133
un fiordo 9
firmar 43
fiscal 145
un fiscal 55
físico,-a 149
el fitness 131
el flamenco 168
Flandes 39
la flexibilización 80, 144
la flora 184
una flota 38, 72, 209
una flotilla 35
fluidamente 19
el flujo de capital 87
un foco 209
un foco industrial 45
el folclore 6, 168
fomentar 79, 83, 197
el fomento 191
un fondo 77, 99
un fondo de pensiones 145
forestal 103
una forma de Gobierno 51
la formación 59, 73, 103, 191
una formación de Gobierno 55
la formación personal 129
la Formación Profesional 83, 107
la Formación Profesional de Grado Medio 113
la Formación Profesional de Grado Superior 113
formar parte de 125, 183
un foro de debate 153, 219
fortalecer 33, 133, 189
un fósil 94
la fotosíntesis 94
fracasar 39
un fracaso 107
la fragmentación 31
un fragmento 216
el franquismo 45
franquisto,-a 44
frenar 23, 73

Register

el frente 45
un frente 91
frente a 129
frío,-a 9
una frontera marítima 7
una frontera terrestre 7
una frustración 166
el fruto 33
una fuente 23, 69, 177, 219
una fuente de ingresos 7
la fuente primaria 95
fuera del hogar 129
fuerte 9
la fuerza 45, 135
una fuerza política 55
las Fuerzas Armadas 59
las Fuerzas de Seguridad del Estado 147
las Fuerzas y Cuerpos de Seguridad del Estado 61
la fuga 55
un,a fumador,-a 149
una función 217
un,a funcionario,-a 81, 147
la Fundación Goethe España 189
un,a fundador,-a 31
fundamental 53
fundamentalmente 139
un fundamento 139
fundar 39, 191
una fusión 169
fusionarse 206
una fusión 76
el fútbol 130

G

un gabinete 61
un galardón 159
el gallego 185
una gama 205
un gamín 19
la ganadería 73
ganadero,-a 211
garantizar 47, 81, 107
un gas 96
el gasto 127, 145
la gastronomía 6
una generación 140
la generación del 27 164
la generación del 98 164
generalizado,-a 217
generar 91
el género 119, 159

un gen 208
genético,-a 208
el genoma 211
la gente mayor 131
la Geografía 107
geográfico,-a 6
geotérmico,-a 75
germánico,-a 30
la gestión 47
un,a ginecólogo,-a 149
girar 101
girar en torno a 119
un girasol 73
gitano,-a 169
un,a gitano,-a 109, 139
un glaciar 101
la globalización 87, 189
un,a gobernador,-a 33, 61
un Gobierno 37
un golf 130
una golosina 133
un golpe de Estado 51
gótico,-a 176
gozar 47, 121, 167
grabar 175, 215
un gracioso 163
un grado 127, 193
un grado centígrado 9
un gráfico 217
una gran potencia 145, 195
la gratuidad 107
gratuito,-a 107
la Grecia clásica 167
un grupo de noticias 219
un grupo de poder 63
un grupo étnico 185
un grupo parlamentario 55
un grupo paramilitar 50
el guache 176
guaraní 184
guardar 215
la Guardia Civil 61
un guardián, una guardiana 143
gubernamental 55
una guerra civil 15, 35
la Guerra de Sucesión 41
la Guerra Púnica 29
un,a guerrillero,-a 115
un gueto 141
un,a guía 35
un guión 173
una guitarra 168
un,a guitarrista 170

Register

H

un hábitat 94
un hábito 91
un,a hablante nativo,-a 183
hacer alusión a 183
hacer énfasis en 191
hacer entrega de 35
hacer hincapié en 107, 189
hacer prisionero,-a 35
hacer referencia a 183
hacer uso de 101, 201
hacerse dueño de 35
hacia 19
la Hacienda 145
hallarse 15
el hardware 214
hay cobertura 201
una hazaña 159
un,a herbívoro,-a 95
hereditario,-a 209
un hermanamiento 191
una hermandad 191
un héroe, una heroína 159
una herramienta 143
heterogéneo,-a 77
un hidalgo 159
el hidrocarburo 99
la hidrografía 13
el hielo 101
un,a hierbatero,-a 147
el hierro 87, 179
el hígado 149
un,a hincha 131
un hipérbaton 162
hispanohablante 15, 183
la Historia 107
un,a historiador,-a 81
un hogar 71, 95, 115, 127, 153
una hoja 95
homogéneo,-a 12, 191
el hongo 95
el honor 35
la hora pico 19
la hora punta 23
el horario 19
el horario de apertura 81
el horno 213
la hortaliza 73
la hostelería 85
hotelero,-a 79
una huella 179, 189
huir 19
las Humanidades 113
humanístico,-a 113

humano,-a 211
húmedo,-a 9
el humor 160

I

idear 19
la identificación 212
una ideología 50
el idioma culto 183
el idioma escrito 183
igualar 107
la igualdad 47
igualitario,-a 125
ilegal 16
un,a ilegal 194
la ilegalidad 136
ilícito,-a 149
ilusionar 31
el impacto 167
impartir 55, 107, 185
impedir 101, 111, 123
un imperio 34
el Imperio Romano 30
una implantación 29
implantar 21
una implementación 187
implementar 19
imponer 37, 69
imponerse 19, 31
una importación 71
importar 196
una impresora 217
una impresora de chorro de tinta 217
una impresora láser 217
una impresora matricial 217
el Impuesto sobre el Valor Añadido (IVA) 71
el impuesto sobre el volumen de ventas 71
el impuesto sobre la renta (de las personas físicas) (IRPF) 71, 145
los impuestos 135
impulsar 47, 103, 197
inaugurar 21
un,a inca 34
incapaz 95
incendiar 29
incluir 183
la incompatibilidad 218
incontrolado,-a 212
un inconveniente 145
la incorporación 29, 125, 187, 211
incorporar 43

Register

incorporarse a 123
incrementar 109
un incremento 121
incurable 211
la independencia 41, 51
independentista 59
independiente 155
un indicador 77
un índice 77, 111
el índice de densidad 15
un,a indígena 13, 35
un,a indio,-a 12
indispensable 127
un individuo 114
indocumentado,-a 195
la industria 72
la industria agroalimentaria 73
la industria alimentaria 75
la industria cinematográfica 173
la industria conservera 73
la industria editorial 75
la industria farmacéutica 211
la industria manufacturera 75
la industria textil 136
la industrialización 46
industrializado,-a 14
la infancia 35, 113
infantil 115
una infección 114, 146
infectarse 151
inferior 85, 121
la inflación 68, 186
la influencia 13
influir 161
la informática 212
un,a informático,-a 212
un informativo 153
un informe 127
la infraestructura 14
la ingeniería 108
la ingeniería genética 209
la Ingeniería Técnica 109
un,a ingeniero,-a 125, 221
un ingenio 221
los ingresos 87, 127, 203
la Iniciación Profesional 113
el inicio 187
inigualable 221
la injusticia 137
inmediato,-a 89
inmenso,-a 143
un,a inmigrante 85, 137, 195
inmortalizar 179
una innovación 43
la Inquisición 32, 132

un insecticida 97
un insecto 94
la inseguridad 143
insertar 217
insostenible 45
la inspiración 176
una instalación 131
una instalación hidroeléctrica 75
instalar 43, 220
instaurar 31
institucional 91
una institución 36, 52, 56, 192
instituir 125
el Instituto Cervantes 188
una instrucción 213
un instrumento de percusión 169
un instrumento 168, 204
insuficiente 91
insular 9
la insulina 210
la integración 82, 188
integrante 187
un,a integrante 135
integrar 108
intelectual 164
la inteligencia artificial 221
intensificar 197
un intento fallido 211
interactivo,-a 152
la interactividad 154
interamericano,-a 190
intercalar 131
un intercambio 87, 191
un intercambio comercial 29
intercultural 188
el interés 89
el interior 15
interior 23
un,a interlocutor,-a 201
un,a intermediario,-a 219
intermedio,-a 109
internacional 60
la internacionalización 78
un,a internauta 219
Internet 150, 200
una interpretación 162
un,a intérprete 35, 175
interrogar 55
interrumpir 209
una intervención 66
la intoxicación 99
la intranet 218
intransitable 221
una intriga 40, 161
la introducción 209

Register

una inundación 101
invadir 31
una invasión 30
un,a invasor,-a 41
una inversión 71, 189
una inversión directa 87
un,a inversor,-a 197
invertir 77, 129
una investidura 53
la investigación 91, 209
investigar 55, 101, 205
ironizar 189
irregular 85
una isla 9
el islam 132
un istmo 11
un itinerario 107

J

una jarcha 159
el Jefe del Estado 53
un jefe guerrero 39
una jeringuilla 151
Jesucristo 134
una jornada laboral 81
el joropo 171
un joystick 216
la jubilación 67, 145
el judaísmo 133
judío,-a 133, 169
un,a judío,-a 33
un juego 201
un,a juez,-a 55, 125
jugar un papel 189
un juglar, una juglaresa 159
una junta 43
una Junta militar 51
un jurado 173
jurídico,-a 81
la justicia 47, 55, 91
juvenil 83
juzgar 63, 133

K

un kilómetro cuadrado 6
un kit manos libres 203

L

la labor 165
laboral 123

un laboratorio 205
el laicismo 135
una lancha 13
una lanzadera 203, 205
lanzar 205
un lápiz óptico 217
un largometraje 175
un láser 215
una lata 103
un latifundio 133
el latín 183
un latinismo 162
el lavado 151
un lazo 125
una lechuza 97
un lector 217
un lector de Braille 217
un,a lector,-a 161
la lectura 131
el legado 185
la legalización 47, 123
la legislación 75, 125, 209
legislativo,-a 53
lejano,-a 131
la Lengua Castellana 107
una Lengua Extranjera 107
una lengua indígena 185
una lengua oficial 183
el lenguaje 165
un lenguaje de programación 217
un lenguaje informático 217
un letrero 197
el levantamiento 39
levantar 177
la Ley de Extranjería 139
una leyenda 31
liberal 42
el liberalismo 42
la liberalización 76
liberalizador 45
liberalizar 66
liberar 141
liberarse 41
la libertad 35, 173
la libertad de culto 135
la libertad de expresión 53
la libertad de prensa 43
la libre empresa 67
el libre mercado 197
una Licenciatura 109
un líder 77, 185
el liderazgo 121
ligado,-a a 169
el lignito 75
limitar 29, 101

Register

un límite 139
una limosna 19
la limpieza de sangre 43
una línea 24, 159
una línea de aviación 17
la línea ecuatorial 13
lineal 175
líquido,-a 205
lírico,-a 159
una lista de espera 147
literario,-a 159
la literatura 106
el litoral 7, 99
una llama 29
llano,-a 9
llevadero,-a 91
llevar a 59
llevar a cabo 61, 121, 201
la lluvia 9
lluvioso,-a 9
lo real maravilloso 167
un lobo 103
un (diario) local 151
un local 22
local 152
un localizador 219
localizar 203
la logística 72
un logotipo 201
lograr 115
la longitud 11
una lucha 29, 59, 119, 191
una lucha de clases 141
luchar 119
un,a lugarteniente 43
la luz ultravioleta 100

M

el machismo 121
macroeconómico,-a 68
la madera 75, 97, 179
madrileño,-a 23
un madroño 21
la madrugada 33
un,a maestro,-a 39
la mafia 150
el Magister 108
un,a magistrado,-a 61
magnéticamente 214
un,a magrebí 15
el maíz 72, 120
majestuoso,-a 173
la malaria 146

un maletín 215
maltratar 117
el maltrato 115
un mamífero 211
mandar un mensaje 201
una manifestación 141
la manipulación genética 211
manipular 210
la mano de obra 91, 137
mantener 43, 193
el mantenimiento 207
manufacturado,-a 87
la maquinaria 87
el mar Cantábrico 7
el mar Mediterráneo 7
una maravilla 177
marcar 121
una marca 196
una marcha 141
la marea negra 99
maremotriz 75
el margen de beneficios 69
el margen de maniobra 89
la marginalidad 197
marginar 141
la marihuana 148
la marina 40
marino,-a 97
el mármol 179
masificado,-a 145
masivo,-a 21
las Matemáticas 106
una materia 94, 107
una materia prima 89, 121, 145
una materia troncal 109
la maternidad 111
matricularse 111
un matrimonio 29, 125
una matriz 151
un,a maya 36
mayor 57, 125
una mayoría 55, 87
mayoritariamente 141
un,a mecánico,-a 80
la media 73, 127
mediador 83
un medicamento 210
médico,-a 145
un,a médico,-a 80, 125
un,a médico,-a general 149
una medida 63
medio,-a 101
el medio 119
el medio ambiente 79, 95
un medio de locomoción 21

Register

un medio de transporte 21
mediocre 41
los medios de comunicación 151
los medios económicos 193
mediterráneo,-a 9
una mejora 25
la memoria externa 215
la memoria interna 215
mendigar 117
un,a menor 117
menos mal 203
un mensaje 135
un mensaje ideológico 155
un,a mensajero,-a 37
mensual 25, 153
el Mercadillo de Sellos 23
el mercado económico 189
el mercado exterior 89
el mercado interior 89
el mercado interior comunitario 75
el mercado laboral 127
el mercado nacional 196
el mercado negro 85
la mercancía 13, 119
merecerse 59
meridional 129
una mesa redonda 155
una meseta 9
un,a mestizo,-a 13
una meta 153, 191
una metáfora 162
un meteorito 96
meteorológico,-a 203
un método anticonceptivo 127
un método de explotación 73
el metro 25
una metrópoli 16
una mezcla 13
un micro-ondas 213
un microprocesador 215
un miembro 125, 147, 185
un mineral 97
la minería 75
el Ministerio de Economía y Hacienda 69
el Ministerio de Educación 107
el Ministerio del Interior 137
un,a ministro,-a 52, 68
una minoría 129, 137
la miseria 117
una misión de paz 61
una moción de censura 53
la moda 152
modelar 43
un modelo 176

un,a modelo 197
un módem 200
moderador,-a 53
el Modernismo 164
la modernización 68, 151
una modificación 97, 209
un módulo 207
una molécula 101
una molestia 99
una monarquía 42
la monarquía absoluta 43
la monarquía constitucional 43
la monarquía hereditaria 47
la monarquía parlamentaria 44, 50
monárquico 151
una moneda 187
la moneda única 67
un monitor 216
un monopatín 21, 131
monopolizar 67
una montaña 9
las Montañas Rocosas 13
montañoso,-a 9
montar 175
montar una empresa 67
un monumento 7, 39
moralizante 163
moreno,-a 135
moribundo,-a 41
la mortalidad infantil 143
la mortandad 115
un motivo 127
un móvil 201
la movilización 189
un movimiento 51, 119
mozárabe 33
mudéjar 33
una muestra 185
una mujer campesina 121
un,a mulato,-a 13
un,a multimillonario,-a 196
una multinacional 69
múltiple 135
municipal 45, 53
un municipio 47, 59
un mural 179
un muro protector 17
un museo 18, 179
la música 172
la música pop 172
la música popular 155
la musicalidad 164
un musulmán, una musulmana 31, 133
mutuo,-a 125

Register

N

nacer (de un río) 9
el nacimiento 127
una nación 50, 86, 114, 190
nacional 167
la nacionalidad 47
el nacionalismo 50, 58
nacionalista 55
un,a nacionalista 44
la nacionalización 155
náhuatl 184
el narcotráfico 191
narrativo,-a 159
la natación 123
la natalidad 15
un,a nativo,-a 141
la naturaleza muerta 177
un,a náufrago,-a 137
una nave 35
navegable 13
navegar 219
navegar por Internet 131
la Navidad 169
un navío 39
nazarí 33
una necesidad 117
negar 131
la negociación 33, 61, 187
una negociación colectiva 81
negociar 63, 77
el negocio 81
un,a negro,-a 12
un nenúfar 165
la neutralidad 46
un nevado 13
ni hablar 147
un nido 39
un,a nieto,-a 125
la nieve 9
una niñera 123
la niñez 115
un,a niño,-a soldado,-a 115
un nivel 81
el nivel del mar 17
un nivel educativo 119
no cabe duda 67
no obstante 221
no partidista 155
la nobleza 43
nocivo,-a 97, 149
nocturno,-a 173
nómada, o 23
nombrar 33, 57
una nominación 173
nórdico,-a 125
una norma 52
normalizarse 110
el norte 9
una noticia 35, 153
una novedad 173
una novela 159
una novela de caballería 161
una novela pastoril 161
una novela picaresca 161
una novela social 165
un,a novelista 167
una nube de polvo 97
la nubosidad 9
un núcleo atómico 101
un núcleo urbano 15
un nudo 163
las nuevas tecnologías 200
el Nuevo Mundo 35
numérico,-a 141
un número 107

O

la objetividad 165
un objetivo 45, 59, 67
un objetivo compartido 191
una obligación 77
obligar a 133
obligatorio,-a 106
una obra 159
obrero,-a 47
una observación 165
un,a observador,-a 163
un observatorio 22, 38
la obtención 211
obtener 173
obtener el título de Bachiller 109
obtener el título de Graduado,-a en ESO 107
obviar 183
la ocasión 189
ocasionar 99, 141
occidental 141
el océano Atlántico 6
el océano Pacífico 34
el ocio 75, 129, 221
octosílabo,-a 159
una ocupación 79
ocupar 41
una oferta 67
una oficina 23
un oficio 81, 117, 195
la ofimática 217
un,a oftalmólogo,-a 149

Register

el óleo 177
una oligarquía 63
un olivo 72
la OMC 185
un,a omnívoro,-a 95
la OMS 185
una onda 201
la ONU 185
una operación 214
las operaciones matemáticas básicas 111
un operador 153
una operadora 201
oponerse a 35
una oportunidad 91
la oposición 38
oprimir 119
optar por 133
ópticamente 214
óptimo,-a 69
oral 159
una orden 55
una orden de arresto 55
un ordenador 213
un ordenador personal 214
un ordenador portátil 215
un,a orfebre 81
un organismo 94, 185, 208, 210
un organismo internacional 183
una organización 58, 184
la Organización del Tratado del Atlántico Norte (OTAN) 61
una organización empresarial 81
un órgano de Gobierno 59
la orientación 83, 107
un,a oriental 13
orientar 106
el origen 83
la originalidad 172
el oro 179
la ortografía 196
un Oscar 172
la oscuridad 13
un oso 21, 103
la OTAN 185
otorgar 109, 125, 139, 175
el overbooking 207
ovino,-a 73
la oxigenación 99

P

un,a paciente 144, 208
el Pacífico 10
pacífico,-a 139
un,a pacifista 54
pactar precios 67
un padrino, una madrina 125
una página Web 155, 219
un país comunitario 187
un país desarrollado 89
un país deudor 91
un país en vías de desarrollo 89, 143
un país inversor 89
un país miembro 69, 187
una palabra clave 219
un palacio 22, 30
palpitar (corazón) 21
el paludismo 147
una panadería 23
un,a panadero,-a 81
panamericano,-a 193
una pandereta 169
una pandilla 117
panorámico,-a 174
una pantalla 173, 217
una pantalla de cristal líquido 217
un papel 67, 103, 121, 175
un papel clave 79
parabólico,-a 153
un paradero 19
un,a parado,-a 83
paradójico,-a 194
paralelo,-a 203
la parálisis 19
parar 19, 63
una pareja 35, 127
un,a pariente 129
un,a parlamentario,-a 46
el Parlamento autonómico 57
el Parlamento Europeo 52
el paro 67, 145
un parque 22
un parque natural 97
la participación 67, 75, 187
un,a particular 35
un partido 45, 55
un,a pasajero,-a 12, 20, 77, 209
pasar 45, 219
pasar factura 149
pasear por 23
un paso 137
el pastel 176
una patera 137
patinar en línea 21
el patrimonio 209
el patrimonio cultural 79
el Patrimonio Cultural de la Humanidad 79

Register

el patriotismo 164
un,a patrono,-a 137
paupérrimo,-a 17
la paz 41, 191
el peaje 25
un,a peatón,a 19
un,a pediatra 149
el pegamento 117
una película 173
una película documental 155
una película más taquillera 173
el peligro 19
un,a peluquero,-a 81
la pena 169
la Península Ibérica 7
peninsular 9
el pensamiento 221
la pensión 145
per cápita 89
una pérdida 79
una pérdida severa de peso 149
perdurar 109
el perfeccionamiento 203
periódico,-a 178
un periódico 153
un,a periodista 59, 155
perjudicial 99, 151
un perjuicio 99, 121
la permanencia 29
permanente 179
el permiso de residencia 139
el permiso de trabajo 85, 139
permitir 115
permitirse el lujo 131
perpetrar 59
perseguir 145, 191
persistir 59, 89
un personaje 161
el personal 90
el personal hotelero 77
una personificación 163
una perspectiva narrativa 167
pertenecer 77, 125
la pertenencia 29
la pesca 131
un,a pescadero,-a 81
pese a 45
pesquero,-a 73
un pesticida 97
el petróleo 75, 97
un pez 97
picado,-a 175
un pícaro 161
el pico 9, 19
pictórico,-a 179

la piedad 117
una piedra 179
la píldora anticonceptiva 123
una pinacoteca 23
un pincel 177
un,a pintor,-a 177
pintoresco,-a 17
la pintura 177
una pirámide 36, 176
un,a pirata 38, 220
los Pirineos 31
un piso 17
una placa 19
la placa de circuitos principal 215
una plaga 96, 209
una plaguicida 121
un plan urbanístico 79
el plancton 98
el planeta 102, 182
planetario,-a 219
un plano 175
una plantación 15
el planteamiento 173
plantear 211
plantear cuestiones 221
plantear un reto 75
una plantilla 145, 219
la plata 179
una playa 7
una plaza 130
un plebiscito 61
el pleno empleo 69
pleno,-a 23
una plumilla 177
la pluralidad 91
el pluralismo 46, 52
la población 13
la población activa 85
la población civil 51
un poblador 195
la pobreza 89, 115
el poder 31, 51, 139
el poder adquisitivo 69, 79
el poder ejecutivo 53
el poder judicial 53
el poder legislativo 53
el poder marítimo 39
un poema épico 159
la poesía 18, 158
la poesía pura 163
un poeta, una poetisa 19
poético,-a 158
la policía local 61
la política 164
la política de cambio 69

la política económica 67
la política exterior 51
la política indigenista 141
la política monetaria 69
la polución del aire 99
poner de manifiesto 221
poner en entredicho 209
ponerse de moda 171
popular 51, 162
el populismo 51
populoso,-a 31
por cuenta ajena 145
por lo visto 187
por mayoría 61
por medio de 213
porcino,-a 73
la pornografía infantil 118
pornográfico,-a. 220
un portal 79, 152, 218
una posesión 43
la posguerra 167
el posicionamiento 205
una posición 202
la postformación 69
postgrado 109
una potencia 51, 67, 205
la práctica 131
practicar deporte 129
precario,-a 89, 147
el precio-tarifa 175
la precipitación 9
precolombino,-a 19, 37
predecir 37
prehistórico,-a 94
prematuramente 111
prematuro,-a 149
premiado,-a 172
un premio 159
el Premio Nobel 167
la prensa 151
la prensa deportiva 151
la prensa económica 151
la preocupación 165
la preponderancia 163
presenciar 169
presentar una ley 61
presentarse a oposiciones 81
preservar 79, 97
presidencial 61
un presidente 42
el Presidente 55
el Presidente del Gobierno 47, 53
la presión 41, 63, 155
la presión sanguínea 149
la prestación por desempleo 67

la prestación social 145
la prestación social sustitutoria 61
el prestigio 29, 173
presunto,-a 55
el presupuesto 129, 173
pretender hacer algo 31
un,a pretendiente 41
prevalecer 163
la prevención 149
prevenir 85, 209
un,a primo,-a 127
principal 39
principalmente 185
un príncipe 35
una prioridad 189
la prisión preventiva 55
la privacidad 219
privado,-a de 141
privatizar 66
un privilegio 42
proceder de 37
el procedimiento 139
un procesador de texto 217
un proceso industrial 99
proclamar 45, 47, 53
proclamarse 31
la producción 68, 172, 205
la productividad 90, 142
el producto interior bruto (PIB) 69
un,a productor,-a 95, 175
un produco 66
profesar 135
las profesiones liberales 81
el profesorado especializado 107
profundizar 193
profundo,-a 39, 195
un programa 212
un programa de Gobierno 55
un programa educativo 155
un programa televisivo 131
la programación 155
un,a programador,-a 81, 213
progresar 111
prohibir 23
una prolongación 25
prolongar 83, 205
el promedio 15, 129
la promoción 81, 137
promocionar 79
promover 193
promulgar 47
promulgar una ley 61
la propaganda 166
propicio,-a 87, 137
una propiedad 67, 141

Register

propio,-a 203
proporcionar 121
el propósito 193
una propuesta 121
el propulsor 205
la prosa 158
próspero,-a 85, 143
la prostitución forzada 121
la prostitución infantil 114
prostituirse 116
la protección 143
la protección social 127
un,a protector,-a 135
una proteína 211
el protocolo de transferencia de hipertexto 219
provenir de 15, 97, 111, 183
una provincia 14, 42, 58
provocar 33, 99, 162
una proyección 175
proyectar 175, 193
la Prueba General de Bachillerato 109
psicológico,-a 118, 148
la pubertad 114
una publicación 153
publicar 155
la publicidad 149, 219
el público 172
público,-a 19, 219
pudiente 17, 115, 133
un puente 177
un puerto 13
la puesta en órbita 205
un puesto de salud 147
un puesto de trabajo 15, 77, 143
el pulmón 23, 99
pulmonar 149
la pulpa 75
el punto de partida 25
un punto de vista 141
un punto fuerte 193
las PYMES (pequeñas y medianas empresas) 69

Q

quebrar 69
el quechua 184
la quema 97
quemar 35
químico,-a 74, 97
un quiosco 25

R

el racismo 121
racista 221
la radiación solar 99
radicar en 189
la radio 150
la radioactividad 102
la radiodifusión 153
una radionovela 155
la RAM 214
un ramo 73
una rana 95
raramente 131
un rascacielos 17
un rasgo 107, 163
El Rastro 23
un ratón 217
un rayo 101
una raza 13
la razón 163
razonable 201
una reacción 100
reaccionario,-a 124
un reactor 208
real 41
el Realismo 160
el Realismo fantástico 166
el Realismo mágico 167
realista 43, 164
un,a realizador,-a 173
una rebelión 140
un recado 201
el recelo 189
la recesión 69, 89
rechazar 53
el rechazo 119
reciclar 101
recién 141
recitar 159
reclutar 35
recobrar 37
recomendar 175
recompensar 35
el reconocimiento 43, 59, 125, 209
el reconocimiento de voz 217
la Reconquista 30
la reconversión 75
recorrer 41, 207
un recorrido 19
la recreación 133
recto,-a 13
la recuperación 69, 173
recuperar 79, 103, 109
los recursos 121, 127, 193

Register

los recursos naturales 73
la red 79, 153
una red 117, 219
la red de carreteras 25
la red de ferrocarriles 25
la red de metro 25
una red fluvial 13
redactar 217
una reducción 101
reducir 89, 127
un Referéndum 46
referirse a 183
reflejarse 101
un reflejo 179
la reforestación 103
una reforma 60
reformar 46, 138
un refuerzo 35
el refugio 17
un régimen 31, 59
un (diario) regional 151
regional 24
registrar 205
una regrabadora 217
regrabar 215
una regulación 213
regular 67, 131, 207
la regularización 139
la rehabilitación 150
el reinado 31
reinar 207
un reino 31, 209
un reino de Taifa 33
reintegrarse en 151
la reivindicación 141
relacionarse 131
relajar(se) 133
relegar 141
el relieve 9, 179
la religión 132
la religión del Estado 135
un reloj 21
rematar 23
remoto,-a 219
la remuneración 81, 121
renacer 59
el Renacimiento 161
el rencor 195
el rendimiento 215
rendirse 29
la RENFE 25
el renombre 23
renovable 101
una renovación 63, 165, 209
renovar 221

la renta 71, 89
la rentabilidad 153
rentable 117
renunciar a 43
renunciar al trono 41
el reparto 175
la repercusión 201
un repertorio 167
una réplica 39
una representación 54
la representación territorial 53
un,a representante 51
representativo,-a 52, 82
la represión 15, 63, 119, 139
la reproducción asistida 213
una república 42, 50
una república federal 43, 51
una república popular 51
una república presidencialista 51
una república socialista 51
republicano,-a 44
una república parlamentaria 50
la reputación 209
un requisito 189
una reserva 97, 103, 211
una residencia (de ancianos) 129
una residencia de menores 119
residir 47, 51, 85
la resistencia 29
resistente 208
una resolución 116
respiratorio,-a 115, 147
la responsabilidad 33
la restauración 42
un restaurante 16
restringir 197
un reto 75
la retransmisión 203
un retraso 145
un retrato 177
retrospectivo,-a 175
una reunión 127
reunir 187
la reválida 113
una revista 153
la Revolución Francesa 42
una revolución 50
una revuelta 35
el Rey Sol 41
el riego 73
un riesgo 203
rígido,-a 43
una rima abrazada 161
una rima cruzada 161
una rima pareada 161

251

un río 9
la riqueza 185
un ritmo 161
un rito 134
un ritual 134
robar 117
un robo 19
un robot 221
la robótica 221
rocoso,-a 9
el rodaje 175
rodar 175
rodear 97
un rol 123
la ROM 214
un romance 159
un romancero 159
románico,-a 177
la romanización 29
romano,-a 29, 167
el Romanticismo 163
romper el lazo 31
ruidoso,-a 23
una ruina 38, 166
la ruptura 123
rural 79, 111
una ruta 21

S

S.A. (Sociedad Anónima) 189
una sabana 17
el sabotaje 221
sabotear 221
sacerdotal 37
un sacrificio humano 37
el Sacro Imperio Romano Germánico 39
una saeta 169
salarial 123
el salario 71, 121, 189
el salario mínimo 117
el saldo (de cuenta) 201
la salida competitiva 87
salir a relucir 131
salir de copas 129
un salón 21
la salsa 168
saludable 91
salvar 95
sancionar 47
el saneamiento 69
la sangre 125
sangriento,-a 29

sanguinario,-a 39
la sanidad 127, 147
un,a saqueador,-a 103
la sardana 171
un satélite de comunicación 203
un satélite de investigación 203
un satélite de navegación 203
un satélite meteorológico 203
un satélite 200
un satélite militar 202
una sátira 160
satisfacer 17
satisfactorio,-a 189
una secadora 213
seco,-a 9
un,a secretario,-a 68
un sector 68, 206
el sector agrícola 121
el sector financiero 189
el sector primario 73
el sector privado 67
el sector secundario 75
el sector terciario 77
una secuencia 175
un secuestro 51
una sede 69
los sefardíes 135
el seguimiento 205
la Segunda Guerra Mundial 47
la Seguridad Social 145
las seguridades 17
un seguro 85
el seguro de desempleo 145
el Seguro de Maternidad y Niñez 149
el Seguro de Salud de la Vejez 149
un seguro de vejez 127
el seguro médico 115, 145
un seguro privado 147
la selva lluviosa 13, 101
la Semana Santa 169
semanal 153
sembrar el terror 39
el Senado 46, 52
un,a senador,-a 52
una señal 217
una sensación 171
el sentido 197
la separación 135
una separación 127
la separación de los poderes 53
un ser 211
un ser humano 95, 135
ser testigo de algo 33
un ser vivo 95
un seriado 155

una serie 217
el servicio 71, 201
el servicio de salud 141
el servicio doméstico 85
el servicio financiero 201
el servicio militar 61
el servicio público 189
el servidor 219
servir 35
una sesión 175
la sesión golfa 175
severo,-a 39
el sexo opuesto 123
un,a sicario,-a 117
el SIDA 151, 209
la siderometalurgia 75
la siembra 121
una sierra 13
un,a siervo,-a 37
un siglo 17, 31
el Siglo de Oro 161
un siglo de oro 31
el significado 183
significativo,-a 75
un signo 189
silencioso,-a 217
el silicio 215
un símbolo 20, 162
similar 95
una similitud 133
simpatizante 151
una sinagoga 132
el sincretismo 135
sindical 45
un sindicato 47, 81
un sinónimo 197
sintetizar 211
un síntoma 197
un sistema binario 217
un sistema centralizado 106
un sistema de navegación por satélite 205
un sistema económico 67
el sistema educativo 107
un sistema intermedio 67
un sistema montañoso 13
el sistema operativo 219
un sistema recolector 103
el sistema sanitario 145
el sistema solar 205
la situación geográfica 137
el smog 98
la soberanía 35, 51
soberano,-a 51
sobre el nivel del mar 17

sobrepasar 75
sobrepoblado,-a 15
sobresalir 29, 169
sobrevivir 137
un,a sobrino,-a 127
sobrio,-a 177
socialdemócrata 54
el socialismo 50
un,a socialista 63
la sociedad 141, 191
un socio comercial 89
socioeconómico,-a 119
el software 214
el sol se pone 41
solar 74
un soldado 40
soleado,-a 7
la soledad 117, 167
soler hacer algo 163
solicitar 53, 145
una solicitud 139
un sólido 99
sólido,-a 205
la sombra 177
someter (a la tortura) 133
someter 35
el son 171
sonar 169
soñar con 143
una sonda 204
un soneto 160
la sonoridad 161
el soporte 207
un soporte de información 217
sorprender 143, 189
sostenible 79
subdesarrollado,-a 143
un,a súbdito,-a 35, 135
una sublevación 35
sublevado,-a 45
submarino,-a 13
subpoblado,-a 15
un subtítulo 133
subtropical 8
subvencionar 68
subversivo,-a 221
suceder 99, 165
sucesivamente 19
sucesivo,-a 67
un,a sucesor,-a 31
el sudoeste 7
el sudor 177
el sueldo 81
el sufragio femenino 125
el sufragio universal 53

Register

sumamente 9
suministrar 211
superar 97, 193, 209
la superficie 7
superior 101, 211
las superventas 173
suponer 19, 73, 97, 211
supremamente 189
supremo,-a 31, 111
la supresión 43
surgir 119, 161, 191
el Surrealismo 176
surrealista 172, 176
suspender 63, 107
una sustancia 211
una sustancia nociva 99
un,a sustentador,-a 127
el sustento 127
la sustitución 151

T

el tabaquismo 149
una tabla 217
una tabla de cálculo 217
la tala 103
el TALGO 25
el tamaño 75, 129, 179, 215
un tambor 169
tapar 97
las tapas 23
una taquilla 25
una tarea 91, 111, 209
una tarea doméstica 131
la tarifa 206
una tarjeta de crédito 213
una tarjeta periférica 215
una tasa 143
una tasa arancelaria 69
la tasa de actividad 67
la tasa de desempleo 83
la tasa de nacimiento 15
un taxi 18
el teatro 22, 158
un techo 117, 133
un teclado 217
una técnica de automatización 213
técnico,-a 90
la Tecnología 113
la tecnología de la información 151
la tecnología de información 106
tecnológico,-a 113
tecnologizado,-a 213
el tejido 211

la telecompra 221
la telecomunicación 76, 200
la telefonía móvil 201
el teléfono 200
una telenovela 131, 175
el teletrabajo 220
un,a televidente 153
la televisión 151
televisivo,-a 203
un televisor 131
la temperatura 8
la tempestad 31
templado,-a 9, 99
un templo 36, 134, 176
tender a 69, 109
tener en cuenta 77
tener que ver con 129
el tenis 130
la tensión 45
teocrático,-a 36
la teología de la liberación 135
un,a teólogo,-a 134
la terapia genética 209
el tercer mundo 121, 143
la tercera edad 127
un terceto 161
un término 183
la terminología 183
un,a terrateniente 15, 51
un terreno 31
territorial 52, 120
un territorio 37, 185
el terrorismo 62
una tertulia 153
un testamento 40
un testimonio 167
textil 74
el tiempo completo 123
el tiempo libre 129
la Tierra 203
un tipo 67
la tirada 153
tirar 79
titular 159
el título de Técnico 113
el título de Técnico Superior 113
tolerar 132
la tolerancia 132
una toma 33, 175
una toma de conciencia 99
la toma de decisiones 119, 201
tomar medidas 67
tomar por asalto 35
una tonelada 99
la tortura 43, 51, 63, 133

torturar 135
una tostadora 213
un,a trabajador,-a autónomo,-a 147
el trabajo forzado 37
tradicional 124
tradicionalista 134
una tradición 132
traer consigo 187
un,a traficante 151
el tráfico 19
el tráfico aéreo 207
trágico,-a 162
la traición 37
un traje 171
un transbordador 207
la transferencia genética 211
transferir 219
un transgénico 209
transgénico,-a 211
la transición 61
transitar 23
una transmisión 131
la transmisión de datos 201
transmitir 53, 141, 147, 159, 201
la transparencia 90
transparente 187
el transporte 19, 77
el transporte urbano 25
los transportes 207
tras 33
trasladarse 15
un trastorno 149
un tratado 61, 185
el Tratado de Libre Comercio (TLC) 89
el tratamiento 125, 209
el tratamiento de información 213
tratar 215
tratar de hacer algo 37
tratarse de algo 19
el travelín 175
la trayectoria 173
trazar 205
un trazo 177
tremendo,-a 19, 41
un tren 25
un tren de cercanías 25
una tribu 37
un tribunal 33, 47, 55, 133
un tribunal civil 55
el Tribunal Constitucional 53, 57
el Tribunal de Cuentas 55
un tribunal penal 55
el Tribunal Supremo 57
el trigo 121
un tripulante 207

triunfar 43, 50
un triunfo 172
una tropa 42
las tropas 43
tropical 12
un trovador 159
la tuberculosis 147
un tugurio 17
una tumba 179
una turbina generadora 101
el turismo 76
el turismo de masas 79
turismo vacacional 77

U

una úlcera 149
ultimar 33
el ultramar 195
la Unesco 184
la Unicef 184
único,-a 127
la unidad nacional 33
la uniformidad 183
la unión 33
la Unión Económica y Monetaria 187
la Unión Europea 185
uniregional 59
una universidad 18, 106
universitario,-a 108
urbano,-a 111
el uso 89
usual 119
un,a usuario,-a 215

V

el vacío de poder 43
una vacuna 147, 209
vacuno,-a 73
valer la pena 183
válido,-a 25
el vallenato 171
un valor 31, 77, 119, 125, 127
el vandalismo 22
el vapor de agua 99
una variación 99
el vasco 185
vegetal 209
un vehículo 19
un vehículo de motor 87, 99
la vejez 127
la velocidad de crucero 209

255

Register

vencer 211
un,a vendedor,-a ambulante 21, 139
vengarse 39
una venta 73
una ventaja 145, 187
la versificación 161
el verso libre 161
un verso 158
un vertedero 97
los vertidos 97
la Veterinaria 109
una vía arteria 17
el Vicepresidente 55
un vicio 149
una víctima 45
una victoria 31
la vida laboral 83
la vida nocturna 23
la vida pública 221
un videoclub 174
un videoteléfono 203
una vidriera 167
un,a viejito,-a 129
un villancico 169
vinculado,-a 209
vincular 83
un vínculo 193, 219
el viñedo 73
una violación de los derechos humanos 61
violar 55
la violencia 115, 137
una virgen 135
virtual 193
un virus 150, 208, 220
un visado 139
un,a visigodo,-a 29, 133
visualizar 217
vitalicio,-a 63
un,a viudo,-a 125

una vivienda 115
viviente 95
vivir en cohabitación 127
un volcán 13, 34
un voleibol 130
un volumen 165
el volumen de ventas 71
la voluntad 191
voluntario,-a 45
el voseo 189
votar 47
un vuelo 207
un vuelo de largo recorrido 209

W

la Web 218

X

la xenofobia 143

Y

el yeísmo 189

Z

la zamba 171
una zampoña 169
el ZIP; 214
una zona 18, 111
una zona climática 9
una zona de libre comercio 191
la zona euro 68
el zoom 174